谨以此书献给我的博士生导师王南湜先生

复旦大学望道书库

从进化论到唯物史观

——中国马克思主义哲学起源史研究

余建军 著

天津出版传媒集团

天津人民出版社

图书在版编目(CIP)数据

从进化论到唯物史观：中国马克思主义哲学起源史研究 / 余建军著. –– 天津：天津人民出版社，2024.2
（复旦大学望道书库）
ISBN 978-7-201-19118-8

Ⅰ.①从… Ⅱ.①余… Ⅲ.①马克思主义哲学—研究—中国 Ⅳ.①B0-0

中国国家版本馆 CIP 数据核字(2024)第 035248 号

从进化论到唯物史观：中国马克思主义哲学起源史研究
CONG JINHUALUN DAO WEIWUSHIGUAN:ZHONGGUO MAKESIZHUYI ZHEXUE
QIYUANSHI YANJIU

出　　版	天津人民出版社
出 版 人	刘锦泉
地　　址	天津市和平区西康路35号康岳大厦
邮政编码	300051
邮购电话	（022）23332469
电子信箱	reader@tjrmcbs.com

责任编辑	佐　拉
装帧设计	汤　磊

印　　刷	天津新华印务有限公司
经　　销	新华书店
开　　本	710毫米×1000毫米 1/16
印　　张	20.5
插　　页	2
字　　数	280千字
版次印次	2024年2月第1版 2024年2月第1次印刷
定　　价	89.00元

序

马克思主义莅临中国已过百年。一种外来的主义能够在中国这样一个具有五千多年文明史的文化大国生根、发芽、成长、蔚为大观并成为指导思想，这本身就是一项值得详加研究的工作。毋庸置疑，百年以来，马克思主义改变了中国，中国也发展了马克思主义，人们也对这一历史进程进行了大量的研究。然而马克思主义在中国的兴起这样一个极其伟大的历史事件，事实上依然是一个值得进一步深入研究的问题。余建军博士的这部著作便意在深入考察这一问题。此著主抓的思想线索是从进化论到唯物史观。历史地来看，主抓这一思想线索，对于考察这一问题具有提纲挈领之效，因为这样的考察是对"道"的考察，考察的是"道"的嬗变。

考察中国马克思主义哲学的起源史，为何要以严复翻译《天演论》、开始在中国传播进化论为起点呢？如果说世界观是道，那么戊戌变法之前的中国之道无疑便是天理观，而此后近代中国的道则是进化论。进化论取代天理观成为近代中国的新道，全方位影响了近代中国。而唯物史观正是取代进化论作为新道在现代中国兴起的。因此，考察中国马克思主义哲学的起源史，至少应该溯源到进化论在中国的兴起，才能很好地切中问题。

从理论上来看，这一溯源面临的第一个问题就是如何阐释天理观的衰落。经过朱熹的系统阐发，天理观成为宋代以来中国绝对主义社会的统治之道，支配中国思想直至近代时期。但是这一统治之道在面临世事巨变之时却难以自持，其自第一次鸦片战争以后便逐渐衰落了，而中国战败于日本的甲午海战，则更是给了它致命一击。具体分析天理观衰落的原因，如余建军博士所说，其因有二："其一，在客观上，天理观衰落的根本原因在于中国传统社会的自然经济及其实践方式遭到破坏。""其二，在主观上，天理观的衰落在于中国先进人物认识到需要寻找新的意识形态理论来替代天理观。"（下引余建军博士此著，不再注出）

第一个在中国建构、弘扬进化论之道的人，无疑是严复。以往的哲学史在论述中国近代哲学的肇端时，往往将龚自珍作为开创者。事实上，龚自珍的哲学，无论从思想内容上，还是从思想形式上，基本上是属于中国古代哲学的范畴。余建军博士此著主张，中国近代哲学的真正开创者是严复。原因无他，就在于他建构和弘扬的是一种新道即进化论，已本质区别于古香古色的天理观。近代哲学的特征表现为主体性意识的觉醒与彰显。西方近代哲学是如此，中国近代哲学也当如此。在逻辑结构上，严复"天演"进化论是天人相合相分。其进化论的这种逻辑结构"第一次给予了人的独立性和主体地位一个合理的理论说明"，而这正是近代哲学的特征。

余建军博士在著作中阐释了严复的"天演"进化论，认为他的"天演"进化论深刻影响了改良派，为改良派在政治上提供了指导思想，为他们的进化论在逻辑结构上提供了一个典范模式即天人相合相分，也奠定了这一派进化论的理论基调即渐进进化。也就是说，不管是康有为的"两极"进化论，抑或梁启超的"群力"进化论，还是谭嗣同的"心力"进化论，它们在逻辑结构上都是天人相合相分，都主张渐进进化，反对激进进化。

然而随着历史的演进，进化论在以孙中山为首的革命派那里发生了一个"突变"。这个"突变"就是"进化论由主张渐进进化突变为主张激进进化，由主张改良突变为主张革命"。以中国近代革命"鼻祖"孙中山的进化论为例，他的进化论便主张"突驾"。什么是"突驾"说呢？"简而言之，即关于急起直追、后来居上的社会进化学说。"这种"突驾"说认为，"社会历史的进化不同于自然界的进化，社会历史的进化存在着突变和跃迁，人类发挥其主观能动性，急起直追，可以做到后来居上，后进者可以超过先进者"。很显然，这种进化论必须要否弃渐进进化的思想观点，需要转而主张突变和飞跃，与此前改良派的进化论有本质区别。

稍后于革命派，中国的无政府主义者反思了革命派充满"革命"和"竞争"气息的进化论，接受了俄国思想家克鲁泡特金的互助论，在中国宣扬互助论。互助论不只是中国的无政府主义者认同，甚至孙中山这个近代革命"鼻祖"也认同。但是迫于中国近代社会的处境，中国的无政府主义者并不敢轻易否定"革命"和"竞争"，结果他们宣扬的互助论便与克鲁泡特金的互助论有所不同，他们的互助论除了高扬"互助"，也同时赞赏"革命"和"竞争"。因此，相对于革命派的进化论，余建军博士认为，无政府主义者的进化论即互助论是一个"变调"。"进化法则由单一的'竞争'衍变成了二重的'竞争'与'互助'。这就导致进化论在一定程度上发生了理论变化，这可以称为进化论之'道'的变调。"

就在革命派进化论依然盛行时、无政府主义者的互助论方兴未艾之际，近代中国掀起了新文化运动。新文化运动声势浩大、影响深远，在中国近现代史上具有不可或缺的地位。然而就进化论的理论形态而言，新文化运动依然以进化论为世界观或道，并没有发展出新的进化论理论形态。因此之故，余建军博士此著没有专门考察以民主与科学为思想旗帜的新文化运动。不过，新文化运动作为新的启蒙运动，"它既然在一定程度上沉重打击了专制主义，那么它也就会促使国人寻求更具阐释力的理论，是有助于新的有竞争力的思想观念在中国的出现和传播的，从而也就有助于马克思主义这种比进化论更具解释力的理论在中国的生发与传播"。

从进化论到唯物史观的转变，是学界研究得比较多的一个问题。余建军博士认为，"致使这一理论转向得以发生的因素，至少包括以下四个方面：首先，这是中国近现代社会政治实践的需要；其次，进化论与唯物史观具有内在的逻辑同构性；再次，进化论与唯物史观具有内在的理论共通性；最后，相较于进化论，唯物史观要更为合理"。其中进化论与唯物史观具有内在的逻辑同构性，是指进化论与唯物史观都存在决定论与能动论的内在理论张力。拉马克和赫胥黎由于都强调人的主观能动性，致使他们的进化论不是一元决定论，而是决定论与能动论共存的二元论。而唯物史观事实上也是决定论与能动论共存的二元论。余建军博士在著作中阐明这一点，我认为这对于阐释从进化论到唯物史观的转变是非常必要的。

唯物史观在中国兴起虽有某种偶然性，但是从中国社会发展变化的总体上来看，则是必然的。余建军博士认为这种必然性表现在如下四个方面："首先，既有的理论武器即进化论已经不能担当改造中国的理论武器的历史使命。其次，新传入中国的理论不能作为改造中国的理论武器。再次，中国传统哲学理论及其新形态也不能作为改造中国的理论武器。最后，唯物史观能够担当改造中国的理论武器的历史使命。"从逻辑上看，阐释唯物史观在中国兴起的必然性必须从这四个方面去论述，缺一不可。

以往学界论及唯物史观初传中国，主要强调马克思主义者的功劳，比较忽视非马克思主义者的功劳。余建军博士在此著中强调了非马克思主义者传播唯物史观的功劳，主要论述了陈博贤和胡汉民两位非马克思主义者的唯物史观。当然，他着重阐释的是李大钊的唯物史观。从传播和阐释唯物史观的时间上来看，李大钊要晚于陈博贤，但是论对唯物史观阐释的贡献，李大钊的贡献无疑是最大的，其"马克思主义传播第一人"的称号是名副其实的。他对唯物史观的阐释不同于陈博贤、胡汉民，也不同于马克思主义者陈独秀、李达等人，他初步认识到了唯物史观存在决定论与能动论的内在理论张力，几乎是当时唯一认识到这一问题的唯物史观阐释者。对于这一问题，李大钊不是像其他阐释者那样，力求弥合或消解，试图将唯物史观阐释为一元决定论，而是持一种如余建军博士所说的"点而不破"的阐释立场。"李大钊对唯物史观的这一内在张力'点而不破'，却恰恰体现了他对唯物史观理解的深刻性，从而把握到了马克思主义哲学这种现代实践哲学的精神实质。"正因为如此，余建军博士在此著结语中总结和分析从进化论到唯物史观的理论缺陷时认为，最根本的理论缺陷是实践哲学思维方式的缺失。而毛泽东哲学是实践哲学的成功典范，因此他呼吁当代中国哲学的创新应该从毛泽东哲学出发，学习毛泽东哲学，践行毛泽东哲学的精神，创造出无愧于时代的中国当代哲学。

考察从进化论到唯物史观这一段思想史，以研究中国马克思主义哲学的起源史，难度其实不小。从时间跨度来看，从甲午战争到五四新文化运动，时间不到 30 年，但是这个时间段是一个多事之秋，历史变局之多，思想理论嬗变之快，都是空前的，故而考察起来还是有相当大的难度。余建军博士主要抓住从进化论到唯物史观这一思想线索，从"道"的维度，化实践哲学为方法论，展开研究，理出了一条比较清晰的理论脉络，比较成功地实现了其理论目的。

此著基于余建军的博士论文删改而成。值其即将出版之际，作者邀我为之作序，作为余建军的博士生导师，我自是欣然受邀。在此我也希望他再接再厉、不断奋进，为中国哲学事业添砖加瓦。

是为序。

王南湜
壬寅年冬月于南开大学西南村寓所

目录
CONTENTS

导 论

一、选题缘起与现实意义

(一)选题缘起

本书不是对中国马克思主义哲学的起源作全面而系统的研究，而是主要旨在考察从进化论在中国到唯物史观初传中国的理论演进与转变。从理论上而言，之所以选择这一论题，主要基于如下三个方面的原因：

首先，从进化论在中国到唯物史观初传中国的思想脉络尚未得到清晰的阐释。尽管已经出版的中国近现代哲学史和思想史论著可谓汗牛充栋，但是从中难觅从进化论在中国到唯物史观初传中国的理论演进与转变的清晰思想脉络。

其次，各种中国马克思主义史包括哲学史论著一般多从五四时期开始研究马克思主义包括哲学在中国的传播与发展，因此也就不会涉及从进化论在中国到唯物史观初传中国的理论演进与转变。而中国马克思主义包括哲学的发展,无疑是离不开中国古代和近代的文化传统的,如果对这一理论发展脉络置之不理,大概难以准确地理解中国马克思主义包括哲学的发展。因此,从马克思主义哲学中国化这一视角来看,阐释清楚这一理论发展脉络,也是很有必要的。

最后,学界对中国近现代哲学的基本问题的理解还不一致。中国近现代的时代主题是救亡与自强,中国先进人物要回答的问题是中国如何才能救亡与自强。这就是中国近现代哲学面对的基本问题。而学界常挂嘴边的"古今中西之辨",则只不过是这一更为基本的中国近现代哲学问题之表现。因为哲学的基本问题,无非就是人类生活的基本问题的反映,而人类生活的基本问题就是现实与理想或者必然与自由的问题。这一人类的一般性基本问题,在中国近现代的特殊时期表现为中国由于落后于西方列强而处处被动挨打(现实)与中国如何才能改变这一凄惨的处境(理想)的矛盾。这一现实与理想的矛盾或对立,反映到思想领域,就是中国近现代先进人物如何从理论上为中国的救亡与自强提供方法论,指明"中国向何处去"的道路。

(二)现实意义

研究从进化论在中国到唯物史观初传中国的理论演进与转变,对于中国当代哲学的发展具有重要的现实意义。其现实意义主要表现在以下三个方面:

其一,严复等维新派人士和孙中山等革命派人士的哲学在理论形态上不同于中国古代哲学,属于近代哲学,但是又与中国古代哲学有着千丝万缕的联系。中国马克思主义哲学无疑吸取了中国古代哲学和近代哲学的某些精华。因此,厘清从进化论在中国到唯物史观初传中国的理论演进与转变的思想脉络,对于我们当今准确地把握中国马克思主义哲学与中国古代哲学和近代哲学的关系,无疑具有重要作用。

其二,中国早期马克思主义者皆是进化论的信仰者,当他们由于信仰了马克思主义而转向唯物史观之后,其哲学不能不留有进化论的元素。而中国早期马克思主义者的哲学,尤其是毛泽东的哲学,深深地影响了中国当代哲学的发展。因此,考察清楚从进化论在中国到唯物史观初传中国的脉络,无疑有利于我们准确地理解中国当代哲学与进化论的内在联系,自然也就有利于我们准确地把握进化论对中国当代哲学的作用与意义。

其三,从近代以来,中国先进人物就一直在从西方、日本和俄国寻找拯救中国的理论武器,但是寻找来的理论武器都在残酷的现实面前碰得七零八落,无奈地归于失败,而唯有中国化的马克思主义哲学成功了。那么研究从进化论在中国到唯物史观初传中国的理论演进与转变,考察中国近现代历史上哲学的失败与成功经验,无疑有利于我们把握中国当代哲学的发展方向,有利于更深刻地理解为何实践哲学是中国当代哲学发展的必然选择。而认识到实践哲学是中国当代哲学的发展方向,无疑有利于中国当代哲学的理论创新。

二、研究现状综述与研究成果评析

(一)研究现状综述

目前本书论题还没有研究专著,而这一时期的理论及其发展状况,国内外学界只是在思想史和哲学史论著中有所涉及,没有系统性的研究成果。

1.国外学界研究现状

由于本书的首位研究对象严复在美国已经得到了较好的研究,那么我们的综述不妨从美国学界开始。与本书的研究密切相关的美国学者是史华兹、浦嘉珉师徒和萧公权。史华兹的《寻求富强:严复与西方》几乎是用传记式的文体阐述了严复向西方寻求"富强"之道的思想历程。不过他认为严复是斯宾塞的忠实信徒,其理论几乎与斯宾塞理论如出一辙,则几乎否定了严复思想的创新性,显然有失公允。萧公权的《近代中国与新世界:康有为变法与大同思想研究》采用比较研究的方法,从整个中国思想史的视域来阐述康有为,认为"康有为《物质救国论》实已发陈独秀、吴稚晖等人的先声"①。美国学者 K.C.肖和利文森对康有为思想也作了比较深入的研究。②贯穿浦嘉珉《中国与达尔文》全书的总问题是:"在使中国适应于马克思主义和毛泽东思想的过程中,达尔文对中国做了些什么?"他认为达尔文或进化论"帮助马克思主义者成为适者",或者说达尔文或进化论为马克思或马克思主义起到了搭桥铺路的作用。③值得一提的是,他似乎非常看重梁启超——全书关于梁启超的论述,几乎占了一半的篇幅。他认为五四新文化运动及以后的一些主要思想都可以在梁启超、严复等维新派人士那里找到根源。比如,他认为新文化运动实则是梁启超于 1902 年开始的而被辛亥革命中断的文化革命的继续。④此外应该提及的是美国学者莫里斯·迈斯纳对李大钊思想的研究。他于 1967 年出版的《李大钊与中国马克思主义的起源》一书,张静如教授在其《中译本序》中评价说:"它对李大钊同志的思想分析得很细腻,特别注意反映其思想中特色的东西,使人看后颇有启发。"⑤但是他认为李大钊不少思想观点与俄国民粹派的思想观点是一致的⑥,其说并不公允。

---

① [美]萧公权:《近代中国与新世界:康有为变法与大同思想研究》,王荣祖译,江苏人民出版社,1997 年,第 3 页。

② 参见[美]魏斐德:《历史与意志:毛泽东思想的哲学透视》,李君如译,中国人民大学出版社,2005 年,第 106~107 页。

③ 参见[美]浦嘉珉:《中国与达尔文》,钟永强译,江苏人民出版社,2008 年,第 453、455 页。

④ 同上,第 439 页。

⑤ 张静如:《中译本序》,参见[美]莫里斯·迈斯纳:《李大钊与中国马克思主义的起源》,中共北京市委党史研究室译组编译,中共党史资料出版社,1989 年,第 1 页。

⑥ 参见[美]莫里斯·迈斯纳:《李大钊与中国马克思主义的起源》,中共北京市委党史研究室编译组译,中共党史资料出版社,1989 年,第 95 页。

美国之外的西方，与成果有关的研究不多。应该提及的有：英国汉学家庄士敦的《儒家与近代中国》（1934 年）。①此书要旨，萧公权先生评论道："作者之大旨在说明孔教为中国立国之大本，虽处今日世变之中，仅需略加修改，仍可奉为兴邦立民惟一之道。"②法国汉学家比昂高十分关注中国现代的革命，著有《中国革命溯源》（1967 年）等论著。德国汉学家傅吾康与本书研究主题相关的著作主要有：《康有为及其变法派的国家政治改革尝试》（1935年）、《中国的文化革命：1919 年的五四运动》（1957 年）、《中国百年革命史（1851—1949）》（1958 年）。他的上述著作中特别值得一提的是《中国百年革命史（1851—1949）》增订本。他从"革命"概念入手，从《易经》里的"革命"说起，谈到五行学说、汉代纬书以及孟子的"君轻民贵"思想，证明了在中国的国家观念中，"革命"作为一种合理手段而存在着。澳大利亚的尼克·奈特也值得注意。他著有《李达和马克思主义哲学》《1923—1945 年的中国马克思主义哲学：从瞿秋白到毛泽东》等。

由于一衣带水的特殊地缘关系，日本深受中国文化的影响，汉学历史在日本自然远较西方久远。在称为"支那学"时代，日本一些学者就开始研究近现代中国。二战后，竹内好收录在《现代中国论》（1951 年）中的讲话对日本的中国问题研究方向产生了重大甚至可以说是决定性的作用。此后，阐明中国革命的特征成为日本中国近代思想史研究的主要课题，中国近现代众多思想家如梁启超、谭嗣同、章炳麟、李大钊、鲁迅、毛泽东受到了日本学者的关注。

从本书来看，尤其值得一提的是日本学者对李大钊思想的研究。日本学者对李大钊思想的研究真正活跃起来是在 20 世纪 60 年代。起带头作用的

---

① 参见张西平主编：《西方汉学十六讲》，外语教学与研究出版社，2011 年，第 253 页。

② 萧公权：《书评——Confucianism and Modern China》，《清华大学学报》（自然科学版），1935年第4期。

是西顺藏。他于1960年发表了《中国近代思想中的人民概念》一文，认为中国历史上新的"人民"概念肇端于李大钊。翌年又发表了《李大钊》，认为李大钊的精神解放是后来的人民解放运动的思想基础，重视思想解放是李大钊"革命"概念的特性。西顺藏指出了李大钊思想的上述这两个特性，野村浩一接受这一观点并使日本学界予以了普遍认同。他先后发表《五四时代的民族思考》(1962年)、《近代中国的思想家》(1963年)、《关于五四革命的思想——李大钊》(1971年)等文。野村认为，中国马克思主义是接受了中国传统思想并作了创造性发展的马克思主义，其思想特色首先表现为重视精神解放和主观能动性，并且认为这种思想特色的根源就是李大钊提出的"物心两面改造"主张。丸山松幸和近藤邦康二人也是日本20世纪60年代以来积极进行李大钊思想研究的学者。丸山认为，在李大钊思想深处流动着强烈的实践志向，要求变革现实社会，改造现存秩序。后藤延子评论道："丸山实际是以李大钊的名义阐述了自己的思想，这是一种主观色彩极浓的研究。"①1967年，森正夫在日本出版了李大钊的第一本传记，于1970年发表《李大钊与"世界资本主义"》一文。后藤延子与斋藤道彦二人也于1970年先后发表了关于李大钊思想的论文。后藤延子《关于李大钊的过渡时期的思想》一文追溯了李大钊建立在精神与物质二元论基础上的"物心两面改造"的观点被扬弃的经过，并认为"这是李大钊向共产主义者转化的过渡时期的思想"。1981年藤谷发表《关于马克思主义在中国被接受与展开》一文，以李大钊为例阐明中国早期马克思主义的特点。20世纪90年代以来，日本对中国近代思想史的研究逐渐呈现多样化的趋势。近年来，对李大钊思想研究值得注意的论著是后藤延子的《李大钊思想研究》。她对李大钊《我的马克思主义观》一文与河上肇等人的相关论著进行了比较研究，认为李大钊的马克思主义

---

① ［日］后藤延子：《日本对中国近代思想史的研究》，摘自日本《中国研究月报》，王国强译、肖玲校，1989年1月。转引自《国外社会科学文摘》，1990年第1期。

观只是简单地模仿、复制了河上肇等日本学者的思想观点,没有多少独特思想和贡献。①这显然有失公允,忽视了李大钊对马克思主义阐释的创新性。

以上是对国外涉及本书的研究现状的简要综述。我们认为,从这些西洋与东洋汉学家的"域外之眼"所反映出来的中国理论样貌,尽管"偏执中也有深刻",但是我们必须注意他们自身的意识、逻辑与价值观对中国文化的筛选与过滤,即他们不可避免地要戴上"有色眼镜"。也就是说,他们叙述的中国及其思想,很可能只是基于他们的文化背景和价值观念而建构起来的"想象的中国"②。

2.国内学界研究现状

就本书而言,国内的研究可以说也没有专著,但是对"两头"即进化论和唯物史观的研究成果则无疑很多,对"中间"即进化论向唯物史观的过渡研究则相对薄弱。此外,不少哲学史及思想史著作论述这一段思想史,也值得梳理。

(1)对进化论在中国的研究

较早的专著是曾乐山出版于1991年的《中西哲学的融合——中国近代进化论的传播》,然后是赫翔、钟兴锦于2000年出版的《进化论与中国近代社会观念的变革》。近年来值得注意的两部进化论研究专著是王中江的《进化主义在中国》(2002年)和吴丕的《进化论与中国激进主义》(2005年)。王著将进化论称为"进化主义",意在凸显其政治意识形态性。他似乎更倾向于赞同渐进性进化论而不怎么认同激进性进化论。吴著从进化论对中国近现代激进主义的影响视域来研究进化论,认为激进主义出现的条件是对抗性矛盾的存在。因此,他认为,在1949年以前,激进主义对中国是必要的,而1949年之后,中国更需要的是改良主义。也就是说,在他看来,由于对抗性矛

---

① 参见李彦林:《海外李大钊马克思主义观研究》,《社会科学评论》,2009年第1期。
② 葛兆光:《域外中国学十论》,复旦大学出版社,2002年,第5~6页。

盾的消失,激进主义已不适合中国。可见,他还是肯定激进性进化论的历史合理性的。

关于进化论在中国的论文有很多，在此不一一列出。蔡元培先生在其《五十年来中国之哲学》中对进化论有论述,值得注意。陈卫平教授先后发表了《论中国近代资产阶级革命派进化论的特征》《中国近代的进化论与政治思潮》《中国近代进化论思潮形成的内在逻辑》《"五四"新文化运动中的进化论》《器道升替:中国近代进化论的历程》等论文。在这些论文的基础上,陈卫平教授提供了一个简要的进化论在中国的演变史。

(2)对唯物史观在中国的研究

国内关于唯物史观在中国的研究专著比较多。其中值得注意的是李泽厚先生的《马克思主义在中国》。这是一本很薄的小册子,但是它很简洁和比较合理地论述了唯物史观在中国的兴起和传播,很准确地诠释了陈独秀、李大钊、毛泽东和李达等中国先进人物为何信奉了马克思主义。目前国内学界对历史唯物主义或唯物史观的研究还处于方兴未艾时期,而且就历史唯物主义或唯物史观的概念本身都还存在着争议。对唯物史观或历史唯物主义的理解,笔者认同王南湜老师的观点,将之理解为"批判的历史科学"[1]。

关于唯物史观在中国的论文也比较多。李其驹和王炯华认为,传播唯物史观的不仅有李大钊这样真正的共产主义者,也有力图改变中国面貌的资产阶级民主主义者,如胡汉民。[2]蒋大椿考察了五四运动前唯物史观在中国的传播情况,认为传播的途径主要是从日本传入中国,传播的主体都是非马克思主义者,主要是从政治角度涉及唯物史观。[3]王贵仁从"史学革命"所倡导的新史学理念开始分析,逐步深入地探讨唯物史观在中国传播的历史学

---

[1]　王南湜:《走向"批判的历史科学"》,《社会科学战线》,2011 年第 5 期。

[2]　参见李其驹、王炯华:《唯物史观在中国的最初传播》,《东岳论丛》,1983 年第 5 期。

[3]　参见蒋大椿:《五四运动前唯物史观理论在中国的传播》,《安徽史学》,1995 年第 2 期。

背景,揭示了唯物史观在中国传播的历史学逻辑根源。①冯天瑜认为,五四新文化运动和中国社会史论战是唯物史观在中国早期传播的两个关键阶段。在这两个阶段中,一方面通过译介与运用唯物史观,中国史学的发展得到了积极的引导,另一方面当时流行的"左"派幼稚病又导致出现两种偏颇:其一是把西欧历史模式放大为普世规则,陷入历史单线进化论;其二是忽视反映社会形态的核心概念的准确性,导致中国历史宏大叙事的紊乱。②蔺淑英认为,"五四"前后,中国具有不同阶级立场的先进分子之所以选择唯物史观,原因是多元的。马克思主义在中国的译介、特殊时代语境下中国社会发展主题的凸显等为中国先进分子选择唯物史观提供了可能。唯物史观作为一种历史哲学和先进文化,其理论品格适应了近代中国史学领域范式变革的需求,而唯物史观与中国传统文化的契合性,使其获得了中国先进分子的社会文化心理认同,这使中国先进分子选择唯物史观由可能变为现实。③张立波认为,唯物史观得以在中国迅速传播,是由于人们相信它具有强大的理论旨趣和现实指向。④他还认为,当时人们对唯物史观的批评,一开始就沿着两个向度展开:一是对唯物史观本身的批评,二是对唯物史观在中国的适用性的批评。1921 年以后,虽然对唯物史观的批评依然存在,但在一定范围内,唯物史观已经成为确定无疑的真理。⑤李维武认为,新文化运动中的唯物史观派开启了最初的马克思主义哲学中国化运动,以一种新形态的现代中国哲学推进了中国哲学的古今之变,代表了新文化运动后期发展起来的新的中国学

---

① 参见王贵仁:《从"史学革命"到"唯物史观"的传播——试析唯物史观在中国传播的历史学逻辑》,《求索》,2008 年第 8 期。

② 参见冯天瑜:《唯物史观在中国的早期传播及其遭遇》,《中国社会科学》,2008 年第 1 期。

③ 参见蔺淑英:《"五四"前后中国先进分子选择唯物史观探源》,《中共党史研究》,2009 年第 1 期。

④ 参见张立波:《唯物史观在中国的早期传播:理论旨趣与现实指向》,《哲学研究》,2010 年第 8 期。

⑤ 参见张立波:《唯物史观在中国的早期传播:批评与辩护》,《学习与探索》,2010 年第 3 期。

术方向。①总的来看,这方面的论文比较多,取得了可观的成果,但是它们没有将唯物史观与进化论联系起来,更没有从理论的内在逻辑结构的一致性维度考察唯物史观在中国的兴起与传播。

（3）关于从进化论到唯物史观的论著

从目前的资料来看,就从进化论在中国到唯物史观初传中国的整个理论演进与转变而言,国内学界的研究论著只有王秋安的博士论文《进化论与唯物史观在中国的早期传播》对之作了比较多的考察。王文可以分为三个大的部分:第一部分论述达尔文进化论为马克思、恩格斯进一步印证和深化唯物史观提供了自然科学的基础。第二部分认为进化论为唯物史观在中国的早期传播奠定了思想基础。第三部分主要考察了李大钊和陈独秀二人由接受进化论到转而接受唯物史观的思想历程,并考察了李、陈二人运用唯物史观的不同之处。王文主要意在探讨进化论与唯物史观在中国早期传播的关系,而本书与之不同,本书主要意在考察从进化论到唯物史观的理论演进与转向的思想脉络。

关于进化论向唯物史观过渡的论文不多。吕明灼认为,李大钊接受马克思主义最早,但直到1923年底才发展成为一个成熟的马克思主义者,摆脱了进化论、互助论等非马克思主义思想的干扰。②高孔融注重从时代条件和家庭境况等方面分析李大钊和鲁迅从进化论唯物论向马克思主义的转变。③邓文金认为,陈独秀的历史观经历了早期的进化史观向唯物史观演进的历程。④李波认为,进化论不仅为马克思主义在中国迅速传播创造了条件,而且

---

① 参见李维武:《新文化运动中的唯物史观派》,《武汉大学学报》(人文科学版),2017年第4期。

② 参见吕明灼:《李大钊思想从进化论到阶级论的发展》,《哲学研究》,1982年第3期。

③ 参见高孔融:《李大钊和鲁迅怎样从进化论唯物论向马克思主义转化》,《福建师范大学学报》(哲学社会科学版),1987年第1期。

④ 参见邓文金:《从进化论到唯物论——陈独秀历史观的演进》,《漳州师范学院学报》(哲学社会科学版),2007年第4期。

为中国先进人物更好地接受马克思主义的内容创造了条件。①孙建华认为，进化论的传播为唯物史观的确立扫清了障碍、提供了思想前提。但他认为以李大钊、陈独秀为代表的早期中国共产党人从进化论"道"之裂变到马克思主义的唯物史观的确立，为中国共产党的诞生奠定了物质基础②，则是失当的。王秋安认为，进化论为唯物史观的产生奠定了自然科学基础。③但该文不是结合中国思想史来谈进化论对唯物史观的作用，而是从一般性的角度来谈。冯洁认为，进化论的直线进步理念、物质优先性理念、对"竞争"常态性的说明为唯物史观和共产主义理想的引入创造了条件，但其理论缺乏操作性成了其被马克思主义阶级斗争理论取代的最终原因，并认为马克思主义正是以中国式的"阶级斗争"理论为理论创新点，才完成了其中国化的进程。④此说有将唯物史观狭隘地理解为阶级斗争学说之嫌，有失偏颇。质言之，关于进化论向唯物史观研究的论文不多，也没有系统性的成果。

（4）哲学史及思想史著作的研究

从关涉本成果论题的视角而言，对于国内的哲学史及思想史著作的研究现状，我们从三个时期来阐述。

第一个时期是20世纪20年代至40年代末。这一时期是中国哲学史研究和思想史研究的初创期。郭湛波于1935年出版《近五十年中国思想史》，此书阐述了自甲午战争到20世纪30年代近五十年的中国近现代思想的演变、新思想的译介、思想论战以及国故整理与批评等内容。有学者认为，此著

---

①　参见李波：《进化论对马克思主义哲学在中国早期传播的影响——以李大钊为例》，《西北工业大学学报》（社会科学版），2008年第4期。

②　参见孙建华：《论马克思主义在中国的早期传播及其中国化的基础——从进化论"道"之裂变到唯物史观的确立》，《河南社会科学》，2010年第1期。

③　参见王秋安：《进化论对唯物史观的意义》，《晋中学院学报》，2011年第1期。

④　参见冯洁：《从"进化论"的式微转变看马克思主义中国化》，《天津行政学院学报》，2011年第5期。

作使中国思想史摆脱了传统学术史的拘牵而成了一门崭新的学科。①侯外庐率先运用马克思主义观点于中国思想史的研究。关于中国近代思想史,他出版了《中国近世思想学说史》(下卷)(1945年)。与本书内容相关的是此书对康有为、谭嗣同和章太炎三人思想的研究。从总体上而言,从20世纪20年代至中华人民共和国成立这近三十年间,中国思想史的研究基本上栖身于中国哲学史的研究之中。②

第二个时期是20世纪40年代后期到80年代后期。这一时期,中国思想史研究既独立发展又与中国哲学史研究交叉发展。1949年11月斐民出版《中国近代思想发展简史》,此书是新中国成立以来第一部运用马克思主义观点,比较系统地研究中国近代思想史的著作。1955年,石峻、任继愈、朱伯昆编著的《中国近代思想史讲授提纲》出版,其主要贡献在于为建立中国近代思想史研究的基本理论框架作了有益的尝试。此后至1978年,没有系统的哲学史以及思想史研究著作问世,但是人物思想的研究却比较活跃。1978年以后,在解放思想、实事求是的思想路线指引下,中国近代哲学史以及思想史的研究也呈现出了空前的繁荣景象,一批系统的中国近代思想史著作相继出版。比较重要的著作有侯外庐主编的《中国近代哲学史》(1978年)和李泽厚的《中国近代思想史论》(1979年)及《中国现代思想史论》(1987年)。李先生二书以人物思想专题研究为主,从洪秀全到毛泽东,中国近现代重要的思想家,他都作了非常透彻的论述。此外,与本书相关的专题,如"改良派变法维新思想""资产阶级革命派思想""马克思主义在中国",他皆作了详细的考察,多有创见。其中尤其值得一提的是"试谈马克思主义在中国"一章,对马克思主义在中国的传播与发展作了独到的阐述。

---

① 参见龚书铎、董贵成:《50年来的中国近代思想史研究》,《近代史研究》,1999年第5期。

② 参见张荣明:《近百年中国思想史研究探索与反思》,《西北大学学报》(哲学社会科学版),2009年第3期。

　　第三个时期是 20 世纪 80 年代末至今。这一时期,中国思想史研究恢复并发展了传统的研究规范,进一步明确了思想史研究的学科定位,中国思想史学科开始成熟,走上了独立发展之路,而中国哲学史的研究也走上了比较纯粹的哲学史研究的道路。1983 年,冯契出版三卷本《中国古代哲学的逻辑发展》,此著首创运用历史与逻辑相统一的方法研究中国哲学史。此后他将这一方法又运用于对中国近现代哲学史的研究,于 1989 年出版《中国近代哲学的革命进程》。此书对维新派、革命派主要人物的进化论思想和李大钊、陈独秀二人从进化论到唯物史观的理论转向以及接受马克思主义之后的思想观点,皆作了阐述。20 世纪 80 年代以来,影响较大的中国哲学史著作主要有萧萐父、李锦全主编的《中国哲学史》和北京大学哲学系中国哲学教研室编著的《中国哲学史》以及冯友兰自 1962—1990 年陆续出版的 7 册《中国哲学史新编》,它们对本书作了一定程度的阐述。

　　与此同时,中国思想史研究也进入了一个新阶段,其学术标志便是 1989 年由张岂之主编的《中国思想史》的出版。此论著对中国思想史研究的重要意义,"不仅在于其内容,更在于它以一种新的学术姿态和理念来引导中国思想史研究,对中国思想史研究的走向具有导向性意义"[①]。20 世纪 80 年代末以后,中国近代思想史著作的框架则几乎都是社会思潮。较早以"思潮"来命名、论述整个中国近代思想史的专著是吴剑杰于 1989 年出版的《中国近代思潮及其演进》。稍后,吴雁南等主编的《清末社会思潮》一书出版。20 世纪 90 年代中期以来,以"社会思潮"命名的著作增多,主要有高瑞泉主编的《中国近代社会思潮》、吴雁南等主编的《中国近代社会思潮》、彭明和程啸主编的《近代中国的思想历程(1840—1949)》。此外,由"五四"研究专家丁守和先生主编的《中国近代启蒙思潮》也是一部值得重视的研究近代启蒙思潮的资

---

　　① 　张荣明:《近百年中国思想史研究探索与反思》,《西北大学学报》(哲学社会科学版),2009 年第 3 期。

料性著作。这些论著皆涉及到本书的某些方面。近年来,值得注意的论著是汪晖的《中国现代思想的兴起》(2004 年)和金观涛与刘青峰的《中国现代思想的起源》(2011 年)。前者主要从西方思想的视角,而后者主要从传统思想的视角来解读中国近现代思想及其演变与发展。

(二)研究成果评析

应该肯定,国内外学者尤其是国内学者对从进化论在中国到唯物史观初传中国的理论演进与转变的研究已经取得了比较可观的成果,尤其是对"两头"即进化论和唯物史观的研究,成果比较大。但是从整体上而言,他们的研究还存在一些缺陷和不足。

首先,至今没有从进化论在中国到唯物史观初传中国的理论演进与转变研究的专著,也就是说,这一领域的研究目前还没有形成系统性。当然,众多中国近现代哲学史和思想史论著,都会或多或少涉及这一课题,但是它们都不是专门研究这一课题的专著,因而它们考察的重点也就不会是这一理论的演进与转变,那么呈现在这些中国近现代哲学史和思想史论著中的这一理论演进与转变的思想脉络也就不可能清晰,而是模糊不清的。

其次,对这一理论演进与转变的两头即"进化论"和"唯物史观"的研究,尤其是在国内学界,成果已经非常多。然而由于不能合理地揭示理论与实践的关系,它们都存在着这样那样的缺陷,不能让人满意。

再次,对这一理论演进与转变的中间即进化论向唯物史观的"过渡",不管是国外抑或国内,研究的成果都很少。有一些中国近现代哲学史和思想史论著以及一些论文论及了这一理论"过渡",可惜还不够充分和深入,也就是说,它们都没有系统而深刻地揭示出这两大思潮的内在联系和本质区别。

最后,从进化论在中国到唯物史观初传中国的理论演进与转变的深层次原因在于思维方式的转变,这一点在已有的研究成果中没有得到很好的反映。很少有学者从中西哲学思维方式差异的维度来把握进化论、马克思主义等西方文化在中国的传播及其"中国式"或中国化。而不从这一维度来阐释，也就不能从深层次上理解中西文化的冲突与融合，在吸纳西方理论资源进行理论创作上也就不能做到深度中国化。正因为如此，自近代以来，前贤几乎人人都对古今中西的冲突与融合有"高见"，但是他们的"高见"似乎都存在着这样那样的不足。也就是说，他们对古今中西的冲突与融合把握得还不够充分，没能将这一冲突与融合用哲学形式予以表达即未能概念化。

三、研究思路和逻辑结构

（一）研究思路

本书的研究思路是一种实践哲学的理路。实践哲学的理路认为，实践活动是人的最为根本的能力，理论的功能主要是改变世界。理论活动是实践活动的一个不可或缺的环节，理论理性从属于实践理性。理论活动的阿基米德之点奠基于生活实践，理论理性不能绝对超越生活实践，而只是相对地超越生活实践，生活实践始终牵引着理论活动。从实践哲学这一理路来审视和反思中国近现代史上的从进化论到唯物史观的理论演进与转变，大概能够实现我们的主要理论目的，即阐述清楚这一理论演进与转变的内在脉络。实践哲学认为，社会实践方式决定哲学思维方式的演变。从这一理论视角，我们就能够准确地把握和阐释中国近现代史上的从进化论到唯物史观的理论演进与转变的各个环节和整个历程。正因为受到西方资本主义列强的军事、经济的入侵以及文化的影响，自鸦片战争以来，中国人的社会实践方式从以自然经济为主的实践方式逐步向以工商经济为主的实践方式转变，而这一实践方式的转变必然会扭转近现代中国的整个上层建筑，中国人的思维方式也会随之转变。就本书而言，正是由于从古代的以自然经济为主的实践方式

第一章 进化论兴起的背景

甲午战争之后,为了救亡图存,严复率先从西方引介进化论。他引介进化论,并不只是对西方原有进化论的机械照搬,而是根据中国社会的现实需要,进行了重构。因此,他所建构起来的进化论,既与西方原有进化论有着直接的理论联系,同时又具有中国特质,可谓中国式进化论。这种中国式进化论是一种新的世界观,并迅速成为指导改良派政治实践的理论武器。进化论一旦成为世界观,也就从此前的"器"上升为"道",取代了传统天理观的哲学地位,并由此真正拉开了中国近代哲学的帷幕。历史地看,进化论能够取代天理观而成为近代国人的世界观,主要可以归结为三个方面的因素:其一是甲午战争后的中国近代历史情势,这是最主要的因素;其二是直接关涉进化论的中西理论的变化;其三是改良派这一主体条件的具备。

第一节 进化论兴起的历史情势

致使进化论在中国近代兴起的最为根本的要素无疑是中国近代的历史

情势,而历史情势之中最为首要的则是战败于日本。这一军事上的失败,犹如导火线一样引爆了国人救亡运动这颗炸弹。它立即引发连锁反应,致使其他历史情势,诸如民族危机意识的深化、救亡意识的高涨、新文化运动的肇端、政治革新的实践,紧跟着迸发。此外,进化论之兴起还得益于此前即已发展起来的民族资本主义经济。

一、甲午战争的失败

自 1840 年以来,近代中国在西方资本主义列强的"鸦片贸易"与坚船利炮的双重攻击与胁迫下,其处境正如魏源所描述的那样:"夷烟蔓宇内,货币漏海外,漕醝以此日蔽,官民以此日困,此前代所无也;……"①清王朝逐步陷入内外交困的境地,其处境如同马克思在《中国革命和欧洲革命》中所说的那样:"所有这些同时影响着中国的财政、社会风尚、工业和政治结构的破坏性因素,到 1840 年在英国大炮的轰击之下得到了充分的发展;英国的大炮破坏了皇帝的权威,迫使天朝帝国与地上的世界接触。与外界完全隔绝曾是保存旧中国的首要条件,而当这种隔绝状态通过英国而为暴力所打破的时候,接踵而来的必然是解体的过程,正如小心保存在密闭棺材里的木乃伊一接触新鲜空气便必然要解体一样。"②败于坚船利炮武装起来的西方列强之"西洋",对清王朝的打击还不是致命的,而战败于一向为国人所鄙夷的日本这个"东洋",才是对清王朝的致命一击。就在甲午战争的前两年,郑孝胥还满足于清王朝的点滴改良,在日本很得意地批评日本变旧法行新政。他说:"故此《新闻》之论,谓日本变法以来,外观虽美而国事益坏,颇讽刺伊藤,盖

---

① 《魏源集》(上册),中华书局,1976 年,第 163 页。
② 《马克思恩格斯选集》(第一卷),人民出版社,1995 年,第 692 页。

伊藤始终主学西法者也。"①然而战败于"东洋"这个此前为国人所鄙夷的日本,国人自上至下都难以接受,故而,这一"新败"对于中国近代社会的冲击力度之强大便可想而知了。甲午前后的中国外交态度截然相反:"甲午以前,我国朝野士大夫,昧于天下大势,心目中惟以中国处华夏之中,礼义文化远出他邦之上,所有东西各国,非虏即夷,皆不足与我较,此时外交可谓夜郎自大之时期;甲午之役,挫于日本,举国大哗,方知国力不足恃,旧法不足尚,对于外人亦变其前日骄矜之态度,而出之以卑驯,前倨后恭,判若两人,是甲午以后之外交,可谓为痛心疾首之时期。"②1895年,中国被迫向日本割地赔款。此前批评日本的郑孝胥顿时感到天崩地裂,在《马关条约》签订的第二天就在日记中痛苦地写道:"闻之心胆欲腐。举朝皆亡国之臣,天下事岂复可问,惨哉!"③翁同龢更是痛苦地称之为"胯下之辱"④。不用说,国人的心情也和郑孝胥、翁同龢一样,无疑是极度忧郁而激愤的,深感屈辱与无奈。可以这么说,甲午战败后,所有关心国事的中国人都被惊醒了。与此同时,国人的自信力可谓已经降到了历史的最低点。从此,天朝上国的迷梦彻底幻灭了,留下的是惶惶不可终日的痛苦处境与急于救亡图存的焦灼心思。是故,梁启超在《戊戌政变记》中才说:"唤起吾国四千年之大梦,实自甲午一役始也。"⑤质言之,甲午战争加深加重了中国的悲惨处境。而此时,由此前对中国的伺机侵略变成了对中国的公开掠夺,在中国兴起了争夺租借地和瓜分势力范围的浪潮,中国至此处于空前的民族危难之中。⑥

民族危机意识正是在甲午战败之后得到了深化。自鸦片战争后,伴随着

---

① 《郑孝胥日记》(第1册),中华书局,1993年,第482页。

② 《李大钊全集》(第1卷),人民出版社,2006年,第259页。

③ 《郑孝胥日记》(第1册),中华书局,1993年,第311页。

④ 《翁同龢日记》,中华书局,1997年,第2792页。

⑤ 《饮冰室合集》(专集之一),中华书局,1989年,第113页。这个版本的《饮冰室合集》,标点符号只是小黑点,本文在引用时重新标点,下同。

⑥ 参见李泽厚:《中国近代思想史论》,人民出版社,1979年,第68~69页。

西方列强的大肆侵略,中国传统的"夷夏之防"的民族意识便被注入了抵御西方列强侵略的新元素。而甲午战败,致使洋务派苦心经营 30 多年的洋务运动毁于一旦。此前就蔓延已久的"变局"观念迅速扩大为普遍的全民族的危机意识。①在思想意识层面上,这种普遍的民族危机意识成为具有不同政治倾向、政治观点的中国先进人物为中国寻找出路的共同思维起点。而且这种民族危机意识迅速转化为政治实践的驱动力,具有强烈的实践意向。

民族危机意识的深化势必促使国人救亡意识与救亡运动的高涨。"帝国主义和中国封建主义相结合,把中国变为半殖民地和殖民地的过程,也就是中国人民反抗帝国主义及其走狗的过程。"②深重的民族危机意识激发了广大民众与社会各阶层进步人物的强烈愤慨与救亡决心,他们在中华大地上,很快便掀起了以爱国主义为主旋律的波澜壮阔的救亡运动。"七十年以来相对稳定的革命低潮阶段结束了,在暗中酝酿的民族矛盾和阶级矛盾一下子赤裸裸地呈现出来,变得异常明朗化和尖锐化。"③甲午战争之后,爱国救亡运动不断高涨,关心国事、积极参与政治的阶级、阶层和社会组织不断涌现,这种现象超过了历史上的任何一个时期。此前即已在思想界逐步形成的"变局"意识和主权意识,在经受甲午战败的惨痛之后,迅速迸发为震撼人心的救亡呼声。④孙中山在海外组织了旨在"振兴中华"的兴中会,在中国近代史上第一次响亮地喊出了"振兴中华"的口号。⑤恩格斯说:"当一个富有生命力的民族受外国侵略者压迫的时候,它就必须把自己的全部力量、自己的全部

---

① 参见彭明、程啸主编:《近代中国的思想历程(1840—1949)》,中国人民大学出版社,1999 年,第 171~172 页。

② 《毛泽东选集》(第二卷),人民出版社,1995 年,第 632 页。

③ 李泽厚:《中国近代思想史论》,人民出版社,1979 年,第 69 页。

④ 参见彭明、程啸主编:《近代中国的思想历程(1840—1949)》,中国人民大学出版社,1999 年,第 180 页。

⑤ 参见《孙中山全集》(第 1 卷),中华书局,1981 年,第 22 页。

心血、自己的全部精力用来反对外来的敌人。"①近代尤其是甲午战争以来的中国先进人物正是如此,他们积极投身救亡运动,以自己的实际行动"反对外来的敌人"。

甲午战争的失败意味着洋务运动的破产,而洋务运动的理论基石与依据是以儒学为主干的传统文化。因此,在国人看来,甲午战争的失败证明了传统文化失去了历史效用,不堪担当中国主流文化的重任,中国需要新文化。此后,国人对待中西文化的态度急剧变化。其变化主要表现在两个方面。②其一,承认西方资本主义文化优越成为思想文化界的共识。如果说此前国人对洋务运动还抱有希望的话,那么此时洋务运动却成了证明传统文化已经无效的最好证明。甲午战争惨败的不争事实,迫使国人甚至守旧派也不得不承认西方资本主义文化的进步性,不得不肯定学习西方的必要性。谭嗣同对待中西文化的态度便颇具典型性。他早年溺于旧学,贬斥西学,"何尝不随波逐流,弹诋西学,与友人争辩,常至失欢"③。而甲午战争之后,他对待西学的态度可谓前倨后恭。"三十年后,适在甲午,地球全势忽变,嗣同学术更大变。"④他"乃始摒弃一切,专精致思"⑤,"前后判若两人"⑥。其二,初步反思传统文化的合理性。对西学即新学的进步性肯定,势必会引发国人对传统文化即旧学合理性的反思,二者具有一体两面的关系。以谭嗣同为代表的激进人物成了批判旧学提倡新学的急先锋。谭嗣同说:"二千年来之政,秦政也,皆大盗也;二千年来之学,荀学也,皆乡愿也。"⑦他指出,如果中国依然故步自封、死守旧学,不改弦易辙、除旧布新、大力学习西方,结果势必使"中国所谓

①　《马克思恩格斯选集》(第二卷),人民出版社,1972年,第632页。

②　参见彭明、程啸主编:《近代中国的思想历程(1840—1949)》,中国人民大学出版社,1999年,第175~177页。

③　《谭嗣同全集》(上册),中华书局,1981年,第228页。

④⑥　《湖南历史资料》,1959年第4期。

⑤⑦　《谭嗣同全集》(下册),中华书局,1981年,第337页。

道德文章,学问经济,圣贤名士,一齐化为洋奴而已矣"①。接触西方文化要早于谭嗣同的严复、康有为和梁启超等人也在初步比较了中西文化之后,开始批判中国的旧学,而推崇西方的新学。对西方文化进步性的肯定和对传统文化合理性的反思,便是向西方寻求新文化的开始。因此,在某种程度上可以说,甲午战争是中国思想文化新旧转换的分水岭,揭开了近代资产阶级新文化运动的序幕。②1895 年以后,新的传媒、新式学堂、新的学会和新的报刊相继涌现,西方文化以之为载体以前所未有的速度传播开来。③西方文化如潮水之涌进,也就为西方进化论进入中国打开了方便之门。

在政治上,甲午战争也直接催生维新派登上了政治的历史舞台。马克思说:"理论在一个国家实现的程度,总是决定于理论满足这个国家的需要的程度。"④西方进化论在中国兴起是近代中国先进人物政治实践的需要。他们引介并改造西方进化论使之适合其需要,将之运用于政治实践,积极地改造近代中国的政治制度。"进化论并非仅仅是一种生物学说,而是其中包含着可作多种解释的意蕴,特别是'物竞天择、适者生存'之对于落后民族的警醒作用。"⑤这正如严复在《译〈天演论〉自序》中所说,此书"且于自强保种之事,反复三致意"⑥。而《天演论》所阐发的进化论之所以能够起到唤醒民众的作用,"使读焉者怵焉知变"⑦,其中的道理则在于"它为'改造世界'的可能性提

---

① 《谭嗣同全集》(上册),中华书局,1981 年,第 157 页。
② 参见彭明、程啸主编:《近代中国的思想历程(1840—1949)》,中国人民大学出版社,1999 年,第 175 页。
③ 张灏认为,西方文化在这个"转型时代有着空前的扩散"。[参见张灏:《再论戊戌维新的历史意义》,转引自葛兆光:《中国思想史》(第 2 卷),复旦大学出版社,2000 年,第 684 页。]
④ 《马克思恩格斯选集》(第一卷),人民出版社,1995 年,第 11 页。
⑤ 王南湜:《中国哲学精神重建之路:马克思主义哲学中国化探讨》,北京师范大学出版社,2012 年,第 93 页。
⑥ [英]托马斯·赫胥黎:《天演论》,严复译,《译〈天演论〉自序》,译林出版社,2011 年,第 6 页。
⑦ [英]托马斯·赫胥黎:《天演论》,严复译,《吴汝纶序》,译林出版社,2011 年,第 2 页。

供了'科学的'根据"①。由此可见,改良派引介和推广进化论,并非出于纯粹的理论兴趣,而是旨在从中获得改造中国的思想武器。戊戌变法的领袖人物无疑是康有为,听说清廷要与日本签订《马关条约》,他便带领京师和地方志在变法图强的维新人士发起了"公车上书",公开提出政治革新的诉求,从而拉开了维新运动的序幕。之后他连续7次上书光绪帝,要求变法和提出变法方案。从其《应诏统筹全局折》来看,他要求进行的改革是全面的资产阶级民主改革。康有为认为,变法问题的核心和关键是改革君主专制制度和制定资本主义法律。②康有为发起的戊戌变法运动因守旧派的血腥镇压而失败。但是它的失败并非由于其指导思想即进化论的无用,而是经济、政治以及守旧派依然强大而改良派过于弱小等因素的结果。这一点从戊戌变法后,进化论不但没有衰落,反而得到了较此前更为广泛的传播这一事实可以得到说明。这也意味着,进化论作为维新变法运动的指导思想,推进了维新变法运动,也为维新变法运动所推进。

二、民族资本主义经济的发展

甲午战争之前,中国民族资本主义已经有所发展,而甲午战争之后,"中国民族资本主义开始了它的真正的初步发迹"③。中国民族资本主义经济无疑是资产阶级改良派及其所信奉的进化论的物质基础。因此,考察进化论在中国的兴起之因,不能忽视中国民族资本主义的发展所起到的作用。

甲午战争失败,洋务运动也随之破产,在动荡不安的局势中,清政府不得不对民间资本让步。这时清政府曾几次下令奖励、保护私营工商业的发

---

① 余英时:《现代危机与思想人物》,生活·读书·新知三联书店,2005 年,第 171 页。

② 参见李泽厚:《中国近代思想史论》,人民出版社,1979 年,第 72~73 页。

③ 李泽厚:《中国近代思想史论》,人民出版社,1979 年,第 69 页。

展,尽管这实际上不过只是一纸空文,但是它至少在政策乃至政治层面上应允了中国民族资本主义的发展。中国民族资本主义从而取得了合法的地位,这无疑有利于其发展。甲午战争之后,帝国主义对中国的入侵由商品输出逐步转变为资本输出。在外国资本直接入侵的刺激下,中国民族资本主义倍感危机,而这反而促进了其发展。甲午战争之后,中国民族资本主义所投资的工厂数量激增。据不完全统计,1895 年至 1913 年期间,全国具有民族资本主义性质的厂矿共开设 549 家,资本总额达到 120288 千元。新开设的民族资本主义企业不仅集中于上海、天津、广州、杭州、无锡等沿海地区,内陆经济比较发达的地区也增长迅速,仅武汉一地就新办了 28 家工厂。[①]

中国民族资本主义在甲午战争后的发展也可以从张之洞 1897 年的一份奏折看出。他在奏折中说:"溯自马关定约以后,……数年以来,江、浙、湖北等省,陆续添设纺纱、缫丝、烘茧各厂约三十余家。此外机造之货,沪、苏、江宁等处,有购机制造洋酒、洋蜡、火柴、碾米、自来水者。江西亦有用西法养蚕缫丝之请。陕西现已集股开设机器纺纱局,已遣人来鄂求考工作之法。四川已购机创设煤油,并议立洋蜡公司。山西亦集股兴办煤铁,开设商务公司。至于广东海邦,十年以前即有土丝、洋纸等机器制造之货,近年新增必更不少。天津、烟台更可类推。湖北、湖南两省已均有购机造火柴及榨棉油者。湖北现已考得机器制茶、机器造塞门德土之法,正在督饬税务司劝谕华商兴办。湖南诸绅现已设立宝善公司,集有多股,筹议各种机器制造土货之法,规模颇盛。似此各省气象日新,必且愈推愈广。"[②]张之洞当时被视为顽固派人物,但是从这份奏折看来,他似乎也肯定中国民族资本主义的发展,至少没有否定的意味。

随着民族资本主义经济的发展,中国产业资本中的主导成分在甲午战

---

① 参见汪敬虞编:《中国近代工业史资料》(第 2 辑下册),科学出版社,1957 年,第 654~657 页。

② 赵德馨主编:《张之洞全集》(第 3 册),吴剑杰、周秀鸾等点校,武汉出版社,2008 年,第 414 页。

争之后发生了转换。自 1895 年后,中国民族资本主义产业资本的成分超过了国家资本主义的产业资本成分。从 1903 年起,这一差距则更为迅速地拉开。这说明,原先国家资本主义在中国主要产业部门占据的主导地位被民族资本主义取代了,民族资本主义经济成了中国资本主义经济的主要成分。[①]

质言之,中国民族资本主义经济的发展不但为资产阶级改良派的维新变法运动提供了一定的物质基础,而且也为之准备了比较坚实的阶级基础。因此,中国民族资本主义经济的发展有利于资产阶级力量的壮大,而资产阶级力量壮大后对于西方进化论的来临、其在中国迅速的传播则有顺水推舟之利。

甲午战败之后的历史情势,对于国人而言,无疑是巨大的危难,但是历史的转机往往萌芽于巨大危难之中。因此,历史的危难并非仅仅意味着危难,它同时也意味着新的转机与希望。这正如恩格斯所说:"没有哪一次巨大的历史灾难不是以历史的进步为补偿的。只有活动方式在改变。让命运实现吧!"[②]总而言之,甲午战败给中国带来了深重的灾难,但同时也警醒了国人,国人从此奏响了救亡图强运动的乐章,而这就蕴藏了化解灾难、振兴中华的新机。就进化论而言,甲午战败后的历史情势为西方进化论顺利进入中国铺上第一块坚实的基石。西方进化论的传入,从总体上而言,是有利于中国社会进步的。

---

① 参见杜恂诚:《民族资本主义与旧中国政府(1840—1937)》,上海社会科学院出版社,1991年,第99页。

② 《马克思恩格斯全集》(第39卷),人民出版社,1974年,第149页。

第二节　进化论兴起的理论前提

甲午战争之后的历史情势，只是为进化论在中国的兴起提供了现实的可能性，它还不足以使进化论能够在中国兴起。进化论在中国的兴起，还需要理论上的可能性和主体条件的具备。中国式进化论受到中西两大文化传统的影响，因此就进化论兴起的理论前提而言，自然包括中西两个方面的理论前提。在中国方面，这一理论前提可以表述为天理观的衰落；而在西方方面，这一理论前提可以表述为进化论的衍化。

一、天理观的衰落

从思孟学派开始，儒家找到了"天"作为人的道德性存在的根源，便开始逐步将"天"作为人的道德来源的形上根据。这种理论趋势经董仲舒和韩愈等人，至程朱等人而发展出天理观，将世界的一切都归根于"天理"。于是天理观成了中国君主专制社会后期牢不可破的占统治地位的意识形态。但是近代以来，天理观开始逐步动摇和衰落，其主导地位最终为进化论所取代。

天理观的统治意识形态地位的获得与维持，基于中国传统社会的自然经济及其实践方式，而当中国的自然经济和实践方式受到西方列强的资本主义经济和实践方式的冲击之后，其内部的经济生产方式和实践方式便逐步发生了变化。这反映到思想层面上，就是中国先进人物开始怀疑天理观的真理性和权威性。这就为进化论由"器"升"道"，并最终取代天理观提供了现实上和理论上的可能性空间。因此，天理观之所以会动摇，可以从两个方面来阐述：其一，在客观上，天理观衰落的根本原因是中国传统社会的自然经济及其实践方式遭到破坏。一定的理论匹配一定的社会经济基础和社会实践方式，作为统治意识形态的理论尤其如此。天理观作为中国传统社会后期的统治意识形态，便是与中国传统社会的自然经济及其实践方式相匹配的结果。中国传统社会的实践方式一般而言是有机性的或非构成性的，主要表现为农耕和畜牧生产。在这种实践之中，人们的活动一般不改变对象本身，并不会重新制造出某种植物或动物。人们的活动主要是顺应对象的存在规律，从外部予以照料和改善。尽管对产品的生产有所贡献，但是这种贡献只具有辅助性的作用，不能起到决定性的作用。而且往往是生产出了某种产品，人们对其中的机理却一无所知，这正所谓只知其然而不知其所以然。人们因此感觉到事物对于他们而言是既定的、不可改变的，一切事物似乎都具有一种现成性、永恒性，甚至神圣性。①天理观之所以被认为是牢不可破的真理，就在于它是中国传统社会自然经济及其实践方式的反映，而只要自然经济及其实践方式没有受到破坏，天理观作为真理的地位就不会被质疑。然而天理观只是中国传统社会的"真理"，它并非一切社会的永恒真理。自鸦片战争以来，西方列强频繁发动军事与经济的入侵，中国处处被动挨打，人民处于水深火热之中，而统治阶级却束手无策，几近坐以待毙。随着中国传统社会自然经济及其实践方式逐步受到资本主义经济及其生活方式的侵蚀与破坏，中国传统社会大有土崩瓦解之势。如是一来，建基于中国传统社会经济与政治之上的天理观的物质与阶级基础开始动摇，它已经担负不起解释世界的理论功能，从而也就开始受到了人们的怀疑。

甲午战争的失败是一个标志性的事件，它彻底宣告了洋务运动的破产，也就彻底否定了传统社会包括其经济、政治和文化的合理性。从此，天理观的地位开始衰落，国人不再如从前那样完全相信天理观，对其权威性不再俯

---

① 参见王南湜：《社会哲学：现代实践哲学视野中的社会生活》，云南人民出版社，2001年，第6~7页。

首帖耳,而是产生了怀疑。康有为说:"《诗纬》曰:'王者三百年一变政。'盖变者,天道也。天不能有昼而无夜,有寒而无暑,天以善变而能久;火山流金,沧海成田,历阳成湖,地以善变而能久。人自童幼而壮老,形体颜色气貌,无一不变,无刻不变。《传》曰:'逝者如斯。'故孔子系《易》,以变易为义。又曰:'时为义大。'"①康有为从传统文化经典中找到了天道变化的根据,肯定了"变"是天道。严复依据进化论,批评了董仲舒认为天道和人道都不变的所谓"天不变,道亦不变"②的形而上学观点,斥之为"观化不审似是实非之言",并认为天道人道"皆譬诸夏葛冬裘,因时为制,目为不变,去道远矣"③。由此可见,此前认为不变是真理的天理观已经在中国先进人物的观念中发生了动摇。当然,天理观的衰落还有其他方面的客观原因,但是中国传统社会的自然经济及其实践方式遭到的破坏,则无疑是天理观衰落的根本原因。

其二,在主观上,天理观衰落在于中国先进人物认识到需要寻找新的意识形态理论来替代它。在甲午战争中,泱泱大国竟然惨败于东夷蕞尔岛国,这给国人的冲击与教训也许比鸦片战争还要巨大和深刻。这一残酷的现实,不能不引起中国先进人物的痛思。他们不得不再度反思以"道本器末"或"中体西用"为指导思想的洋务运动的改革,并终于认识到,即使在传统文化的模式中纳入了西方文化的元素,有所纳新,但是如果不改变这种"中体西用"的僵化模式,那么改良也不会取得有效的成果。这时,以西学之"体"来取代中学之"体"就成了中国先进人物的共识,甚至连一些此前堪称守旧派的人士也逐步动摇了对"中体西用"信念的坚守,而开始倾向于学习西方而变法图强了。梁启超在《变法通议·自序》中大声疾呼:"法何以必变? 在天地之间者,莫不变。……藉曰不变,则天地人类,并时而息矣。故夫变者,古今之公理

---

① 《康有为政论集》(上册),中华书局,1981年,第225页。

② 《董仲舒集》,学苑出版社,2003年,第26页。

③ 《严复集》(第1册),中华书局,1986年,第51页。

也。……上下千岁,无时不变,无事不变。公理有固然,非夫人之为也。"在《论不变法之害》一文中进而说:"法者天下之公器也,变者天下之公理也。……变亦变,不变亦变。变而变者,变之权操诸己,可以报国、可以保种、可以保教;不变而变者,变之权让诸人,束缚之、驰骤之……呜呼! 则非吾之所敢言矣! "①在梁启超看来,"变亦变"是自主变法,是顺时而变,具有主动性;而"不变亦变"是被动变法,是为时势所逼,是被迫变法,是被动的。无疑前者为上策,后者乃下策。而变法的理论依据便是进化论。因此,在思想上,中国先进人物也已经认识到当以进化论来替代天理观的统治意识形态地位。

中国传统社会的自然经济基础遭到了破坏,这必然要动摇建基于其上的天理观。马克思说:"随着经济基础的变更,全部庞大的上层建筑也或慢或快地发生变革。"②因此,中国先进人物反思和质疑天理观,并试图寻找新的统治意识形态,是历史发展的必然反映。天理观的动摇与衰落,意味着它已经不能解释世界,不能再满足中国人现实生活的需要——中国人需要新的世界观。而这为新的世界观即进化论的出现预留出了可能空间。

二、进化论的衍化

严复是引介和建构西方进化论的第一人,他建构起来的进化论基本上为此后中国式进化论定下了理论框架和理论基调。而他的进化论虽然也渗透着中国传统进化观的元素,但是主要还是对斯宾塞和赫胥黎二人进化论的综合与改造。而斯宾塞和赫胥黎的进化论主要是在达尔文进化论基础上的演绎。故而,这里存在一个进化论在英国的衍化问题。而正是进化论在英国的衍化,才使之成为严复中意的对象。可见,进化论在西方的衍化堪称进

---

① 《饮冰室合集》(文集之一),中华书局,1989年,第1、8页。

② 《马克思恩格斯选集》(第二卷),人民出版社,1995年,第33页。

化论在中国兴起的理论前提。

(一)达尔文进化论

严复的进化论尽管主要是基于斯宾塞和赫胥黎二人的进化论,而后二人的进化论则得益于达尔文的进化论。正是达尔文使进化论发展成为科学理论,故而,考察进化论在中国兴起的理论前提即进化论在英国的衍化,理当从考察达尔文进化论开始。

达尔文进化论是生物进化论,其革命性在于,使既有的进化论成了一种真正的科学学说。既有的进化论主要存在三个方面的严重理论缺陷[1]:其一,它们缺乏丰富而系统的证据,难免具有猜想性和臆断性。而近代以来兴起的科学理论,反对独断论,重视证据与逻辑说明。其二,它们没有提出一个能够加以检验的理论来说明生物进化的机制。而科学理论的一个标志性特征便是其理论能够被检验与证实。其三,它们或多或少带有神意论的色彩,在无法说明进化机制时便借助于超自然的神的力量。在解释世界的根本理论立足点上,科学与神学是对立的,也就是说,科学反对用神意来解释世界,自然也反对以神意解释生物的进化。正是由于既有的进化论尚存在上述理论缺陷,它们也就难以堪称科学理论。而达尔文进化论反是。达尔文提供了丰富而充分的证据,证明了地球上的一切生物都是由最初的物种经历漫长的演化逐渐进化来的;他提供了一个能够加以检验的理论即自然选择理论来解释生物何以进化的问题。由于他认为生物的进化是自然选择的结果,他的进化论也就不需要借助神的力量来解释生物何以进化的问题。由此,他就使进化论成了一种真正的科学理论。

达尔文进化论的主要原则是自然选择。他说:"自然选择的作用,必然在

---

[1]　参见王中江:《进化主义在中国》,首都师范大学出版社,2002年,第20页。

存竞争"和"适者生存"来解释人类社会历史现象,实则是对达尔文生物进化论的一种歪曲。质言之,将达尔文生物进化论广泛应用于社会历史领域,是斯宾塞的首创。①而正是他的这一首创,使进化论衍化成了自然界与人类社会普遍适用的普遍进化论,成了一种世界观。因此,斯宾塞普遍进化论的理论逻辑是一元论式的,即认为自然界和人类社会遵循同样的进化规律。这正如严复在《译〈天演论〉自序》中所说:"有斯宾塞尔者,以天演自然言化,著书造论,贯天地人而一理之。"②为了反对理学认为天理永恒不变这种根深蒂固的传统观念以及守旧派主张法可变而道不可变的迂腐观点,斯宾塞这种普遍进化的一元论逻辑是严复所需要的,可以借之来批驳理学天道观和守旧派,为改造中国的变法运动摇旗呐喊。不过,严复对之也只是有限度地予以吸纳,因为他同时还吸纳了赫胥黎所倡导的伦理进程不同于宇宙进程的观点,认为人类社会的进化并不完全等同于自然界。这也正如他在《译〈天演论〉自序》中所说:"赫胥黎氏此书之旨,本以救斯宾塞任天为治之末流……"③

达尔文认为,自然选择原则只适用于自然界的生物,并不适用于人类社会,而斯宾塞却基于其普遍进化的逻辑,将自然选择原则也推广到人类社会。这是二人进化论最显著之不同。此外,斯宾塞普遍进化论与达尔文生物进化论还有另一个重要区别,即斯宾塞吸纳了拉马克的直接适应论,认为变异和适应是等同的,环境的变化会直接导致变异发生。在《天演论》中,严复将这种直接适应论译为"体合"④论。拉马克的直接适应论基于生物后天获得性状的遗传,而现代遗传学却证明,生物后天获得性状多属于表型变异,基本上不能遗传。这意味着,拉马克和斯宾塞主张的直接适应论或"体合"论基

---

① 参见[英]皮特·J.鲍勒:《进化思想史》,田洺译,江西教育出版社,1999年,第357~387页。

② [英]托马斯·赫胥黎:《天演论》,严复译,《译〈天演论〉自序》,译林出版社,2011年,第5页。

③ 同上,第6页。

④ 严复说:"于此见天演之所以陶熔民生,与民生之自为体合。体合者,进化之秘机也。"[英]托马斯·赫胥黎:《天演论》,严复译,译林出版社,2011年,第45~46页。

本上已经失去了科学的生物学理论基础。不过,人类因具有特有的意识以及主观能动性而区别于无意识、无主观能动性的动物。人并不是只如动物一样被动地适应环境,而是能够改造环境,在适应环境的同时,也使环境适宜于自身。因此,在这个意义上,拉马克和斯宾塞主张的这种直接适应论或"体合"论还是具有一定的合理性的,不应该完全否定。①

可以肯定的是,斯宾塞的进化论直接启发和影响了严复的进化论。然而严复的进化论并非如史华兹所说的那样,只是对斯宾塞进化论的照搬。②他的进化论主要从斯宾塞那里吸纳了宇宙普遍进化和适者生存这两大原则性的思想。但是纵使如此,他对斯宾塞的这两大原则性思想,也没有完全机械地照搬、照用不误,而是凭借赫胥黎的进化论对之予以了改造。

(三)赫胥黎进化论

赫胥黎是达尔文进化论的积极支持者,自称是达尔文的"斗犬",但是这并不意味着他的进化论完全是对达尔文进化论的复制。不仅如此,而且他的进化论独具特质。严复从中吸取了有益的养料。

赫胥黎站在达尔文的立场,其进化论具有如下四个方面的特质:

其一,认为人类社会与动物界存在本质区别。在赫胥黎看来,动物界的生存竞争是为了取得生存资料(means of existence),动物的成功主要依靠其本能与活力,竞争的结果是优胜劣汰。而人类社会的生存竞争是为了取得享受资料(means of enjoyment),人们的成功不仅需要活力、勤勉、智力与顽强的意志,而且还需要同情心(sympathy)。③他认为,人类根本没有足够的智力对

---

① 参见皮后锋:《严复评传》,南京大学出版社,2006 年,第 321 页。

② 参见[美]本杰明·史华兹:《寻求富强:严复与西方》,叶美凤译,江苏人民出版社,2005 年,第65、69、74、75 页。

③ 参见[英]赫胥黎:《进化论与伦理学》,《进化论与伦理学》翻译组译,科学出版社,1971 年,第57、28、29 页。

自己进行人工选择,生存竞争的法则不适用于人类社会;人类社会的进步依赖于以克己(self-restrain)之心约束和抑制人的自营(self-assertion),而抑制人之自营的主要手段是天然人格即同情心和人为人格即良心(conscience)。

其二,在社会领域里区分宇宙进程与伦理进程。他认为,宇宙进程(cosmic process)是指以人的自营本能为特征的生存竞争过程,其结果会使那些碰巧最适应既有全部环境的人得以生存下来①,而不能适应者就会被淘汰。而他认为,伦理进程(ethical progress)则是从同情心到良心的情感进化过程,也可以视为社会进化强化的过程,其结果会使那些伦理上最优秀的人得以生存下来,其影响所及就会使更多的人适于生存。在赫胥黎看来,伦理进程否定宇宙进程所内蕴的生存竞争现象,社会伦理的进步就在于同宇宙进程做斗争,力求抑制宇宙进程的"自营"或"任天为治"。②

其三,批驳过度的乐观主义与悲观主义。从古希腊斯多葛学派直至近代狂热的个人主义者,他们不正视甚至无视人间的苦难与罪恶,大力鼓吹生存竞争法则和顺应自然规律。他们认为,这样人类社会就会自然而然地发展到完美的理想境界。与之相对,面对自然界的残酷竞争和人类社会的种种罪恶,古印度的婆罗门教和佛教却主张主动退出生存竞争,通过消灭欲望以求免除痛苦而获得永生。毫无疑问,前者之说是一种过度的乐观主义,而后者则是一种过度的悲观主义,堪称两个极端。对于这二者,赫胥黎皆持批判的立场。

其四,折衷主义的态度。在赫胥黎看来,人类社会要获得进步,唯有通过伦理进程,借之对宇宙进程的每一步进行严格的抑制。人之"自营"过度固然不对,但是"克己"过度也不对,人类的进步在于在"自营"与"克己"之间保持平衡。这显然是一种折衷主义的理论立场。③

---

① 参见[英]赫胥黎:《进化论与伦理学》,《进化论与伦理学》翻译组译,科学出版社,1971年,第24、21、9~10、57页。

② 同上,第21、57~58页。

③ 参见皮后锋:《严复评传》,南京大学出版社,2006年,第325~327页。

赫胥黎反对将生物进化论应用于人类社会，认为人类社会发展遵循的原则与生物界不同。因此，他强调"伦理进程"而反对斯宾塞的"任天为治"。由此可见，他的理论逻辑是自然界与人类社会进化有别的二元论，而非一元论。这种二元逻辑也是严复所需要的。因为只有人类社会的进化法则不同于自然界，人才具有相对自由性，以便发挥主观能动性来改造社会，才有可能使后进的中国赶上并超越先进的西方。在相当大的程度上可以说，严复在进化论上对赫胥黎思想的吸纳，绝不亚于对斯宾塞思想的吸纳。大概由于斯宾塞主张"适者生存"，而赫胥黎却认为"适者生存"的原则并不适用于人类社会，而主张人类社会的发展是一个伦理道德不断进化并恰恰抑制生存竞争的历程，而中国近代首先需要的是斯宾塞这种思想而非赫胥黎这种思想，人们才觉得严复在进化论上受斯宾塞影响要大于赫胥黎。但是不要忘了，如果严复的进化论中没有从赫胥黎那里吸纳来的人类社会进化原则不同于自然界进化原则的思想，那么主张"适者生存"的进化论只能让落后于西方列强的中国人在思想上停留于甘受任人蹂躏的悲惨境地。正是赫胥黎进化论主张的"人道"击破了斯宾塞社会达尔文主义的"天道"，在思想层面上，严复可以借之来启发国人，使国人认识到追赶和超过西方、摆脱落后挨打的悲惨处境是可能的，从而才能够鼓动国人奋发有为、救亡图强。这正是严复在《译〈天演论〉自序》中为何要说"赫胥黎氏此书之旨，本以救斯宾塞任天为治之末流"[①]的原因。甚至可以认为，在天道与人道二者之间，严复更看重的是人道；相应地，在斯宾塞和赫胥黎二者之间，严复更看重的是赫胥黎。这大概也是严复选择赫胥黎的《进化论与伦理学》作为首要翻译对象的一个关键性的原因，而《进化论与伦理学》较之斯宾塞《第一原理》较为简易等因素，大概还在其次。如果说在近代那种特殊的历史背景下，人们看到斯宾塞对严复的影响是显明的"阳面"，那么

---

① ［英］托马斯·赫胥黎：《天演论》，严复译，《译〈天演论〉自序》，译林出版社，2011年，第6页。

赫胥黎对严复的影响则是隐匿的"阴面"。中国文化自古以来就认为阴阳对立统一,独阴独阳皆不生。由此可见,在进化论上,只重视斯宾塞对严复的影响,而轻视甚或忽视赫胥黎对严复的影响,是一种片面的而非辩证的观点。

第三节　进化论兴起的主体条件

现实的历史情势为进化论在中国的兴起提供了理论需要,理论前提则使进化论在思想领域具有了可能性。但是进化论在中国的兴起还需要主体条件,即引介和改造进化论的人。对进化论的成功改造,主要是严复和康有为的功劳,而梁启超和谭嗣同对进化论在中国的兴起也发挥了重要作用。

一、严复和康有为为主

严复被称为西学第一人,实则他的中学功底亦极为深厚。在他 10 岁的时候,父亲严振先就请来黄少岩做他的塾师,而黄少岩是他父亲"所能找到的最好的塾师"[①]。尽管黄少岩只教了严复 2 年就去世了,但是他的"汉学与宋学"并重的治学路数,深刻地影响了严复后来的思想结构。史华兹认为,"严复后来对斯宾塞宇宙论的形而上学体系和穆勒归纳逻辑与经验主义所抱有的同样热情,正是在某种程度上反映了他的老师糅合'汉学'与'宋学'价值的苦心"[②]。严复接受传统教育在他 12 岁时中断。尽管他接受传统文化的熏陶只有短暂的 2 年,但是他学得扎实而深刻,而且由于自己的努力,他的传统文化功夫得到了加强, 这一点从他日后所译作品的古文功底可见一

---

① ［美］本杰明·史华兹:《寻求富强:严复与西方》,叶凤美译,江苏人民出版社,2005 年,第 15 页。
② 同上,第 16 页。

斑。严复人生的转折点是由于得到沈葆桢的赏识，得以进入福州船政学堂。①
此后又得到扬武号英籍教习脱来西的帮助，获得去英国深造的机会。严复带
着一个此前早已被提出的问题即西方尤其是英国富强的秘密是什么这一问
题到达英国。史华兹说："正是这个迫在眉睫的问题，而不是闲逸的好奇心，引
导严复热切地考察英国的政治、经济和社会制度，并且最终导致他全神贯注
于当时英国的思想。"②在英国期间，由于志同道合，他与中国第一任驻英国公
使郭嵩焘由相识而相知，经常在一起"论析中西学术异同，穷日夕勿休"③。经
过在英国法庭的旁听，严复终于认识到英国的富强在于法律制度的完备与健
全。于是他对郭嵩焘说，"英国与诸欧之所以富强，公理日伸，其端在此一事"。
对严复此说，郭嵩焘深表赞同。④从英国回国之后，尽管严复在仕途上并不顺
利，他"始终是'局外人'，不能参与决策"⑤，但是他"已经有了一种革命性的认
识，即在西方思想家的著作中可以找到西方富强的秘密"⑥。正是中日甲午战
争，使严复时来运转，"他终于能说话了，并且成为中国知识界的出色代言人"⑦。
严复由此成为中国近代"介绍西洋思想成绩最著者"⑧。

康有为的西学功夫不如严复，但是其中学功夫大概要高出严复一筹。他
出生和生长在一个"世以理学传家"的"名门望族"，其家至康有为，"凡为士人
十三世矣"。⑨他18岁时从学于朱九江，深受后者身上那种中国历代优秀知识
分子"经世致用"、关心国事民瘼的现实主义的学风和精神的影响。但是他的

---

① 参见王蘧常：《严几道年谱》，商务印书馆，1936年，第4页。
② ［美］本杰明·史华兹：《寻求富强：严复与西方》，叶凤美译，江苏人民出版社，2005年，第19页。
③ 王蘧常：《严几道年谱》，商务印书馆，1936年，第7页。
④ 参见《严复集》（第4册），中华书局，1986年，第969页。
⑤ ［美］本杰明·史华兹：《寻求富强：严复与西方》，叶凤美译，江苏人民出版社，2005年，第20页。
⑥ 同上，第21页。
⑦ 同上，第22页。
⑧ 郭湛波：《近五十年中国思想史》，山东人民出版社，1997年，第48页。
⑨ 康有为：《康南海先生自编年谱》，《康南海先生遗著汇刊》（廿二），宏业书局，1987年，第2页。

思想之所以能够突破传统观念的藩篱，"更重要的则仍然是当时客观时代、局势对他的刺激"①。因此，尽管从小浸淫"圣贤正道"，但是年方 21 岁的康有为却产生了反抗传统束缚的思想。"四库要书大义，略知其概，以日埋故纸堆，汩其灵明，渐厌之。日有新思，思考据家著书满家，如戴东原，究复何用？因弃之，而私心好求安心立命之所。忽绝学捐书，闭户谢友朋，静坐养心，同学大怪之。……静坐时忽见天地万物皆我一体，大放光明，自以为圣人则欣喜而笑。忽思苍生困苦，则闷然而哭。……此楞严所谓飞魔入心，求道迫切，未有归依之时，多如此。"②此时的康有为，还只是借助阳明心学来反驳正统儒学和枯燥无用的考据学。不过，这是他走向西学的心路历程的一个必经阶段。由此，他最终走向了西学，"以经营天下为志"。对此，他说："于时舍弃考据帖括之学，专意养心，既念民生艰难，天与我聪明才力拯救之。乃哀物悼世，以经营天下为志，……俯读仰思，笔记皆经纬世宙之言。既而得西国近事汇编、李口环游地球新录及西书数种览之，薄游香港，览西人宫室之瓖丽，道路之整洁，巡捕之严密，乃始知西人治国有法度，不得以古旧之夷狄视之。乃复阅海国图志、瀛寰志略等书，购地球图，渐收西学之书，为讲西学之基矣。"③康有为由饱读中学而转向信赖西学，这种思想和志向上的巨大转变，在当时并非个人的主观意愿，而是时代使然，是时代精神的体现。尽管康有为的西学水平难以与严复比肩，但是他出身于"西风美雨"来袭的前沿广东，而且思想视界开阔，在读到严复所译《天演论》之前，已掌握了不少西学知识，比如，从其《桂学问答》，便可见出他已经读过《谈天》《地学浅释》《地学指略》等早期翻译的西学著作。而他的特异之处则在于能够凭借有限的西学知识来重构中学，使中学在新的历史条件下焕发出新的光辉。

---

① 李泽厚：《中国近代思想史论》，人民出版社，1979 年，第 95 页。

② 康有为：《康南海先生自编年谱》，《康南海先生遗著汇刊》（廿二），宏业书局，1987 年，第 10 页。

③ 同上，第 11 页。

二、梁启超和谭嗣同为次

严复引介西方进化论,建构了"天演"进化论体系。康有为则融摄中西理论资源,建构了"三世"进化史观,并积极以进化论为理论武器指导维新变法运动。他们二人可谓进化论在中国兴起的主要功臣。除他们之外,梁启超和谭嗣同二人对进化论在中国的兴起与发展也作出了不可磨灭的贡献。告别康有为的三世进化说之后,梁启超接受了严复引介的西方进化论。他善于"鼓吹",在宣传西方进化论上起到了极大的作用,影响深远。对此,张汝伦先生说:"梁启超的意义在于:他对进化论的理解和解释,使得进化论逐渐凝固为一种完整的意识形态。他一方面接受进化论,另一方面又对进化论的基本信仰作了进一步的概括和表述。他的这些概括和表述简单、清楚、明了,更决绝、更彻底、更一以贯之,适足以符合中国人对于一个新世界观(即对世界和自己历史命运的一个总解释)的需要,因此很快为多数人所接受和信仰,成为现代中国的主要意识形态。"①如果说严复是引进和重构西方进化论的首功之臣,那么在某种意义上,梁启超则堪称使西方进化论在中国普及的首功之臣。

谭嗣同在接触到康有为的进化思想和严复的进化论之前,已经具备了一套关于社会进化的思想。这可以从他 25 岁所写的《治言》和 30 岁所写的《石菊影庐笔识》看出。但是他这个时候的进化观基本上没有突破此前的早期维新派的"法"变而"道"不可变的思想藩篱。因为他尽管主张"势在必变",但是依然认为"道之不可变者,虽百世而如操左券"②,认为"中国圣人之道,无可云变也",而且要"卫中国圣人之道,以为扑灭之具"③——战胜西方列强

---

① 张汝伦:《现代中国思想史》,上海人民出版社,2001 年,第 33 页。

② 《谭嗣同全集》(上册),中华书局,1981 年,第 236 页。

③ 同上,第 131 页。

的工具。谭嗣同的进化观发生质变是在甲午战争之后,他在《思纬氤氲台短书·报贝元徵》中,发挥王夫之唯物主义的道器观,提出了"器体道用论",认为"道,用也;器,体也。体立而用行,器存而道不亡",并认为"以道为体"是错误的。他反问道:"器既变,道安得独不变?"①这就突破了"法"可变而"道"不可变的思想藩篱。随着进化观念的转变,他对西学的态度也大变:由此前看不起西学,主张"尊己卑人",转而认为西学胜过中学,倡导"尊人卑己"。②这一思想和立场的转变,为他接受和推广进化论打开了一条通道。尽管他的进化论主要受康有为的三世进化说影响,但是他思想所具有的激进特质,使其思想超越了康有为的改良主义立场,从某种程度上而言,这也是一种"求变"的思想特征,和进化论主张"变"的基本思想观念是一致的。

毛泽东曾经论断中国近代史上有四位影响巨大的人物,即洪秀全、康有为、严复、孙中山,并认为他们是"在中国共产党出世以前向西方寻找真理的一派人物"③。其中后三位皆与进化论有关,严复和康有为直接促进了进化论在中国的兴起,而孙中山则是进化论"革命化"的关键性人物,极大地促进了进化论在中国的演进。梁启超和谭嗣同皆堪称历史风云人物,二人对进化论的信持,无疑有利于进化论在中国的兴起与发展。由此足见进化论在中国兴起的主体条件之充足。

第四节　进化论由"器"升"道"

西方传来的进化论,在中国经历了一个由"器"升"道"的地位提升的过

① 《谭嗣同全集》(上册),中华书局,1981年,第197页。
② 参见《谭嗣同全集》(上册),中华书局,1981年,第225~228页。
③ 《毛泽东选集》(第四卷),人民出版社,1991年,第1469页。

程。以严复《天演论》为界,之前的进化论在中国只是被视为低下的"器",此后摇身一变,成了高贵的"道",其地位发生了质变。也就是说,进化论在国人的心目中发生了一次认知与地位质变的过程,即国人主要不是将之再理解为一种生物科学理论,而是主要将之视为世界观层面上的"道",或者更具体地说,将之视为一种能够指导人生的意识形态。这一点,简而言之,即进化论由"器"升"道"。

一、作为"器"的进化论

在严复《天演论》出版之前,进化论已经在中国传播。但是此前的进化论主要是一种关于生物进化的理论。有趣的是,生物进化论在中国的传播,主要是由基督教传教士来完成的。生物进化论既然只是关于生物进化的科学知识,那么按照国人既有的思维模式,它便只能被定位为"器"。正因为进化论此前还只是被定位为"器",所以尽管它在中国已经传播了不少时日,但是并没有产生多大影响,国人对之也所知甚少。

1859 年,李善兰参与翻译的《谈天》出版。从那时起,关于进化的理论开始逐一传入中国。这一年也正好是达尔文《物种起源》在英国出版的那一年。这一年,李善兰通过与两位英国来华传教士伟烈亚力和艾约瑟的合作翻译[①],牛顿的天文学、物理学、数学被比较全面而集中地介绍到中国。"这几本书的翻译出版,使近代科学的宇宙观在中国传播开来,中国传统的盖天说、浑天说,来自西方的神化了的地心说等从此烟消云散。"[②]《谈天》是英国天文学家

[①] 李善兰与伟烈亚力合译《谈天》和《代数积拾级》,与艾约瑟合译《重学》。

[②] 吴丕:《进化论与中国激进主义》,北京大学出版社,2005 年,第 36 页。牛顿天文学对中国的影响,也许并没有吴丕先生所说的那么大,比如,中国不少乡村百姓至今依然相信古老的盖天说。但是其影响波及了知识分子群体,至少改变了知识分子的宇宙观。

约翰·赫歇耳(John Herschel,1791—1871,当时译为侯失勒)的一部天文学名著,原名《天文学纲要》(*Outlines of Astronomy*)。此书在中国的出版使中国人的世界观大为改观。当时就有人写了《醒世歌》来告诫国人:"若把地球来参详,中国并不在中央。"[①]在一定程度上,它动摇了中国传统世界观的宇宙论根基,对中国人的思想震撼是可想而知的。

紧接《谈天》而对国人产生深远影响的西学著作当属赖尔(Lyell,当时译为雷侠儿)的《地学浅释》。《地学浅释》英文书名为 Elements of Geology,今通译为《地质学原理》。华蘅芳为笔述者,美国传教士玛高温(Daniel Jermore Macgown)为口译者。《地质学原理》打破了传统的属于激变论的神创观念,为生物进化论奠定了理论基础,对达尔文写作《物种起源》,创立科学的生物进化论影响深远。赖尔去世后,达尔文写道:"我所做的一切,都应归功于学习研究了他的伟大著作。"[②]恩格斯对赖尔也有极高的评价。他说:"最初把理性带进地质学的是赖尔,因为他以地球的缓慢的变化这样一些渐进的作用,取代了由于造物主的一时兴起而引起的突然变革。"[③]赖尔此著对中国也产生了很大影响。它多次再版,很多学校都将之作为教科书,影响了不少知识分子。康有为将之与《谈天》一起列在《桂学问答》的西学卷首。梁启超对之亦持肯定态度。他说:"人日居天地间,而不知天地作何状,是谓大陋。故《谈天》《地学浅释》二书,不可不急读。二书原本,固为博大精深之作,即译笔之雅洁,亦群书中所罕见也。"[④]鲁迅在南京读书时,曾经手抄《地学浅释》。因此可以说,在进化论东传中国的历程上,《地学浅释》有开路先锋的作用。

此外值得注意的是钟天纬的考卷。1889 年,李鸿章主持上海格致书院春

---

① 转引自戴念祖:《牛顿的贡献及其对中国的影响》,《科学新闻周刊》,2003 年第 3 期。

② 转引自[美]罗伯特·B.唐斯:《塑造现代文明的 110 本书》,金文英等译,天津人民出版社,1991 年,第 334 页。

③ 《马克思恩格斯选集》(第四卷),人民出版社,1995 年,第 268 页。

④ 《饮冰室合集》(集外文下册),夏晓虹辑,北京大学出版社,2005 年,第 1161 页。

季特考,考题是让学生叙述从古希腊到近代西方科学的发展。钟天纬的考卷对达尔文和斯宾塞其人其学作了当时最为详细的阐述。钟天纬谈到了"万物强存弱灭之理",并认为这是"天道自然之理"。这是国人第一次从"强弱"角度对达尔文的"物竞天择、适者生存"的生物进化原则所作的理解,并认为"强存弱灭"是"天道"即普遍的自然进化法则。[1]在一定程度上可以说,他的这种观点已经开严复《天演论》主要思想之先河。

从注重"器"的实用性意义上来说,进化论在戊戌变法之前的洋务运动中,与其他实用性的"科学"相较,它比较缺乏实用性。[2]这意味着,纵使作为"器"的进化论,在国人的心目中,也要比其他更为实用的科学技术的地位更低。但是就进化论在中国的传播而言,作为"器"的进化论对严复翻译的《天演论》的出场具有思想铺垫的作用。因为"科学"意义上的进化论已经使国人逐步接受了天体演变、地质进化和历史进步的观念,这些观念此后便被《天演论》集中地表达为"物竞天择、适者生存"。从某种程度上可以说,作为"器"的进化论能够使国人接受作为"道"的进化论不感到突兀,大有水到渠成之效。严复的《天演论》出版之后,作为"器"的进化论依然在中国传播着,依然有不少关于生物进化论的著作被迻译到中国来,其中最为著名的当数马君武于1919年翻译的《达尔文物种原始》即《物种起源》全本。但是此后进化论主要是作为一种"道",或者更具体地说,是作为一种意识形态被国人信奉着,而不是一种"科学"理论。

---

① 钟天纬其文见王韬主编:《格致书院课艺》(第4册),富强斋书局石印本,1889年。转引自王中江:《进化主义在中国》,首都师范大学出版社,2002年,第40~41页。

② 参见王中江:《进化主义在中国》,首都师范大学出版社,2002年,第33页。

二、作为"道"的进化论

作为"道"的进化论是严复从英国引进的。当然,严复根据中国的现实需要,对进化论予以了改造。他主要是基于斯宾塞的社会达尔文主义,吸收赫胥黎进化论的"积极"元素,综合二者而构建了自己的进化论体系。他翻译的《天演论》实则是基于赫胥黎的《进化论与伦理学》而进行的一种创作,建构了一种新的世界观即进化论。

在进化论由"器"升"道"的地位巨变历程中,维新派遇到的最为强劲的理论对手当属假维新实保守的张之洞。他的《劝学篇》堪称洋务派"变法"思想最为集中的代表作。他于《劝学篇》中提出了著名的"中体西用"论。他说:"中学为内学,西学为外学;中学治身心,西学应世事;不必尽索之于经文,而必无悖乎经义。如其心圣人之心,行圣人之行,以孝弟忠信为德,以尊主庇民为政,虽朝运汽机,夕驰铁路,无害为圣人之徒也。"①他表面上也不反对变法,说"虽孔孟复生,岂有议变法之非者"②。但是他所谓"变法",只是变"器"不变"道",只是提出一些枝节主张,而根本反对变法问题的主要关键即开议院和改革政治法律制度,甚至还尽量避免一些具体的实际要求,如裁厘金、加关税。③他所谓的"变法"不过如此:"不可变者,伦纪也,非法制也;圣道也,非器械也;心术也,非工艺也。……法者,可以适变也,不必尽同;道者,所以立本也,不可不一。"④可见,他的"中体西用"论,和此前早期维新派的"中道西器"论别无二致。

---

① 张之洞:《劝学篇·外篇·会通第十三》。
② 张之洞:《劝学篇·外篇·变法第七》。
③ 参见李泽厚:《中国近代思想史论》,人民出版社,1979年,第77~78页。
④ 张之洞:《劝学篇·外篇·变法第七》。

改良派对这种体用分割的"中体西用"论予以了驳斥。何启和胡礼垣说："'中学为内学,西学为外学;中学治身心,西学应世事。'不知无其内安得有其外?苟能治身心即能应世事,苟能应世事即能治身心,身心世事,一而二,二而一也。"①严复则说:"体用者,即一物而言之也。有牛之体,则有负重之用;有马之体,则有致远之用。未闻以牛为体,以马为用者也。中西学之为异也,如其种人之面目然,不可强谓相似也。故中学有中学之体用,西学有西学之体用,分之则并立,合之则两亡。"②由此可见,改良派主张体用一致,这与其要求维新变法、实行资产阶级民主政治的主张是一致的。纵使康有为的"托古改制"也意在借孔子这面封建社会的思想大旗,行资产阶级民主之实,而与张之洞等人反对资产阶级民主制度却主张学习西方科学技术的"中体西用"论有本质区别。"托古改制"是在"'孔子之道'的圣人外衣下,灌进了与圣道正相悖背的一整套资产阶级新鲜思想",而"中体西用"论却是"真正为了死力捍卫封建圣教而镀上一层洋金来加强保护"。③

事实一再证明,中国已经远远落后于西方,而其落后的原因,在思想观念上,归根结底,就在于西方"进化"而中国不"进化",西方人相信进化论,而中国人固守天理。"一旦中国人相信这些说法,一旦他们相信(无论对错)正是儒教阻碍了他们的进化,那么儒教就在劫难逃。"④进化论告诉国人,中国固有的"道"即天理观已经不能使中国自立于世界民族之林,中国人必须信奉新的"道"。毫无疑问,这个"道"就是西方人信奉的进化论。严复说:"中国最重三纲,而西人首明平等;中国亲亲,而西人尚贤;中国以孝治天下,而西人以公治天下;中国尊主,而西人隆民;中国贵一道而同风,而西人喜党居而

---

① 《新政真诠——何启 胡礼垣集》,郑大华点校,辽宁人民出版社,1994年,第392页。

② 《严复集》(第3册),中华书局,1986年,第558~559页。

③ 李泽厚:《中国近代思想史论》,人民出版社,1979年,第81页。

④ [美]浦嘉珉:《中国与达尔文》,钟永强译,江苏人民出版社,2008年,第229页。

州处;中国多忌讳,而西人众讥评。"①要言之,他认为西方提倡并践行"以日进无疆,既盛不可复衰,既治不可复乱"②的进化论,是西方国家比中国强大的重要根由。因此,中国应该学习西方,顺应历史发展的趋势,在世界观上由信奉天理观之"道"而改信进化论之"道";在政治上,变革君主专制制度而实行资本主义民主制度。

在严复等人的努力下,进化论终于从此前作为科学技术理论的"器"上升为作为世界观的"道",取代了天理观的统治意识形态地位。但必须注意的是,天理观只是动摇和衰落,并非如有的学者所说的那样是"崩溃",否则后来的革命派甚至具有革命倾向的梁启超和谭嗣同就没有必要再大力反对天、天命了。而之所以如此,就在于天理观的物质基础即自然经济及与之相应的"专制主义"③政治生活方式依然在相当大的程度上存在。

进化论由"器"升"道",在理论建构上的首功无疑当归严复。这大概就是毛泽东为何要将在政治上影响并不显著的严复列为近代史上四大人物之一的原因。但是必须指出的是,进化论之所以能够由"器"升"道",主要在于中国的现实需要,而它恰好满足了中国人的现实需要即维新派的变法需要;同时也是众多中国先进人物共同努力的结果,而非仅凭严复一个人的理论努力。这正如毛泽东所说:"不得已,中国人被迫从帝国主义的老家即西方资产阶级革命时代的武器库中学来了进化论、天赋人权论和资产阶级共和国等项思想武器和政治方案,组织过政党,举行过革命,以为可以外御列强,内建民国。"④

---

① 《严复集》(第1册),中华书局,1986年,第3页。

② 同上,第1页。

③ 以英国历史学家佩里·安德森为代表,西方一些学者主张将封建社会进入中世纪后的主导思想称为"绝对主义",国内也有学者予以认同。而从整体上来看,对于这一时期主导思想的表述,国内学界还是比较认可"专制主义"。

④ 《毛泽东选集》(第四卷),人民出版社,1991年,第1514页。

对于进化论在中国的兴起而言，天理观这个"旧主"的统治地位的动摇，可谓其反面的有利因素，而西方进化论的衍化，则是其正面的有利因素。这样，正反两个方面有利因素的合二为一，就为进化论取代天理观在理论上准备了可能性空间。进化论之所以能由"器"升"道"，就具体的思想家而言，主要归功于严复、康有为，梁启超、谭嗣同二人则居其次。毫无疑问，在中国近代生死存亡的特定历史背景下，他们四人皆信持、也不得不信持进化论。这是他们对待进化论的共同态度与立场。不过，作为"道"的进化论，在他们四人那里，有着不同的具体表现形态。①

---

①　从大的历史视域来看，甲午战争后的历史背景不仅是进化论在中国兴起的背景，也是唯物史观在中国兴起的背景。从这个意义上说，考察进化论在中国兴起的背景有利于对唯物史观在中国兴起的背景的考察。

第二章　进化论的兴起

　　西方舶来的进化论在中国的兴起，与严复、康有为、梁启超和谭嗣同四位先贤的理论建构与积极鼓吹密不可分。严复建构的"天演"进化论，直接为中国式进化论奠定了理论基调，在基本逻辑结构上，纵使此后的革命派的进化论也没有溢出其理论框架。与严复相较，后三者不仅是卓越的理论家，而且更是值得敬佩的实践家。他们不但积极建构进化论体系，而且不懈地践行进化论的理念，谋求改造现实的中国社会。从理论层面而言，他们建构起来的进化论都十分值得予以研究。

第一节　严复"天演"进化论

　　严复的进化论强调"天演"，在这个意义上，他的进化论可以称为"天演"进化论。[1]既然是"天演"，那么他的进化论至少在理论的形式上或逻辑上，首

---

　　① 严复于1913年在北京《平报》上连载《天演进化论》一文。他在此文中强调进化是"天演"的，他的进化论不同于革命派重视"人为"的进化论。本文正是在这个意义上使用"'天演'进化论"这一概念。

要或主要地强调进化的自然性或自在性。然而他的进化论并非完全是"天演"的,事实上,他更意在强调进化论的人为性或自为性,否则,他引介和建构进化论就失去了意义与价值。严复是有目的地建构"天演"进化论体系的,意在"自强保种"。正是出于如此的理论旨归,他建构起来的进化论的逻辑结构是"天道"与"人道"的相合相分的二元论,而非像斯宾塞那种主张普遍进化的一元论。因此,从严复进化论的理论目的和逻辑结构来看,他的"天演"进化论或"天演"论,并非一种纯粹的"天演"进化论,其"天演"的概念之中包含着人为的元素。既然如此,那么可以准确地说,其进化论当时是一种天人相合相分的"天演"进化论。

一、"自强保种"的理论旨归

严复翻译《天演论》,建构"天演"进化论体系,并非漫无目的,而是具有强烈的现实指向性——意在向西方寻求富强之道,以便救亡图强。这正如严复本人在《译〈天演论〉自序》中所说:"且于自强保种之事,反复三致意焉。"①因此,"自强保种"堪称严复"天演"进化论的理论旨归。

在着手翻译《天演论》之时,严复于 1895 年在天津《直报》上发表《原强》一文, 介绍了达尔文的学说。而此文的发表标志着斯宾塞的进化论输入中国。这说明,在《天演论》发表之前、翻译之中,他便已认识到要向西方学习富强之道。严复在《天演论》中说,斯宾塞的天人会通论"以保种进化之公例要术终焉"②,并称赞道:"欧洲自有生民以来,无此作也。"③吴汝纶在其为《天演论》作的序中也说:"抑严子之译是书,不惟自传其文而已。盖谓赫胥黎氏以

---

① ② [英]托马斯·赫胥黎:《天演论》,严复译,《译〈天演论〉自序》,译林出版社,2011 年,第 6 页。
③ 同上,第 7 页。

人持天,以人治之日新,卫其种族之说,其义富,其辞危,使读焉者怵焉知变,于国论殆有助乎？"①严复翻译的《天演论》能够起到使国人"读焉者怵焉知变"的功效,并肯定它"于国论殆有助"。纵使对严复采用难懂的先秦古文语体来翻译所能起到的功效深表怀疑,但是对《天演论》能够裨助"吾民之智瀹",他还是寄予了厚望。从中可见,吴汝纶对严复翻译《天演论》的目的非常清楚,而这也可以证明严复翻译《天演论》意在"自强保种",向西方寻求富强之道,并非"无心插柳",而是"有心栽花"。

正是"自强保种",向西方寻求富强之道的实践目的,直接决定了严复为何要选择翻译赫胥黎的《进化论与伦理学》。尽管他在导言二广义的案语中说过斯宾塞的著作"为论数十万言,……其文繁衍奥博,不可猝译"②之类的话,但是就严复选择翻译赫胥黎的《进化论与伦理学》而言,斯宾塞《第一原理》抑或达尔文《物种起源》之博大繁复、难以翻译,都还是次要因素,因为在翻译完《天演论》之后,严复还翻译了不少西方著作,比如《原富》《群己权界论》《法意》《社会通诠》《穆勒名学》,这些著作也并不简单易译。因此,史华兹认为严复"从未感到自己有能力翻译斯宾塞的《第一原理》或他的其他著作"③,此说只怕并不确当。问题的关键在于,在国势危如累卵的情势之下,如何快捷而简易地将西方的富强之道即进化论引介到中国来,从而起到警醒国人、促使国人奋起救国的功效。而这又正如史华兹所说,"不管怎样",达尔文的《物种起源》与严复"急切关注的事没有直接关系。严复对达尔文在生物学上的贡献或他那关于鸽子变种的煞费苦心的学术论文并不感兴趣,他全神贯注的只是含有将达尔文原理运用于人类行动领域的那些内容"④。的确如

---

① [英]托马斯·赫胥黎:《天演论》,严复译,译林出版社,2011年,第2页。
② 同上,第9页。
③ [美]本杰明·史华兹:《寻求富强:严复与西方》,叶美凤译,江苏人民出版社,2005年,第66页。
④ 同上,第65页。

此,严复关注的是社会进化论而非生物进化论。那么严复为何选择翻译赫胥黎的《进化论与伦理学》呢？史华兹的解读是可信的。他说："他认为急需翻译的是一些把达尔文的主要原理以吸引人的方式概述出来，而且其文意又易于驾驭的小册子。"①赫胥黎的《进化论与伦理学》正是这样的"小册子"。而且严复之所以选择翻译赫胥黎的《进化论与伦理学》，"起最终的决定性作用的,不在于该书的论述有多少是'与吾古人有甚合者',而在于该书反复讨论的问题与'自强保种'直接有关"②。由此可见，"自强保种"的理论旨归是决定严复选择翻译赫胥黎《进化论与伦理学》的最关键因素,而其他因素皆是次要的。而这也说明严复引介和建构进化论体系,翻译《天演论》,是出于"自强保种"、向西方寻求富强之"道"的目的,而非无意之中的无聊之作。

甲午战争之后,国势危急,民族处于灾难深渊,整个社会处于风雨飘摇之中,这不能不引发思想层面的理论危机。无论是传统的天理观,抑或半新半旧的"中道西器"论或"中体西用"论,皆已不可能承担救亡图存的历史重任。迫在眉睫的历史情势驱使全体中国先进人物倍加积极地向西方寻找救国理论。这正如毛泽东所说："要救国,只有维新,要维新,只有学外国。"③在这样的历史情境之中,严复翻译了《天演论》。在某种意义上可以说,现实实践的需要是严复选取西方理论的先验框架,这一先验框架犹如度圆之规、量方之矩。严复度量再三,选中了可以拿来做维新派变法运动"规矩"的进化论④,将之引进中国,并上升为新的世界观、人生观、方法论。因此,严复选择翻译

① [美]本杰明·史华兹：《寻求富强：严复与西方》,叶美凤译,江苏人民出版社,2005年,第66页。
② 同上,第67页。
③ 《毛泽东选集》（第四卷）,人民出版社,1991年,第1470页。
④ 严复以维新派变法运动这一现实实践作为"规矩"选中了西方进化论,而西方进化论一旦为维新派所接受,成为他们变法运动的指导思想,进化论——改造过后的改良主义进化论——由此便变成了变法运动的"规矩"。以变法运动这一现实实践为"规矩"是对于西方进化论而言,而以进化论为"规矩"是对于变法运动这一现实实践而言。这里所说的"规矩"是两个不同层面上的"规矩",由此也可以见出实践和理论的辩证互动性。

《天演论》,是站在一种危机意识的时代高度进行的慎重选择。①

"天演"论堪称严复西学思想的核心,它扮演着为国人提供一种新的改造中国、"自强保种"、走向富强之路的世界观、人生观和方法论的角色。这是中国式进化论不同于西方进化论的最为显明的性征与功能。也正因为如此,它才能够"风靡全国"。而进化论之所以能够让国人相信改变中国、"自强保种"、走向富强之路具有可能性,就理论层面而言,则在于严复"天演"进化论那种天道与人道相合相分的逻辑结构。

二、天道与人道相合相分的逻辑结构

严复基于西方进化论所建构的"天演"进化论,具有自身的特殊逻辑结构。②它的逻辑结构既不同于斯宾塞所认为的自然界与人类社会或者说天道与人道遵循相同的进化法则的一元论逻辑,也不同于赫胥黎认为自然界的进化法则不适用于人类社会或人道,将天道与人道截然对立,注重人类社会的"伦理进程"的二元论逻辑。严复"天演"进化论的逻辑结构可以表述为:在肯定自然界的进化法则或天道的普遍性的同时,又认为人类社会的进化法则或人道不同于自然界的进化法则或天道,人类社会有其自身的进化法则或人道。简而言之,他的"天演"进化论的逻辑结构可谓是天道与人道的相合相分。

严复"天演"进化论的逻辑结构之所以如此,从根本上而言,在于它是中国先进人物改造现实中国社会的实践活动的需要与反映。近代中国的基本

---

① 参见彭明、程啸主编:《近代中国的思想历程(1840—1949)》,中国人民大学出版社,1999 年,第186 页。

② 这种逻辑结构的特殊性只是相对于斯宾塞和赫胥黎二人的进化论逻辑结构而言。严复进化论开创的这种天人相合相分的逻辑结构为此后中国的进化论者所遵循,从这个角度来说,则没有什么特殊性可言。

境况是中国远远落后于西方列强,处处被动挨打,任人宰割,国已不国。面对这样的现实境况,试图为改变这种局面提供一种方法论的理论,就必须具有两个方面的功能:一则能够让国人认识到中国落后于西方的原因所在;二则能够起到使国人看到自强的希望所在、鼓舞国人奋起自救的精神的作用。在向西方寻求富强之道的留学经历中, 严复已经认识到国人与西方人的根本区别在于思想观念的不同:国人守旧不化,而西方人进化求新。他依据进化论,批评了董仲舒认为天道和人道都不变的所谓"天不变,道亦不变"①的形而上学观点,斥之为"观化不审似是实非之言"②,并认天道与人道"皆譬诸夏葛冬裘,因时为制,目为不变,去道远矣"③。质言之,他认为西方社会提倡并践行"以日进无疆,既盛不可复衰,既治不可复乱"④的进化论,而中国社会则固守"天不变,道亦不变"的天理观。因此,在严复看来,国人与西方人在世界观和人生观上之所以有这样的区别,就在于国人信持天理观,而西方人信持进化论。既然如此,那么当严复试图借助进化论建构一种新的世界观和人生观之时,他无疑要建构一种理论逻辑结构不同于天理观的进化论,这样才能为变革现实中国社会的实践活动提供理论支撑。

天理观既然认为"天不变,道亦不变",那么它的理论逻辑显然是一元论的,这是它与斯宾塞进化论的逻辑相同的地方,但是二者不同的地方在于:天理观主张"不变",而斯宾塞进化论主张"变",而且主张进步性的"变"。斯宾塞进化论的逻辑,严复十分清楚。他在《译〈天演论〉自序》中说:"有斯宾塞者,以天演自然言化,著书造化,贯天地人而一理之,此亦晚近之绝作也。"⑤

---

① 《董仲舒集》,学苑出版社,2003 年,第 26 页。
② 《严复集》(第 1 册),中华书局,1986 年,第 50 页。
③ 同上,第 51 页。
④ 同上,第 1 页。
⑤ [英]托马斯·赫胥黎:《天演论》,严复译,《译〈天演论〉自序》,译林出版社,2011 年,第 5 页。

在《天演论·导言 察变》的案语中，他也说："斯宾塞尔者，与达同时，亦本天演著《天人会通论》，举天、地、人、形气、心性、动植之事而一贯之，其说尤为精辟宏富。……而以保种进化之公例要术终焉。鸣乎！欧洲自有生民以来，无此作也。"①斯宾塞认为进化法则是宇宙的普遍性法则，它不仅适用于无机界、动植物界，而且也适用于人类社会包括人的精神生活。严复对之大加赞赏，认为其书是"晚近之绝作也"和"欧洲自有生民以来，无此作也"。由此可见，严复是认同斯宾塞主张普遍进化的一元论逻辑的。但是斯宾塞的进化论主张"任天为治"，认为人类社会也当和动物界一样，听任自然淘汰，弱肉强食。在当时的历史情势之中，斯宾塞的这种进化逻辑势必会导致种族主义和西方文化中心主义，为西方殖民主义张目。而当时的中国远远落后于西方列强，接受斯宾塞的这种进化逻辑，也就等于承认中国任由西方列强蹂躏、欺辱是合理的。如此一来，西方的殖民主义与扩张主义，在中国就很有可能会延伸和演化出奴化思想，而且还会被认为是合乎进化法则的"公理"。很显然，这样的进化逻辑是严复绝不可能予以接受的。因此，严复必须设法在他的进化逻辑中剔除斯宾塞进化逻辑中任何可能导致殖民主义、种族主义的思想。他从赫胥黎以及中国传统儒家那里找到了理论资源。②

赫胥黎的进化论逻辑是天道与人道有别的二元论逻辑。赫胥黎虽然声称他是达尔文进化论的"斗犬"，但是实则他的进化论既不同于斯宾塞进化论也不同于达尔文进化论。他的进化论强调"伦理进程"，认为人道的进化不同于非人的宇宙进化，并主张以"伦理进程"对抗"宇宙进程"。因此，他反对斯宾塞的普遍进化论，批评普遍进化逻辑对于人类社会的适用性。在他看

---

① ［英］托马斯·赫胥黎：《天演论》，严复译，译林出版社，2011年，第6~7页。

② 参见李强：《严复与中国近代思想的转型——兼评史华兹〈寻求富强：严复与西方〉》，香港《中国书评》总第九期，1996年2月。转引自王中江：《进化主义在中国》，首都师范大学出版社，2002年，第76页。

来,"宇宙进程"和"伦理进程"是完全对立的。对此,他说:"宇宙本性不是美德的学校,而是伦理性的敌人的大本营。"①他认为,人类的进化在于道德的进步。既然如此,那么人类社会及其"伦理进程"就不能仿效"宇宙进程"及其进化法则,恰恰相反,应该抑制乃至替代"宇宙进程"及其进化法则,用"小宇宙"来对抗"大宇宙"。他说:"它要求用'自我约束'来代替无情的'自行其是';它要求每个人不仅要尊重而且还要帮助他的伙伴以此来代替推行或践踏所有竞争对手;它的影响所向与其说是在于适者生存,不如说是在使尽可能多的人适于生存。它否定格斗的生存理论。"②由此可见,赫胥黎的进化论主张人类应该互助互爱,注重对"道德主义"的诉求。动物界那种弱肉强食、你死我活的残酷竞争的生存方式,在赫胥黎看来,绝不是人类应该学习的榜样。人类有其自身的进化法则,应该以道德的进步为衡量标准,以"伦理进程"来区别于"宇宙进程"。中国本来就有深厚的道德主义文化传统,而且在适逢中华民族处于历史最低谷之时,强悍的西方竟然有人主张这种以伦理进步为诉求、温情脉脉的进化论,这对于国人来说,真可谓"雪中送炭"。毫无疑问,赫胥黎进化论的这一理论特质,为严复所看中和倚重。

对于斯宾塞与赫胥黎二人进化论逻辑的这种差异,严复了如指掌。在《译〈天演论〉自序》中,他明确地说:"赫胥黎氏此书之旨,本以救斯宾塞任天为治之末流,其中所论,与吾古人有甚合者。且于自强保种之事,反复三致意焉。"③斯宾塞进化论主张"宇宙进程""任天为治",而赫胥黎进化论主张"伦理进程""任人为治"。在严复看来,赫胥黎的进化论逻辑正好可以纠偏斯宾塞的进化论逻辑,为"人道"的进化法则不同于宇宙或者说非人类界的进化法则提供理论依据。他认为,赫胥黎进化论"所论""与吾古人有甚合者",并

---

① ［英］赫胥黎:《进化论与伦理学》,《进化论与伦理学》翻译组译,科学出版社,1971年,第53页。
② 同上,第57~58页。
③ ［英］托马斯·赫胥黎:《天演论》,严复译,《译〈天演论〉自序》,译林出版社,2011年,第6页。

非"傅会扬己之言"。①的确如此。因为荀子早已提出了"明于天人之分"②的观点。这种"天人相分"的观点是与赫胥黎的进化论逻辑结构相似的,而严复也的确充分注意和吸纳了荀子的这类思想。严复赞同赫胥黎的人道不同于天道、"任人为治"的逻辑与观点,但是他同时也认同斯宾塞普遍进化论的逻辑。由此,他的进化论逻辑与斯宾塞和赫胥黎二者的进化论逻辑,可谓既有同也有异。他的进化论逻辑与斯宾塞的进化论逻辑相同之处在于:二者皆主张进化法则的普适性,也就是说,二者都认为自然界和人类社会遵循相同的进化法则。二者的区别也显而易见:严复的进化论主张人道还有不同于自然界或天道的进化法则,人能够发挥自身的主观能动性,可以"与天争胜",改变人类社会的进程,促进其进化、发展。严复进化论的逻辑与赫胥黎进化论逻辑的相同之处在于:二者皆主张人类社会的进化法则(或人道)不同于自然界的进化法则(或天道),人类社会有其自身的进化法则(或人道)。二者不同的地方表现在两个方面:一方面,严复进化论肯定自然界的进化法则(或天道)的普适性,认为自然界的进化法则(或天道)同样适用于人类社会(或人道)。这也是斯宾塞进化论逻辑与赫胥黎进化论逻辑的差异之所在。另一方面,严复进化论除了注重人道的伦理道德的进化外,还注重人道的智性和力量的进化。也就是说,严复扩大了赫胥黎关于天道与人道对立的范围,不只是限于"宇宙进程"与"伦理进程"的对立,将"道德"扩大为整个"人为"领域。而在严复那里,这个"人为"领域除了"德",还有"智"与"力"。严复强调人类的"德""智""力"的全面进化③,而不是如赫胥黎那样只注重"德"的进化。

通过借助中国儒家尤其是荀子的有关思想,严复的进化论在综合斯宾

---

① [英]托马斯·赫胥黎:《天演论》,严复译,《译〈天演论〉自序》,译林出版社,2011年,第5页。

② 《荀子·天论》。

③ 严复这种主张"德""智""力"全面进化或发展的观点,简直成了中国近现代思想界的一个传统,影响了梁启超,直至李大钊、毛泽东等中国先进人物,乃至当代中国思想界,深入国人的意识结构,成了国人遵循的一个固定思想法则。

塞和赫胥黎二人进化论的基础上,建构起了一个逻辑独特的进化论体系。这种进化论的逻辑能够起到前文提到的那两个方面的作用。首先,它主张进化法则或天道的普适性。这便既能够解释中国为何落后于西方、处处受辱的现实境况,同时又能极大地起到警示国人、振作国人精神的积极作用。而要在理论上为改造中国提供解释,就必须先破形而上学的"天道"或天理观,破除其主张"天不变,道亦不变"的僵化观念。严复借助斯宾塞的进化逻辑便可以破除天理观。这是第一步,是严复的进化论要完成的第一个目的。其次,主张人类社会进化法则(或人道)不同于自然界的进化法则(或天道),注重人道的"自为"作用,主张人道的全面进步。这能够极大地鼓励国人、使国人充满希望与自信地积极参与救亡图存的改造中国的实践活动。这是第二步,是严复进化论要完成的第二个目的,也是更为重要的目的。这一步,他是通过借助和改造赫胥黎和荀子等儒家的思想资源来实现的。第二步之所以更为重要,就在于:如果认识到天道可变,人道也可变,但是不将"天道"与"人道"的进化逻辑区分开来,不强调"人道"的进化法则不同于"天道",那么人能动地改造社会就不能在理论上得到解释,而让人以为只能坐等社会的自然进化(或"天演"),从而人的主观努力的可能性和意义在理论上就得不到支撑。这就会逻辑地致使国人认为中国落后西方是"命中注定"的,是自然的"公理",不管如何人为地努力,也无济于事。

如此一来,严复的理论目的即"自强保种"、寻求富强之道就会落空。这自然不是严复希望看到的。因此,他才更加强调人道不同于天道,强调人为努力能够改变现状。在《天演论·论十六　群治》的案语中,他说:"前篇皆以尚力为天行,尚德为人治,争且乱则天胜,安且治则人胜。此其说与唐刘、柳诸家天论之言合,而与宋以来儒家者以理属天,以欲属人者,致相反矣。"他主张"开明自营",与天争存,因为"舍自营无以为存"。①因此,他认为,"任人为治"才能以"人为淘汰"避免"自然淘汰",从而使国家不亡,种族不灭。②这才是他的终极目的所在,因而也显得更为重要。《天演论》结尾丁尼孙的诗句也表达了严复救国图强、孜孜探索的志愿:"挂帆沧海,风波茫茫,或沦无底,或达仙乡。二者何择?将然未然,时乎时乎!吾奋吾力,不竦不戁,丈夫之必。"并说:"吾愿与普天有心人,共矢斯志也。"③由此足见,严复的"天演"进化论是为其"自强保种"、寻求富强之道的目的服务的,而其进化论的逻辑结构,也使他的这种实践目的在理论上得到了一种可以自圆其说的解释。

由上述可知,严复"天演"进化论的逻辑结构既是一元论的又是二元论的:从天道的普适性维度而言,其逻辑结构是一元论的;从人道区别于天道的维度而言,其逻辑结构又是二元论的。但是既然说天道是普遍的,又说人道不同于天道,那么从逻辑上可以推知,人道从根本上而言是属于天道的。在某种意义上,天道与人道的关系,可以类比于动物与人的关系,人不同于动物,但又属于动物。进而可以推知,天道实则分为纯粹的自然界之天道和人化的人类社会之天道,而这恰如自在自然与人化自然之分。——严复当然没有这么说,但是可以从逻辑上这么推论。那么什么样的人道属于天道呢?在严复看来,有利于人类社会发展的人道,从根本上而言,也是天道。他的这种思想,吴汝纶在为其《天演论》所作的序中有精当的解说:"天演者,西国格物家言也。其学以天择、物竞二义,综万汇之本原,考动植之蕃耗,言治者取焉。因物变递嬗,深挚乎质力聚散之义,推极乎古今万国盛衰兴坏之由,而大归以任天为治。赫胥黎氏起而尽变故说,以为天不可独任,要贵以人持天。以人持天,必究极乎天赋之能,使人治日即乎新,而后其国永存,而种族

---

① [英]托马斯·赫胥黎:《天演论》,严复译,译林出版社,2011年,第114~115页。

② 参见《严复集》(第5册),中华书局,1986年,第1395页。

③ [英]托马斯·赫胥黎:《天演论》,严复译,译林出版社,2011年,第119页。

赖以不坠,是之谓与天争胜。而人之争天而胜天者,又皆天事之所苞,是故天行人治,同归天演。"①由此可知,在严复那里,天道与人道的关系虽然可以类比于动物与人的关系,但是二者还是有区别的,其区别在于:人道进程以天道为旨归,而人的发展却绝不是以动物为旨归,恰恰相反,人的发展要远离动物。

然而人道毕竟不同于纯粹的天道,人道与天道存在着冲突与矛盾。那么严复是如何化解这一冲突与矛盾的呢? 他凭借的理论是易学宇宙论。他的易学宇宙论以一种独特的逻辑化解了天道与人道的冲突与矛盾,弥合了斯宾塞进化论与赫胥黎进化论的差异与分歧。严复的具体方法是易学中的爻变或易变观念。他在《译〈天演论〉自序》中说:"其为天演界说曰:'翕以合质,辟以出力,始简易而终杂糅。'而《易》则曰:'坤,其静也翕,其动也辟。'至于全力不增减之说,则有自强不息为之先;凡动必复之说,则有消息之义居其始,而'易,不可见,乾坤或几乎息'之旨,尤与'热力平均,天地乃毁'之言相发明也。此岂可悉谓之偶合也耶?"②在《天演论》的案语中,他也说:"斯宾塞尔之天演界说曰:'天演者,翕以聚质,辟以散力。方其用事也,物由纯而之杂,由流而之凝,由浑而之画,质力杂糅,相剂为变者也。'……所谓'质力杂糅','相剂为变'者,亦天演最要之义,不可忽而漏之也。"③严复用质力相推、翕辟成变的易学原理来阐释斯宾塞的进化观,将宇宙进化解释为动静相续的过程。这与其说是斯宾塞的进化观,不如说是对其改造。④严复进化论的"天演"概念中包含着力和质的关系,这样"适者生存"的斗争才能在这个"天演"世界观中扮演重要的角色。"均衡与和谐是最终的,但这种均衡与和谐却需要

---

① [英]托马斯·赫胥黎:《天演论》,严复译,译林出版社,2011年,第1页。

② 同上,第5页。

③ 同上,第9~10页。

④ 参见汪晖:《中国现代思想的兴起》(下卷),生活·读书·新知三联书店,2004年,第855页。

反均衡的、反和谐的人类活动才能抵达。"①这样，严复就将"人为"纳入了"天演"的质力关系结构之中，"人治天行，同为天演"②。而严复的进化论之所以是"天演"论，正在于他认为，人为、人治从根本上而言，也是"天演"。"天演"之理统合天人二界："凡兹运行之理，乃化机所以不息之精，苟能静观，随在可察：小之极于跂行倒生，大之放乎日星天地；隐之则神思智识之所以圣狂，显之则政俗文章之所以沿革，言其要道，皆可一言蔽之，曰：'天演'是已。"③这也就是吴汝纶所说的"天行人治，同归天演"。严复在《天演论·导言五 互争》案语中也说："物莫不慈其子姓，此种之所以传也。今设去其自然爱子之情，则虽深谕切戒，以保世存宗之重，吾知人之类其灭久矣。此其尤大彰明较著者也。由是而推之，凡人生保身保种，合群进化之事，凡所当为，皆有其自然者，为之阴驱而潜率，其事弥重，其情弥殷。设弃此自然之机，而易之以学问理解，使知然后为之，则日用常行，已极纷纭繁赜，虽有圣者，不能一日行也。"④他于此认为"慈其子姓"等"自强保种"的"人道""皆有其自然者"，是"自然之机"，不必"知然后为之"。这实则也就是认为有利于人类自身进步的"人道"即"天道"。由此可见，严复实则是通过化人道为天道来解决人道与天道的冲突与矛盾。而如此一来，他的"天演"进化论的逻辑结构实则就变成了天人相合—天人相分—天人相合，在总体上呈现为一个循环结构。这是他天人相分或天道与人道相分思想不彻底的表现，在某种意义上，甚或可以说，这是他还没有彻底摆脱传统天理观的表现。当然，根据严复"天演"论，后一环节的天人相合具有对前一环节的天人相合的提升与超越的意蕴，不只是简单的回复。

---

① 汪晖：《中国现代思想的兴起》（下卷），生活·读书·新知三联书店，2004年，第856页。
② ［英］托马斯·赫胥黎：《天演论》，严复译，译林出版社，2011年，第20页。
③ 同上，第8页。
④ 同上，第21页。

　　尽管严复的"天演"进化论将人道最终归并到了天道，或者说人道是以天道为旨归，但是在他的"天演"进化论的逻辑结构中，毕竟肯定了人道的特殊性与独立性，从而也就在理论上肯定了人的主体意识，为主体意识争取到一个存在空间。严复主张"以自由为体"[①]，认为"自由"是人道进化的动力与目标。而"自由"之所以可能，在严复看来，就是人道不同于天道；如果人道同于天道，则"自由"便不具有可能性。由此可见，严复"天演"进化论的天人相分这一面，为阐释人的"自由"提供了理论依据。而更值得注意的是，肯定了人的独立性与主体性，实则也就肯定了人的"改变世界"的活动是可能的。这一点，正是近代中国所亟须的。严复《天演论》也因此而"风靡全国"。这正如余英时先生所说："严译《天演论》风靡全国正是因为它为'改变世界'的可能性提供了'科学的'根据。"[②]严复引介和重构的进化论已不是达尔文的生物学进化论——"科学的"进化论，而且进化论成为"改变世界"的工具，正是严复和所有旨在改造中国的国人所需要的。因此，严复"天演"进化论的这种逻辑结构是中国近代救亡图存的时代课题的需要，而且它也符合了国人的需求。当然，对人的独立性和主体地位的肯定，并非肇端于严复，而是发端于龚自珍。但是严复通过其"天演"进化论的这种逻辑结构，第一次给予了人的独立性和主体地位一个合理的理论说明。中国先进人物对人的独立性和主体地位的肯定，即意味着中国人的主体性意识的觉醒。这便是中国近代哲学萌芽的标志，因为近代哲学的特征是对主体性意识觉醒与彰显的阐发。西方近代哲学是如此，中国近代哲学也是如此。然而由于历史任务的不同，主体性意识觉醒之因却并不完全一致：在中国，主体性意识的觉醒与彰显，几乎完全是为了改造社会才必须突出人的主体性意识，强调人的主观能动性；而在西

---

① 《严复集》(第1册)，中华书局，1986年，第23页。

② 余英时：《现代危机与思想人物》，生活·读书·新知三联书店，2005年，第171页。

方,既是为了改造社会也是为了控制和利用自然。此外,值得一提的是,从理论上肯定了主体性意识的觉醒,或者说合理地说明了主体性意识的存在,实则也就开启了历史理论阐释中的决定论与能动论二者内在关系的课题。当然,严复还没有意识并认识到这一课题,但是事实上,他的"天演"进化论已率先开启了这一理论课题。

要言之,严复基于西方进化论所建构的"天演"进化论,具有自身的特殊逻辑结构。它的逻辑结构既不同于斯宾塞所认为的自然界与人类社会或者说天道与人道遵循相同的进化法则的一元论逻辑,也不同于赫胥黎认为自然界的进化法则不适用于人道、注重人类社会的"伦理进程"的二元论逻辑。严复"天演"进化论的逻辑结构是天道与人道的相合相分。这种逻辑结构是综合斯宾塞和赫胥黎二人的进化论以及中国传统理论资源的结果,更是为了满足于"自强保种"、寻求富强之道的现实需要,根据中国现实处境构想出来的结果。尽管在逻辑结构上,他的"天演"进化论与斯宾塞和赫胥黎二人的进化论皆不同,但是在进化的步调上,却与后二者是完全吻合的:斯宾塞和赫胥黎二人的进化论皆主张渐进进化,严复的"天演"进化论也始终强调渐进进化,反对激进进化与突变。

三、渐进进化的理论基调

不管是自然界,抑或是人类社会,在严复看来,其进化的方式皆是渐进性的而非激进性的。他在《政治讲义》中说:"宇宙有至大公例,曰:'万化皆渐而无顿。'"[1]又说:"其演进也,有迟速之异,而无超跃之时。故公例曰:万化有渐而无顿。凡浅演社会之所有者,皆深演社会所旧经者也。"[2]并引述斯宾塞

---

① 《严复集》(第 5 册),中华书局,1986 年,第 1245 页。
② 同上,第 1265 页。

的话说:"善夫斯宾塞尔之言曰:'民之可化,至于无穷,惟不可期之以骤。'"①
斯宾塞的普遍进化论直接使严复自始至终乐观地相信进步理念,同时也直接影响了他自始至终地坚持进化的渐进性。因此,严复"天演"进化论在理论基调上便呈现为渐进进化。

"进化"一词源于拉丁文 evolutio,其意为将卷在一起的东西展开,据说与羊皮书有关,其英文词是 evolution。作为生物学概念,它本来没有"进步"之意,其最早的用法是描述子宫中胚胎的生长。②斯宾塞使"进化"具有了"进步"的含义,并成为"进步"的代名词。③严复将进化论引入中国后,"进化"一词的含义主要是"进步",但也还具有原来生物学意义上的"进化"之义。在1895 年发表的《原强》一文中,严复已提到达尔文和斯宾塞(他当时译为锡彭塞)。尽管他还未使用"进化"一词,但是"进化"一词已呼之欲出。他在此文中回顾中国历史,认为古代华夏民族与游牧民族相比,虽然游牧民族"强矣,而未进夫化也。若夫中国之民,则进夫化矣"④。《原强》一文所说的"用以持世保民以日进于郅治馨香之极盛也"⑤和此前几天发表的《论世变之亟》一文中的"西人之以日进无疆"⑥中的"进"字,显然含有"进步"之义,可以判定为"进化"之"进"。严复很可能只是在中国传统文化的范畴内使用"化"这个词,因

---

① 《严复集》(第 1 册),中华书局,1986 年,第 25 页。

② 参见[英]皮特·J.鲍勒:《进化思想史》,田洺译,江西教育出版社,1999 年,第 10~11 页;[英]安东尼·吉登斯:《社会的构成——结构化理论大纲》,李康、李猛译,生活·读书·新知三联书店,1998年,第 343 页。

③ 进步的观念在西方可以上溯到文艺复兴时期,与主体性意识觉醒直接有关(参见王中江:《进化主义在中国》,首都师范大学出版社,2002 年,第 91 页);而在中国,则可以上溯到先秦的法家和荀子的思想,甚至更远。

④ 《严复集》(第 1 册),中华书局,1986 年,第 10 页。

⑤ 同上,第 7 页。

⑥ 同上,第 1 页。

为"进夫化"之"化"便是教化、开化、同化意义上的"化"。①而且《天演论》很少用"进化"一词,所用的"进化"皆指人类社会的"进步"。比如,《天演论·导言一察变》的案语中说斯宾塞《天人会通论》(今译《综合哲学提纲》)"以保种进化之公例要术终焉"②,其中"进化"便只是指人类社会的"进化"。又如,《天演论·导言五 互争》的案语中所说的"人生保身保种,合群进化之事"③,其"进化"一词也只关涉人类社会,与自然界无关。由此可见,严复以"天演"翻译 evolution,而"进化"一词则被他用来特指人类社会的"进步"。根据严复"天演"进化论的天人相合相分的逻辑,"进步"的"人道"归根结底又是"天道",而"天道"的进化法则是"天演","天演"是"渐而无顿",那么可以反过来推知。在严复看来,人类社会的"进化"或"进步"也是"天演",也当是"渐而无顿",即渐进进化,而非激进进化。

自然界的进化是渐进性的,这为中国进化论者所公认。故而严复这一方面的思想,于此不需要过多论述。因此很有必要再进一步阐述严复认为人类社会的进化也是渐进进化而非激进进化的思想。斯宾塞的普遍进化论是一种主张直线进化的进化观,认为人类社会的进化也是如此,并且其进化朝向一个理想境界。而赫胥黎对他的这种直线进化观持否定立场,认为人类的前景并非一个理想境界。他说:"进化论并不鼓励对千年盛世的预测。倘若我们的地球业已经历了亿万年的上升道路,那末,在某一时间将要达到顶点,于是,下降的道路将要开始。最大胆的想象也不敢认为人的能力和智慧将能阻止大年的前进。"④由此可见,从根本上而言,赫胥黎的进化论只是一种包含进步观念的循环论。斯宾塞和赫胥黎二人的进化观皆对严复的历史进化观

① 参见吴丕:《进化论与中国激进主义》,北京大学出版社,2005年,第89页。

② [英]托马斯·赫胥黎:《天演论》,严复译,译林出版社,2011年,第6页。

③ 同上,第21页。

④ [英]赫胥黎:《进化论与伦理学》,《进化论与伦理学》翻译组译,科学出版社,1971年,第59~60页。

产生了影响。斯宾塞的直线进化观让严复相信人类社会历史是进步的，不会有什么循环，从而摒弃了赫胥黎那种对人类社会直线进步持怀疑和悲观的态度。他在《天演论·导言十五　最旨》的案语中说："赫胥黎氏是书大指，以物竞为乱源，而人治终穷于过庶。此其持论，所以与斯宾塞氏大相径庭，而谓太平为无是物也。斯宾塞则谓事迟速不可知，而人道必成于郅治。……斯宾塞之言如此。自其说出，论化之士十八九宗之。……夫种下者多子而子夭，种贵者少子而子寿，此天演公例，自草木虫鱼，以至人类，所随地可察者。斯宾氏之说，岂不然哉？"①他站在斯宾塞一边，肯定斯宾塞的历史进化观："统此观之，则可知群治进极、宇内人满之秋，过庶不足为患，而斯人孳生迟速，与其国治化浅深，常有反比例也。"②在《天演论·论十五　演恶》的案语中，严复批评了赫胥黎所主张的善恶相伴、善进恶也进的"恶演"论。赫胥黎说："合前二家之论而折中之，则世固未尝皆足闵，而天又未必皆可乐也。夫生人所历之程，哀乐亦相半耳！彼毕生不遇可忻之境，与由来不识何事为可悲者，皆居生人至少之数，不足据以为程者也。"③严复批评道："赫胥黎氏此语，最蹈谈理肤浅之弊，不类智学家言。而于前二氏之学去之远矣。试思所谓哀乐相半诸语，二氏岂有不知，而终不尔云者，以道眼观一切法，自与俗见不同。赫氏此语取媚浅学人，非极挚之论也。"④他批评赫胥黎所论肤浅，不像有知识的学者之见，可见其下语之重。赫胥黎说："以天演言之，则善固演也，恶亦未尝非演。……必谓随其自至，则民群之内，恶必自然而消，善必自然而长，吾窃未之敢信也。"⑤对此，严复也予以了严厉的批评。他认为赫胥黎没有认真研

---

① ［英］托马斯·赫胥黎：《天演论》，严复译，译林出版社，2011年，第45~48页。

② 同上，第48页。

③ 同上，第109页。

④ 同上，第109~110页。严复此处所说的"前二氏"和上一引文中赫胥黎所说的"前二家"指的是"闵世之教"和"乐天之教"，前者如婆罗门，后者如斯多噶。

⑤ ［英］托马斯·赫胥黎：《天演论》，严复译，译林出版社，2011年，第110页。

究斯宾塞的论据，就妄下论断："盖意求胜斯宾塞，遂未尝深考斯宾氏之所据耳。"并且认为："通观前后论十七篇，此为最下。"①他认为在整个《天演论》的十七篇论中，《演恶》这一篇论是最差的。由此足见，他是何等相信斯宾塞所持的历史是直线进步的进化观，而又是坚决反对赫胥黎对斯宾塞这种进化观的否定。

严复相信历史是进步的，而且其进步是渐进性的。在这一点上，他和斯宾塞是完全一致的。但不同的是，他并没有如斯宾塞那样断言历史发展有一个终极的理想境界。不可知论、经验主义致使他只相信社会的进步，但却不设想终极的理想世界。这不但是他不同于斯宾塞的地方，也是他不同于此后的进化论者甚至马克思主义者的地方。这是严复的一个优点，也是他的一个缺点。——不主观地设想未来的理想社会或理想世界，固然可以避免想入非非的主观主义；但是在某种意义上，人正是有理想的动物，其本质就体现在化理想为现实的活动之中。理想实则是人类社会前进的一个强大动力。因此，人不能没有理想，也不能不去构建理想、设想理想世界。构建理想、设想未来的理想世界，其本身并没有什么错，错只在于设想的理想脱离了现实实际。因此，人应该有理想并敢于和善于理想——合理地构建理想，而这种合理性就体现在理想合乎现实实际，在现实中具有可能性。质言之，人要有理想，并根据现实实际来规划理想，并以实践为标准正确地对待理想。

严复用"运会"说来解释进化的渐进性，那么严复为何要持守渐进进化的理论立场呢？其中原因主要有以下三个方面：其一，直接受到英国进化论的影响。严复非常熟悉英国进化论包括达尔文、斯宾塞、赫胥黎的进化论，知道他们的进化论都主张，不管是生物界抑或人类社会的进化都是渐进的，而非突变或飞跃的。西方进化论的这种理论基质深深地影响了严复，对于他自

---

① ［英］托马斯·赫胥黎：《天演论》，严复译，译林出版社，2011年，第111页。

始至终都主张渐进进化而反对激进进化的理论立场不能没有影响。其二,认为激进性的进化方式不能处理好"新"与"旧"的关系。严复认为只有承认渐进进化,才能妥善地处理好"新"与"旧"的关系。在一定程度上,渐进进化、渐进性的改良或改革,的确能够更加妥善地处理好"新"与"旧"的关系。但是严复没有认识到,质变性的激进进化或革命,实则也是处理"新"与"旧"关系的一种方式,而且在一定时期,还是唯一和最佳的处理"新"与"旧"关系的方式。缓慢而温和的渐进性进化固然有其利好的一面,能够有效地保证历史的延续性,但是在历史要跨越一个既定的限度而势必要发生质变,迈入一个新的历史时期,暂时的中断便难以避免。其三,近代中国的经济、政治、文化等实情的影响。这一点是决定性的,故而也是更为根本的因素。正是近代中国的经济、政治、文化等实情,致使严复在进化论的渐进性与激进性之间,选择了渐进性进化的理论立场。

严复基于中西理论资源尤其是斯宾塞和赫胥黎两位英国先贤的进化论,建构了一个特殊的"天演"进化论体系。这个进化论体系的特殊性就体现在其天道与人道相合相分的逻辑结构上。正因为其进化论的逻辑结构如此,他的实践目的即"自强保种"、寻求富强之道,才可能在理论上得到解释。而其进化论的理论基调之所以是渐进进化,也在于他的进化论的逻辑结构如此,在于它主张人道与天道一样,皆遵循"天演"之道,渐进进化而不飞跃。他建构起来的"天演"进化论迅速成为康有为、梁启超、谭嗣同等改良派变法运动的理论武器。尽管变法运动没有成功,但是就理论对现实的反映与反作用这个层面而言,严复建构起来的"天演"进化论无疑是成功的。——如果仅仅从理论上而言,其成功无疑更加值得肯定。因为他的进化论基本上为改良派的进化论定下了理论范式,康有为、梁启超、谭嗣同等改良派皆主张渐进性进化论,遵循了严复"天演"进化论的逻辑结构和渐进进化的理论基调。

第二节　康有为"两极"进化论

严复主要是一个卓越的理论家,康有为不但是一个卓越的理论家,还是一个伟大的实践家。因此,如果说严复是引介和建构进化论的第一人,那么,康有为则是践行进化论即运用进化论于维新变法运动的第一人。正因为如此,他的进化论不可能完全和严复一致。他首先要考虑的是如何让国人更加"方便"地接受进化论。他对中国文化传统之熟稔,可谓入木三分。他的绝招和创新之点就是请出了孔夫子,论断孔子本来就是一位主张进化论的伟大先哲,将之作为维新变法的"大旗"。此外,他深受传统文化影响,信奉儒家的"大同"理想,在理想世界的层面上,他否定进化论的基本原则和精神。如是一来,他的进化论逻辑结构,在总体上就呈现为在现实层面上肯定进化论而在理想层面上否定进化论的"两极"对立。①是故,他的进化论可以称为"两极"进化论。

一、中西合璧的"三世"进化史观

康有为的"托古改制"论和"大同"理想虽然分属其进化论逻辑结构的肯定方面和否定方面,但是这两个方面有一个共同的思想基础。这一思想基础就是他的"三世"进化史观。正是在"三世"进化史观这一思想基础上,他提出了"托古改制"论,进而以之作为维新变法的思想旗帜。也正是从"三世"进化史观这一思想基础出发,他构想出了"大同"理想的蓝图,描绘出了一幅太平

---

① 严复所开创的天道与人道相合相分的逻辑结构也被康有为所遵循。于此,他是从另一个视角考察康有为进化论的逻辑结构。

之世的空想远景。"三世"进化史观是康有为的主要进化论思想。就其理论来源而言,它受到了中西二学的共同影响。它以中国传统公羊三世说为外在理论框架,以西方进化论为思想内核,可谓是一个中西合璧的理论结晶。

康有为是今文经学大师,而今文经学重"微言大义"。他所阐发的"三世"进化史观就正是这样的"微言大义"。"三世"进化史观是康有为的理论创新。它是一种基于中国传统理论资源,同时吸纳西方进化论思想的新进化史观。其中的中国传统元素,可以上溯到《春秋公羊传》。《春秋公羊传》对《春秋》中的"公子益师卒"一句解释道:"何以不日?远也。所见异辞,所闻异辞,所传闻异辞。"①这里实则并没有什么进化思想。从西汉到清代直至康有为,对由"三世"说发展出社会进化思想起到过重要作用的思想家,主要有西汉的董仲舒、东汉的何休、清代中叶的庄存与及其弟子刘逢禄和清末的龚自珍、魏源。董仲舒以孔子为基准,认为"《春秋》分十二世以为三等:有见、有闻、有传闻。有见三世,有闻四世,有传闻五世"②。在董仲舒那里,推论的顺序是倒着上溯的。何休首次将"三世"顺过来说,并作了价值评判。他说:"于所传闻之世,见治起于衰乱之中。……于所闻之世,见治升平。……至所见之世,著治太平,夷狄进至于爵,天下远近、大小若一。"③他开启了后世阐发"三世"说的进化逻辑顺序。也正因为如此,学界一般将"三世"进化说上溯到何休这里。今文经学在汉代以后沉寂,直至清代中叶才兴起,其倡始者乃庄存与。他已着眼于"微言大义",其弟子刘逢禄则攻《左传》,驳斥刘歆。但是二人的研究只限于纯粹的学术领域,不但没有威胁到清王朝的统治,而且为其统治秩序辩护。④比如,刘逢禄就说:"一切既受命于天,故宜畏天命,需应天顺人……"⑤由此可

---

① 《春秋公羊传》卷一。
② 《董仲舒集》,学苑出版社,2003 年,第 38 页。
③ 何休:《春秋公羊传解诂》卷一。
④ 参见李泽厚:《中国近代思想史论》,人民出版社,1979 年,第 161 页。
⑤ 刘逢禄:《公羊春秋经传何氏释例》。

见,认为庄存与和刘逢禄已经有进化或进步思想的萌芽的观点是不确切的。真正使今文经学具有进步的社会政治思想内涵的人是龚自珍和魏源。正如梁启超所说:"龚自珍……好今文,往往引《公羊》义讥切时政,诋排专制;……然今文学派之开拓,实自龚氏。……今文学之健者,必推龚、魏。……故后之治今文学者,喜以经术作政论,则龚、魏之遗风也。"①不过,龚自珍的"三世"说虽具有进步思想的内涵,却没有摆脱历史循环论。②因此,真正使传统的公羊"三世"说焕然一新,质变为社会进化论的是康有为。

西学尤其是进化论对康有为形成新的"三世"进化史观也起到了重要作用。这一点不可忽视。他从22岁开始,便对"西学"的兴趣日益增长③,这对其形成历史进步观念无疑大有裨益,也使他后来很自然地将"三世"说与进化论结合了起来。康有为说,在他27岁(1884年)时,他已经开始"以三世推将来""演大同之义";在他30岁时,"推孔子据乱、升平、太平之理,以论地球……"④但是这时只是他的"三世"进化史观的萌芽,其完全成熟要到戊戌政变之后。在1896年的手抄本《南海康先生口说》中,康有为明确地阐发了"三世"进化史观,同时多次谈到地球的演化和生物的进化。他说:"以天下分三等:一等为混沌鸿蒙之天下,一等为兵戈而初开礼乐之天下,一等为孔子至今文明打开之天下,《春秋》三世之义也。"⑤又说:"《春秋》分三世:有乱世,有升平世,有太平世。乱世无可得言,治升平世分三统:夏、商、周,治太平世亦分为三统:亲亲、仁民、爱物。"⑥将这里所说的两种"三世"说联系来看,可以得出他认为孔子以来的时代已经是"文明"的"太平世"的结论。他大概为了

---

① 梁启超:《清代学术概论》,朱维铮导读,上海古籍出版社,1998年,第75~77页。

② 参见冯契:《中国近代哲学的革命进程》,上海人民出版社,1989年,第43~44页。

③ 参见康有为:《康南海先生自编年谱》,《康南海先生遗著汇刊》(廿二),宏业书局,1987年,第11页。

④ 同上,第17页。

⑤ 康有为:《万木草堂口说》,中华书局,1988年,第99页。

⑥ 同上,第100页。

有意"吹捧"孔子，才"违心"地如此言说。他后来应该是认识到了这并不符合历史事实，才将"文明"的"太平世"作为最高理想，推到了将来。于此值得注意的是，在"三世"进化史观还没有完全成熟之时，他多次谈及源自西方的进化论思想。他说："生物始于苔，动物始于介类，珊瑚即小虫。……虫类为生物最原始者，胡（当为'故'——笔者注）其愚与草木等。草木与人，相去不远，观其骨节可知。人与禽兽之相近，皆不待言。……新金山猴子、猩猩之类，皆结屋高至丈余。虫变化多，然愚矣。凡智物则不能有变化之技，亦止于此矣。"①由此可见，在康有为"三世"进化史观的发展历程中，西方进化论思想的确起到了重要作用，这一点是不可轻视尤其不可否认的。因此，他的"三世"进化史观当是一个中西二学合璧的产物，而非只是传统春秋公羊"三世"说的发展。

最迟在1896年，康有为将春秋公羊"三世"说同《礼记·礼运》的"大同"思想结合了起来。他说："美国人所著《百年一觉》书是大同影子，《春秋》大小远近若一是大同极功。《公羊》何注及董生言，人人有士君子之行。此句最宜著眼，大同之世全在此句。反覆玩味，其义无穷。"②1897年的时候，这种联系已经非常明确。他说："三世为孔子非常大义，托之《春秋》以明之。所传闻世为据乱，所闻世托升平，所见世托太平。乱世者，文教未明也。升平者，渐有文教，小康也。太平者，大同之世，远近大小如一，文教备全也。"③戊戌政变之后，他的"三世"进化史观完全成熟。表现在两个方面：一则，他充分结合了进化论思想以及西方政治学观念，将"三世"与君主专制、君主立宪和民主共和三种政治制度对应；二则，他不再修改"三世"说，坚持了下去。他的"三世"进化说最后定型于《论语注》中的下述说法："《春秋》之义，有据乱世，升平世，太平世。……孔子之道有三统、三世，此盖藉三统以明三世，因推三世而及百

---

① 《康有为全集》（第2集），中国人民大学出版社，2007年，第137页。

② 康有为：《万木草堂口说》，中华书局，1988年，第133页。

③ 《康有为全集》（第2集），中国人民大学出版社，2007年，第325页。

世也。夏、殷、周者，三统递嬗，各有因革损益。观三代之变，则百世之变可知也。……人道进化皆有定位，自族制而为部落，而成国家，由国家而成大统。由独人而渐立酋长，由酋长而渐正君臣，由君主而渐至立宪，由立宪而渐至共和。……盖自据乱进为升平，升平进为太平，进化有渐，因革有由；验之万国，莫不同风。……孔子之为《春秋》，张为三世：据乱世则内其国而外诸夏，升平世则内诸夏外夷狄，太平世则远近大小若一。盖推进化之理而为之。……一世之中可分三世，三世可推为九世，九世可推为八十一世，八十一世可推为千万世，为无量世。太平大同之后，其进化尚多，其分等亦繁，岂止百世哉？"①这就是他借助春秋公羊"三世"说和《礼记·礼运》的"大同"思想要阐发的"微言大义"——"孔子之道"。这既然是"孔子之道"，那么它就能够使维新派的"变法主张在封建主义面前立于正义的不败之地"②。这就为其"托古改制"的维新变法运动奠定了理论基础，由此，康有为也就找到了一面威风凛凛的"大旗"。

康有为的"三世"进化史观是一种改良主义的渐进进化史观。他坚持"进化有渐，因革有由"的历史渐进进化的理论立场。他坚持"循序渐进"，主张"三世不能飞跃"，认为"据乱世"必须经由"升平世"才能发展到"太平世"，君主专制必须经由君主立宪才能发展到完全的民主共和。这正如他1902年在《答南北美洲诸华侨论中国可行立宪不可行革命书》中所说："时势之所在，即理之所在，……盖今日由小康而大同，由君主而至民主，正当过渡之世，孔子所谓升平之世也，万无一跃超飞之理。凡君主专制、立宪、民主三法，必当一一循序行之，若紊其序，则必大乱，法国其已然者矣。"③在《共和政体论》中他也强调"三世"进化必须"循序渐进"："夫为治有序，进化有级，苟不审其序，而欲躐级为之，未有不颠蹶者。"④不只如此，康有为还认为"三世"中的每

---

① 《康有为全集》（第6集），中国人民大学出版社，2007年，第393页。
② 李泽厚：《中国近代思想史论》，人民出版社，1979年，第122~123页。
③ 《康有为政论集》（上册），中华书局，1981年，第476页。
④ 同上，第683页。

一世又有"三世",可以无限地分割下去,以至无穷。他说:"每世之中,又有三世焉。则据乱也有乱世之升平、太平焉,太平世之始亦有其据乱、升平之别。每小三世中,又有三世焉。于大三世中,又有三世焉。故三世而三重之,为九世,九世而三重之,为八十一世。展转三重,可至无量数,以待世运之变,而为进化之法。"①这样的"三世"进化史观无疑是渐进性的进化史观,它必然要否定历史发展中的革命、飞跃、连续性的中断。李泽厚先生说:"很清楚,这种进化之法就只能是点点滴滴乌龟爬行式的改良。所以,这种卑屈的发展观一方面固然宣传了进化,但同时反对了飞跃的进化。在一定条件下(在革命飞跃已出现的情况下),这种发展必然迅速地转化到它的对立方面,由否定飞跃而根本否定发展、进化,成为革命的阻碍。"②康有为后来的言行,正如李泽厚先生所说。

要言之,康有为的"三世"进化史观是在中国传统文化既有的春秋公羊"三世"说的基础上,吸纳西学尤其是进化论的思想建构而成的,并非只是中国既有春秋公羊"三世"说在近代中国历史条件下的发展和革新。因此,他的"三世"进化史观可谓是中西合璧的结晶。他影响巨大的"托古改制"论正是以其"三世"进化史观为思想基础和理论旗帜的。这正如梁启超所言,康有为"喜言'张三世'。'三世'者,谓据乱世、升平世、太平世,愈改而愈进也。有为政治上'变法维新'之主张,实本于此"③。

二、"托古改制"论的肯定逻辑

近代中国远远落后于西方列强, 就连曾经长期落后于中国的东洋蕞尔

---

① 康有为:《孟子微·礼运注·中庸注》,中华书局,1987 年,第 223 页。

② 李泽厚:《中国近代思想史论》,人民出版社,1979 年,第 124 页。

③ 梁启超:《清代学术概论》,朱维铮导读,上海古籍出版社,1998 年,第 79 页。

岛国日本都赶超了中国,并对中国耀武扬威、拳脚相向。面对如此惨烈而残酷的社会现实和国际关系,任何头脑清醒的人,都不会否认"竞争"的存在,也都会设法使自己的种群、民族、国家成为"竞争"中的强者。严复如此,康有为亦是如此。因此,尽管他的"大同"学说否定"竞争",否定进化论,但是在现实层面上,康有为完全赞同进化论,主张积极"竞争",认为中国必须学习西方,必须变法。而其变法的重点,在他看来,无疑当是变君主专制为君主立宪制。在"三世"进化史观的理论基础上,他提出了"托古改制"论这面思想大旗,为其领导的维新变法运动张目。

康有为采取了一种先破后立的策略来阐述其"托古改制"论。这个"先破",就是他先写了《新学伪经考》,从反面"证明"刘歆伪造儒家经典,湮灭了孔子维新变法的"其微言大义";这个"后立",就是他之后又写了《孔子改制考》,从正面阐述孔子维新变法的"其微言大义"。①那么,他的"托古改制"论究竟是什么呢? 梁启超予以了概述:"有为第二部著述,曰《孔子改制考》。……有为之治《公羊》也,不断断于其书法义例之小节,专求微言大义,即何休所谓非常异义可怪之论者。定《春秋》为孔子改制创作之书,谓文字不过其符号,……又不惟《春秋》而已,凡六经皆孔子所作,昔人言孔子删述者误也。孔子盖自立一宗旨而凭之以进退古人去取古籍。孔子改制,恒托于古。尧舜者,孔子所托也,其人有无不可知;即有,亦至寻常;经典中尧舜之德盛大业,皆孔子理想上所构成也。……有为所谓改制者,则一种政治革命、社会改造的意味也,故喜言'通三统'。……喜言'张三世'。"②康有为遵循和竭力发挥了今文经学"绌周王鲁"等观点,从各个方面来论证孔子的"托古改制"。他说:"《春秋》始于文王,终于尧、舜,盖拨乱之治为文王,太平之治为尧、舜,孔子之圣意,改制之大义,《公羊》所传微言之第一义也。"又说:"'六经'中之尧、

---

① 参见李泽厚:《中国近代思想史论》,人民出版社,1979 年,第 169 页。

② 梁启超:《清代学术概论》,朱维铮导读,上海古籍出版社,1998 年,第 79 页。

舜、文王，皆孔子民主、君主之所寄托，所谓尽君道，尽臣道，事君治民，止孝止慈，以为轨则，不必其为尧、舜、文王之事实也。"①在撰写《孔子改制考》之前，他便已萌发了"托古改制"的思想。比如，在此前所著的《春秋董氏学》中，他写道："'三世'为孔子非常大义，托之《春秋》以明之。所传闻世为据乱，所闻世托升平，所见世托太平。乱世者，文教未明也。升平者，渐有文教，小康也。太平者，大同之世，远近大小如一，文教备全也。大义多属小康，微言多属太平。为孔子学，当分二类，乃可得之。此为《春秋》第一大义。自伪《左》灭《公羊》而《春秋》亡，孔子之道遂亡矣。"②于此，他还从"文教"程度的高低来衡量和评价"三世"；而戊戌政变之后，他扩充和完善了他的"三世"进化史观，将"三世"与君主专制、君主立宪和民主共和三种政治制度对应，转变为以政治制度的民主程度的高低来衡量和评价"三世"。他说："人道进化皆有定位，自族制而为部落，而成国家，由国家而成大统。由独人而渐立酋长，由酋长而渐正君臣，由君主而渐至立宪，由立宪而渐至共和。"③

　　要言之，康有为硬说孔子是主张人类社会进化的伟大先圣，并论断"三世"进化就是孔子"托古改制"的中心和宗旨。④由此可见，康有为笔下的孔子被装扮成了一位主张"改制"、变法、进化的维新主义者，不再是那个践行周礼、恪守君臣之道的孔圣人。公羊"三世"说只是康有为借以用来为其维新变法鸣锣开道的一面旗帜，而孔子只不过是他手中的一个"降妖伏魔"的法器。因此，在事实上，并非孔子"托古改制"，而是康有为"托古改制"。康有为之所以会提出"托古改制"这种理论方案，应该从两个方面来分析。一方面，近代中国落后于西方列强甚至东邻蕞尔岛国日本，而且已经深受它们的侵害，这

---

① 《康有为全集》（第3集），中国人民大学出版社，2007年，第150页。

② 《康有为全集》（第2集），中国人民大学出版社，2007年，第324页。

③ 《康有为全集》（第6集），中国人民大学出版社，2007年，第393页。

④ 参见李泽厚：《中国近代思想史论》，人民出版社，1979年，第169~170页。

一劣势处境迫使他不得不面对现实,顺应时代潮流,肯定进化论,主张变法、改制,以图国家富强;另一方面,近代中国是一个深受专制主义文化熏染的国度,而且守旧派势力依然很强大,为了使维新变法的主张能够较为顺利地得以推行、实施,借孔圣人之威名来行资产阶级民主改革之实,不失为一种明智的选择。

在戊戌变法之前,面对残酷的现实,康有为要求变法之心甚至不亚于被认为倾向"激进"的谭嗣同。他在弟子比如梁启超眼里是中国的马丁·路德,但是在守旧派眼里,却是令之厌恶的头号"激进"人物。在戊戌年(1889年),他与王小航的一段对话,与1905年孙中山与严复在伦敦的一段对话几乎如出一辙。王小航说:"我看止有尽力多立学堂,渐渐扩充,风气一天一天的改变,再行一切新政。"康有为则说:"列强瓜分就在眼前,你这条道如何来的及?"①他对王小航的渐进改良不以为然,大有"激进"改革的意味。他前后七次上书光绪帝,急切地呼吁变法。他说:"观万国之势,能变则全,不变则亡,全变则强,不变仍亡。"②在他看来,变法不但是时代潮流,而且是救国于危难的不二选择,并且他将"变"论证为天道,说"变"是宇宙的自然法则。他说:"《诗纬》曰:'王者三百年一变政。'盖变者,天道也,天不能有昼而无夜,有寒而无暑,天以善变而能久;……《传》曰:'逝者如斯。'故孔子系《易》,以变易为义。"③他引经据典地论证了"变"是天道,而且让人信服地意识到孔圣人善于顺应"变"之天道。他一针见血地指出,中国之所以落后于西方,就在于西方"善变",而中国守旧"不变":"泰西之国,一姓累败而累兴,盖善变以应天也。中国一姓不再兴者,不变而逆天也。"④既然"变"是天道,并非如此前的天理观所认为的那样,"不变"是天道,那么康有为就为变法寻找到了充分的理

---

① 《胡适文集》(第5册),北京大学出版社,1998年,第376~377页。

② 《康有为政论集》(上册),中华书局,1981年,第211页。

③④ 同上,第225页。

论依据。

然而"变法"理论根据明显还不够,还需要找到一种可行的具体理论方案。康有为深知儒家纲常观念在国人心中之根深蒂固,也深知保守人物之冥顽不化,且深知保守人物之势力依然还很强大。这正如梁启超所说:"以改制言《春秋》,以三世言《春秋》者,自南海始也。改制之义立,则以为《春秋》者,绌君威而申人权,夷贵族而尚平等,去内竞而归统一,革习惯而遵法治,此南海之言也。……三世之义立,则以进化之理,释经世之志,遍读群书,而无所于阂,而导人以后来之希望,现在之义务。……南海以其所怀抱,思以易天下,而知国人之思想束缚既久,不可以猝易,则以其所尊信之人为鹄,就其所能解者而导之,此南海说经之微意也。"①是故,康有为才冥思苦想出了"托古改制"论。而这正是他的"变法"理论不同于此前的洋务派、早期维新派以及严复的地方,也是他高明的地方。因为这一理论具有可行性,富于实践智慧。康有为说:"孔子道主进化,不主泥古,道主维新,不主守旧,时时进化,故时时维新。"②在《〈礼运注〉叙》中,他说:"读至《礼运》,乃浩然而叹曰:'孔子三世之变,大道之真,在是矣;大同小康之道,发之明而别之精,古今进化之故,神圣悯世之深,在是矣;相时而推施,并行而不悖,时圣之变通尽利,在是矣。'……今者,中国已小康矣,而不求进化,泥守旧方,是失孔子之意,而大悖其道也,甚非所以安天下乐群生也,甚非所以崇孔子同大地也。"③他的"托古改制"论将孔子装扮和塑造成致力于维新变法的先哲和圣人,请出孔子为其维新变法鸣锣开道。这对于习惯从圣贤及其经典那里寻找思想和行动根据的国人来说,不失为一个"良方"。然而纵使如此,他的"托古改制"论还是遭到了守旧派的猛烈攻击。

---

① 《饮冰室合集》(文集之七),中华书局,1989 年,第 99 页。

② 康有为:《孟子微·礼运注·中庸注》,中华书局,1987 年,第 86 页。

③ 同上,第 236~237 页。

利。若循天演之例,则普大地人类,强者凌弱,互相吞啮,日事兵戎,如斗鹌鹑然,其卒也仅余强者之一人,则卒为大鸟兽所食而已。且是义也,在昔者异类相离、诸国并立之世,犹于不可之中而无能遏之,不得已者也。若在大同之世,则为过去至恶之物,如童子带痘毒,岂可复发之于壮老之时哉? ……竞争者,于异类异国为不得已,于同体同胞为有大害,岂可复播此恶种以散于世界哉? ”①他认为,“竞争”是“诸国并立之世”的法则,是“不得已”的事;而“大同”世界是一个“九界”②皆已破除的极乐世界,是一个“天下为公,无有阶级,一切平等”③、“众生平等,太平世之太平世”④的世界,“竞争”这种“至恶之物”,在“大同”世界不“可复发”。这样的世界是一个泛爱众生的世界,其爱已经超越了儒家的仁爱和基督教的博爱,是佛教所倡导的爱。⑤他说:“孔子之道有三:先曰亲亲,次曰仁民,终曰爱物。其仁虽不若佛而道在可行,必有次第。乱世亲亲,升平世仁民,太平世爱物,此自然之次序,无由躐等也,终于爱物,则与佛同矣,然其道不可易矣。大同之世,至仁之世也,可以戒杀矣。其时新术并出,必能制妙品,足以代鸟兽之肉而补益相同者,且美味尤过者。当是时,人之视鸟兽之肉也犹粪土也,不戒杀而自能戒矣。合世界人而戒杀矣,其视牛、马、犬、猫,如今之视奴仆,亲之,爱之,怜之,恤之,用之,而食之,衣之,斯为大同之至仁乎! ”⑥在他看来,大同之世乃“至仁”之世,其爱已臻至极,众生如一,一切生物皆在当爱之列,何况人类之间? 因此,“竞争”这种“古今世界公共之至恶物”自然已经销声匿迹了。这样,康有为根据先天性善论这种

---

① 《康有为全集》(第7集),中国人民大学出版社,2007年,第183页。

② “九界”指国界、级界、种界、形界、家界、业界、乱界、类界、苦界这九界。(参见康有为:《大同书》,邝柏林选注,辽宁人民出版社,1994年,第66页)

③ 康有为:《孟子微·礼运注·中庸注》,中华书局,1987年,第240页。

④ 《康有为全集》(第7集),中国人民大学出版社,2007年,第186页。

⑤ 参见王中江:《进化主义在中国》,首都师范大学出版社,2002年,第125页。

⑥ 康有为:《大同书》,邝柏林选注,辽宁人民出版社,1994年,第336页。

人性论,在其所设想的"大同"世界,否定了"竞争"的存在,从而也就否定了以"竞争"为主要法则的进化论。

告子肯定人的自然欲望的经验论人性论与孟子主张人性本善的先天论人性论,在事实上是矛盾的。但是康有为却并不认为二者存在矛盾,将之予以了统一。他的方法是:将扩充人之本性的"不忍人之心"也视为一种"欲"。①他认为圣贤之所为出于"不能制断不忍人之欲,亦姑纵之。竭吾力之所能为,顺吾性之所得为而已"②。因此,梁启超才说其师康有为认为"凡圣贤豪杰之救世任事,亦不过自纵其救世任事之欲而已"③。由此可以发现,在康有为那里,通向"大同"世界的逻辑起点是人性中的自然欲望。不过,由于人性之中同时还存在着"不忍人之欲",在"不忍人之欲"的作用下,人类最终就能够通向至仁之爱的"大同"世界。这正如冯契先生所说:"对我来说是自纵其救世之欲,对人来说则是为了'使人人皆得其乐、遂其欲、给其求'。康有为认为这就是大同理想。"④

康有为的"大同"理想无疑是一种空想社会主义。然而尽管是空想,但是它却并非没有现实的思想根源。

首先,这种空想社会主义无疑是 19 世纪中国历史境况的一种"虚幻"反映。改良派试图变君主专制为君主立宪制,但是拥护君主专制的势力还很强大,而他们的势力又很弱小,因而其理想尚难实现。理想与现实的矛盾致使他们不得不去虚构理想,将其进步思想与理念表达出来。康有为正是通过"大同"理想"找到了"他"为了不让自己看见自己的斗争的资产阶级狭隘内容、为了要把自己的热情保持在伟大历史悲剧的高度上所必需的自我欺骗"⑤。

---

① 冯契:《中国近代哲学的革命进程》,上海人民出版社,1989 年,第 97~98 页。
② 《康有为全集》(第 1 集),中国人民大学出版社,2007 年,第 104 页。
③ 《饮冰室合集》(文集之六),中华书局,1989 年,第 72 页。
④ 冯契:《中国近代哲学的革命进程》,上海人民出版社,1989 年,第 98 页。
⑤ 《马克思恩格斯选集》(第一卷),人民出版社,1995 年,第 586 页。

其次,这种空想社会主义是对资本主义弊端、危机的反思与期望超越资本主义的心境的反映。康有为认为,"竞争"是由于"私利""私心""私欲"所致,因此只要一切财产归公,废弃私有制,那么就可消除"竞争"。他说:"太平之世,农、工、商一切出于公政府,绝无竞争,性根皆平。"①再次,这种空想社会主义是改良派的阶级特性的反映。改良派主要是从地主转变过来的民族资产阶级,在经济、政治上都不是一个独立而成熟的阶级,他们和地主阶级还有着千丝万缕的联系。这使他们在政治上必然倾向于选择改良主义道路。这是历史的必然,也符合他们自身的境况及阶级特性。列宁的话可以用来论断改良派的阶级特性何以会导致"大同"理想:"乌托邦的产生反映了这样一些阶级的利益,它们进行反对旧制度……的斗争,而在这种斗争中,它们又没有取得独立的地位。乌托邦、幻想,就是这种不独立性,这种软弱性的产物。沉迷于幻想是弱者的命运。"②

再次,既有理论资源也影响了这种空想社会主义的形成。影响康有为"大同"理想的既有理论资源主要包括三个方面:其一无疑是《礼记·礼运》中所阐发的"大同"观念;其二则是中国儒家所阐发的人性本善的思想;其三,进化论历史观所包蕴的历史将进化到一个理想境界的思想,也影响了康有为"大同"理想的形成。——尽管严复的进化论否定人类社会进化历程上这种终极理想境界的存在,但是他所阐发的斯宾塞的历史进化观,却认为这种终极理想境界存在,这不能不影响到康有为。

最后,自我意识的觉醒,也对这种空想社会主义的产生具有不可忽视的意义。近代社会最为鲜明的思想标志便是自我意识的觉醒。西方如此,中国亦复如此。当然,中西自我意识觉醒的原因并不全然相同,二者最为显著的区别在于:西方近代自我意识的觉醒是对中世纪宗教社会的反拨与反思,而

①　康有为:《大同书》,中州古籍出版社,1998年,第328页。

②　《列宁选集》(第二卷),人民出版社,1995年,第298页。

中国近代自我意识的觉醒则伴随着救亡图存的思潮，主要是救亡图存这一时代主题的催发。自我意识的觉醒也就意味着理性的觉醒，意味着中国近代先进人物开始摆脱"圣经贤传"的束缚，开始独立地思考宇宙自然、社会人生的问题。康有为等维新派人物当时的思想状况正是如此。康有为说："常夜坐弥月不睡，恣意游思，天上人间，极苦极乐，皆现身试之。……俛读仰思，笔记皆经纬世宙之言。"①梁启超也说："那时候，我们的思想真'浪漫'得可惊！不知从那里会有怎么多问题，一会发生一个，一会又发生一个。我们要把宇宙间所有的问题都解决，但帮助我们解决的资料却没有，我们便靠主观的冥想。想得的便拿来对吵。吵到意见一致的时候，便自以为已经解决了。由今回想，真是可笑。"②他们的这种思想状况都是真实的，是中国近代现实境况的反映和自我意识觉醒的表现。这正如李泽厚先生所说："社会的崩坏，国家的危亡，逼使着真正爱国的士大夫不得不摆脱长久蒙闭其头脑而现在已失去灵效的'治国平天下'的'圣经贤传'，重新用自己的头脑来独立地深入地思考，来辛苦地向上下古今特别是向西方学习，重新考虑整个世界整个人生问题，来探求真理寻找出路。"③

康有为的"大同"理想，既是他向西方寻求真理的反映，也是他目睹资本主义危机，对资本主义产生怀疑，试图超越资本主义社会的思想状况的真实流露。可以说，"大同"理想是他集中国和西方的一切美好设想而描绘出来的一幅理想蓝图。他极尽其天才之发挥，设想了"大同"世界的种种尽善尽美的景象。然而这种设想越是具体入微，其空想性也就越发显而易见。这正如恩格斯在分析和论断空想社会主义时所指出的那样："它越是制定得详尽周

① 康有为：《康南海先生自编年谱》，《康南海先生遗著汇刊》(廿二)，宏业书局，1987年，第10~11页。

② 《饮冰室合集》[文集之四十四(上)]，中华书局，1989年，第20页。

③ 李泽厚：《中国近代思想史论》，人民出版社，1979年，第129页。

密,就越是要陷入纯粹的幻想。"①康有为根据人性的"去苦求乐"的本性以及先天的人本善的观念,主张通过扩展"不忍人之心"而实现"天下为公"、泛爱众生、众生如一的"大同"世界。这种途径和方法只不过是不切实际的自我设定的方案,是形而上学的幻想。而且在现实上,他主张君主立宪,不触动原有统治阶级的利益;而在理想上,却要求废除私有制,消除一切界限,这显然是矛盾的。他解决矛盾的办法无非就是乞灵于人性之善。说白了,就是祈望统治阶级发善心。这显然近于"痴人说梦"。因此,他是不可能真正找到通向"大同"世界之路的。这正如毛泽东所指出的那样:"康有为写了《大同书》,他没有也不可能找到一条到达大同的路。"②由于种种原因,他不可能像后来的马克思主义者那样,揭示出社会发展的基本矛盾,从中找到改造社会的办法。当然,对此,必须历史主义地来看,不可以此后时代的思想水平来要求康有为也必须达到那种思想高度。

康有为的"大同"理想无疑是空想,然而这并不意味着它毫无价值。因为人是具有理想性的动物,人除了需要现实性的物质满足,还需要理想性的精神满足。尽管这种虚无缥缈的"大同"理想只是一个空想,但是它能够在一定程度上满足人们的精神需求。对于深处内忧外患之悲惨境地的国人来说,更是如此。近代中国人迫切希望改变贫弱落后的现状,亟须指向未来的理想,而且这种指向未来的理想,哪怕它是无法实现的空想,也能在一定程度上化作国人奋进的精神动力。这就是为何从康有为开始,中国近现代先进人物都相信理想世界,并且都在理论上积极建构理想世界的原因。质言之,对于多灾多难的国人而言,理想世界既是精神食粮也是精神动力。

康有为在传统春秋公羊"三世"说的基础上,吸纳西方进化论的元素,发展出了新的"三世"进化史观。以"三世"进化史观为理论依据,在现实层面

①《马克思恩格斯选集》(第三卷),人民出版社,1995年,第608页。
②《毛泽东选集》(第四卷),人民出版社,1991年,第1471页。

上,他肯定进化论,提出了"托古改制"论,倡导维新变法,主张君主立宪制,试图变革君主专制的中国社会;而在理想层面上,根据经验论和先天论的人性论,他却否定进化论,建构了"大同"理想,认为"大同"世界是一个大公无私、充满仁爱、万类平等的极乐世界,"竞争"早已消失。这样的理论主张致使其进化论的逻辑结构在整体上呈现为"两极"对立。从他进化论的逻辑结构可以发现,康有为不但是中国践行进化论的第一人,而且还是中国批判或否定进化论的第一人。然而不管他在现实层面上对进化论持肯定的态度,抑或在理想层面上对进化论持否定的立场,其理论的思维方式皆是脱离现实实际的理论哲学的思维方式,这就决定了他的理论不可能取得预设的现实功效。尽管康有为的"托古改制"根本没有取得现实效果,其"大同"理想也显得虚无缥缈,但是他的这些思想还是深深地影响了他的两位得意门生——嫡传弟子梁启超和私淑弟子谭嗣同。

第三节　梁启超"群力"进化论

梁启超以思想博杂、善变而著称,但是这不等于他的思想浅薄、价值轻微。就进化论而言,其进化论特别重视"群"和"力"。"群"被他视为进化的主体。有学者认为"群"是梁启超的中心思想。①不过,除了重视"群"以及"合群",梁启超还特别重视"尚力"。他说:"物之以群相竞,斯固然矣。……若夫处必争之地,而其合群之力不足以自完,则日剥月蚀,其究必至于断其种绝其育。"②因此,他注重的不只是"群",而是注重"群"的"力",或者说注重有

①　参见［美］张灏:《梁启超与中国思想的过渡(1890—1907)》,崔志海、葛夫平译,江苏人民出版社,1997年,第68~79、106~110页。

②　葛懋春、蒋俊编选:《梁启超哲学思想论文选》,北京大学出版社,1984年,第13页。

"力"的"群"。在进化方式上,他主张"尚力",主张通过"合群""尚力"而竞争、进化。而且在他看来,要"尚力"就必须先"新民",而"群"具体所指便是"新民"。具体而言,在进化方式上,他实则主张"新民"以"尚力"。由此看来,他的进化论可以称为"群力"进化论。此外,他也像其师一样,具有平等理想,十分热衷于宣传社会主义理论。

一、"新民"之群的进化主体

梁启超于 1896 年接触到严复所译《天演论》之后,并没有立即抛弃此前从康有为那里学到的"三世"进化史观,而是在两年之后才以《天演论》所阐发的西方进化论来阐释宇宙万物的发展。他说:"春秋立三世之义,以明往古来今天地万物递变递进之理。"[①]从此,他的进化论便与康有为的"三世"进化史观分道扬镳了。尽管他还在使用康有为"三世"进化史观的词语,但是这只是表面的相似,实则他的进化论是从严复那里学到的西方进化论,是一种新的世界观。他说:"凡天下万物之不能不变也,天理也;变而日进于善,天理而加以人事也。"[②]可以发现,这种进化论的逻辑正是严复所阐发的天道与人道相合相分的逻辑。

在天道上,梁启超的进化论与严复、康有为的进化论没有多大区别,皆认为宇宙万物渐进进化。但在人道上,他的进化论与后二者的进化论有所区别,主要表现在两个方面:其一是特别强调人道进化的主体是群;其二是在进化方式上特别重视"尚力"。先阐述他进化论的前一个方面的思想。主张人道进化的主体是群,这种思想,此前严复实则已经阐发过。严复译社会学为"群学",认为斯宾塞是"用生学之理以谈群学","以为生既以天演而进,则群

---

① 葛懋春、蒋俊编选:《梁启超哲学思想论文选》,北京大学出版社,1984 年,第 25 页。

② 李华兴、吴嘉勋编:《梁启超选集》,上海人民出版社,1984 年,第 41 页。

亦当以天演而进无疑"。①而且强调"群"重于个体的思想,严复也已具备。严复翻译了穆勒的《群己权界论》,在个体利益与社会利益发生冲突之时,他主张"群己并重,则舍己为群"②。尽管梁启超与严复一样,也是在群己关系中理解"群",但是他的整体立场和价值天平却只偏向"群"这一边,个体被严重地轻视。严复强调"群",但是并没有完全抹杀个体的自由。他在《译〈群己权界论〉自序》中说:"夫自繇之说多矣,非穆勒是篇所能尽也。虽然,学者必明乎己与群之权界,而后自繇之说乃可用耳。"③而"群"在梁启超那里却是人道进化的中心与重心,为了"群"的进化,甚至可以牺牲个体。比如,他根据英国社会达尔文主义思想家本杰明·基德(Benjamin Kidd,他译为颉德)认为社会进步是指"不可不牺牲个人以利社会,不可不牺牲现在以利将来"的思想,得出了一个极度重视"群"之进化的观点:"故死也者,进化之母,而人生之一大事也。人人以死而利种族,现在之种族以死利将来之种族,死之为用不亦伟乎!"④当然,这是他的极端说法。但是他强调"群"之进化而轻视个体,由此可见一斑。在梁启超看来,历史的进化就是"群"的进化,而且只有"群"有进化,个体没有进化、只有生命的周期,其生命现象呈现为循环的过程。因此,他认为"历史者,叙述进化之现象也"⑤,并进而认为"历史者叙述人群进化之现象也"⑥,"故欲求进化之迹,必于人群。使人人析而独立,则进化终不可期,而历史终不起。盖人类进化云者,一群之进也,非一人之进也。如以一人也,则今人必无以远过于古人"⑦。在近代那种中国处于弱势地位的历史境况中,梁启超这种观点的合理性是显而易见的。

---

①② [英]托马斯·赫胥黎:《天演论》,严复译,译林出版社,2011年,第111页。

③ 《严复集》(第1册),中华书局,1986年,第132页。

④ 《饮冰室合集》(文集之十二),中华书局,1989年,第82页。

⑤ 《饮冰室合集》(文集之九),中华书局,1989年,第7页。

⑥ 同上,第9页。

⑦ 同上,第10页。

梁启超强调历史进化主体是"群",意在社会的进步。而社会何以能进步,则在于社会的发展有其"公理"即规律。因此,他进而认为"历史者叙述人群进化之现象而求得其公理公例也"①。求得"公理公例"本身不是目的,其目的在于以之来推动社会向前发展。他说:"夫所以必求其公理公例者也,非欲以为理论之美观而已,将以施诸实用焉,将以贻诸来者焉。历史者,以过去之进化,导未来之进化者也。"②主张理论的目的在于"实用",这是值得肯定的实践精神。然而他却过于夸大了进化论"史学"的作用:"今日欧洲民族主义所以发达,列国所以日进文明,史学之功居其半焉。然则但患其国之无兹学耳,苟其有之,则国民安有不团结,群治安有不进化者。"③在其史学中,进化的主体始终是"国民""群",没有个人、个体的地位。在 1921 年所写的《中国历史研究法》中,他说:"个人之生命极短,人类社会之生命极长。社会常为螺旋形的向上发展,隐然若悬一目的以为指归。……史也者,则所以叙累代人相继作业之情状也。"④他于此提出了著名的社会"螺旋形的向上发展"的历史发展观。就历史发展的主体而言,他认为是"人类社会""累代人",而非"个人",要言之,即"群"。这些思想较之严复、康有为的历史观有所发展。

在梁启超看来,"群"是社会进化的主体,那么"群"又是什么呢? 在他那里,"群"有两个方面的含义。其显而易见的含义便是个人、个体的结合体。这样的"群"是一种客观存在的物质体,家庭、团体、民族、种族、社会、国家、天下等,皆是这种"群"的表现形态。比如,在《变法通议·论学会》中,他说:"国群曰议院,商群曰公司,士群曰学会。"⑤在《说群一 群理一》中,他说:"故欲

---

① 《饮冰室合集》(文集之九),中华书局,1989 年,第 10 页。
② 同上,第 11 页。
③ 同上,第 1 页。
④ 《饮冰室合集》(专集之七十三),中华书局,1989 年,第 2 页。
⑤ 《饮冰室合集》(文集之一),中华书局,1989 年,第 31 页。

灭人之家者,灭其家之群可矣。……欲灭人之国者,灭其国之群可矣。"①在《〈说群〉序》中,他说:"抑吾闻之,有国群,有天下群。泰西之治,其以施之国群则至矣,其以施之天下群则犹未也。"②"群"在梁启超那里,还有另一种含义,它是一定人群的共性,即所谓"大我"。③这样的"群"是一种内蕴于主体之中的精神体。他说:"然则一个人,殆无进化也;进化者,别("别"当为"则"——笔者注)超于个人之上之一人格而已,即人群是也。"又说:"人格之群,非寻常之个人也。……然则历史所最当注意者,惟人群之事。苟其事不关系人群者,虽奇言异行,而必不足以入历史之范围也。……所重者在一群,非在一人也。"④这里的"人群"已不是客观存在的物质体,而是属于国民意识、社会心理、民族精神之类的精神体。他说:"吾以为历史之一大秘密,乃在一个人之个性,何以能扩充为一时代一集团之共性,与夫一时代一集团之共性,何以能寄现于一个人之个性。申言之,则有所谓民族心理或社会心理者。其物实为个人心理之扩大化合品,而复借个人之行动以为之表现。史家最要之职务,在觑出此社会心理之实体,观其若何而蕴积,若何而发动,若何而变化;而更精察夫个人心理之所以作成之表出之者,其道何由。"⑤在梁启超那里,"群"既然有两种含义,那么在他看来,社会历史的进化也就不会只是某一个方面的"群"的进化,而当是物质体之"群"和精神体之"群"的共同进化。

梁启超为何要强调社会历史进化的主体是"群"而非"个人"呢?其根本原因就在于近代中国饱受西方列强及日本欺凌这一现实情势。他敏感地认识到了这一点。在他看来,近代以来的整个世界就是一个各民族国家之间充

① 《饮冰室合集》(文集之二),中华书局,1989年,第6页。
② 同上,第4页。
③ 参见冯契:《中国近代哲学的革命进程》,上海人民出版社,1989年,第165页。
④ 《饮冰室合集》(文集之九),中华书局,1989年,第9页。
⑤ 《饮冰室合集》(专集之七十三),中华书局,1989年,第114~115页。

斥着竞争的世界。他说："循物竞天择之公例,则人与人不能不冲突,国与国不能不冲突。国家之名,立之以应他群者也。"①又说:"由一人之竞争而为一家,由一家而为一乡族,由一乡族而为一国。一国者,团体之最大圈,而竞争之最高潮也。"②他认识到,唯有通过"合群"才能形成一种最大的合力,才能同帝国主义这一"怪兽"展开竞争,从而获得生存权③,才有可能在激烈的竞争世界中成为优胜者和适者。因此,在他看来,"群"便是竞争、进化的不二主体。他说:"人非群则不能使内界发达,人非群则不能与外界竞争。故一面为独立自营之个人,一面为通力合作之群体。"④因此,相较于严复更重视个人之间竞争的"内竞",他聚焦的则是以民族国家为群体之间竞争的"外竞"。因此,在严复那里,竞争的主体主要是"自由的个人",而在梁启超那里,竞争的主体则主要是"自由的群体"。他所说的自由也往往是群体性的"民族"的自由,而非个体性的"个人"的自由。⑤由此可见,他主张社会进化的主体是"群",其理论出发点和严复、康有为大致一样,也要在救亡图存、自强保种。

　　既然在梁启超看来,进化的主体是"群",那么他倡导"新民",其主要目的就不在于个体的个性解放和自由,而在于"群"的进步与强大。根据近代中国的历史情势来看,梁启超的这种主张是具有历史合理性的。因为中国先进人物首先必须考虑的是中国人这个族群的存亡,而不是个别中国人的自由。既然如此,那么就不能认为梁启超主张"群"或"群体"至上的集体主义有什么错,而且这种集体主义在后来的历史中产生了严重后果,也就不能算到他的头上。西方自由主义以个人主义为中心,而中国近现代自由主义者则普遍地倾向于将民主视为发挥民族国家的作用的必要组成部分, 没有将之作为

---

①　《饮冰室合集》(专集之四),中华书局,1989 年,第 17 页。

②　同上,第 18 页。

③　参见王中江:《进化主义在中国》,首都师范大学出版社,2002 年,第 152 页。

④　李华兴、吴嘉勋编:《梁启超选集》,上海人民出版社,1984 年,第 316 页。

⑤　参见[美]浦嘉珉:《中国与达尔文》,钟永强译,江苏人民出版社,2008 年,第 186~187 页。

保护个人权利和自由的制度。中国近现代自由主义者如此所为是时代的需要,具有历史合理性,不是什么过错。

二、"新"民以"尚力"的进化方式

梁启超的进化论认为进化的主体是"群",但是具体的进化主体则是"新民"。他将改良中国以求富强的希望寄托于"新民"之上。在进化方式上,他主张"合群"以"尚力",而"群"既然具体所指是"新民",那么在他那里,社会进化方式也就具体化为"新"民①以"尚力"了。也就是说,在他看来,中国社会要进化、发展,就必须先"新"民,然后通过"新民"这一群体的"尚力"实现进化、发展的目标。因此,"新民"与"尚力"的关系便是:"新民"是"尚力"以进化的主体,而"尚力"是"新民"的进化方式和手段。从整体上来说,梁启超进化论的进化方式便是"合群"以"尚力",具体而言,则是"新"民以"尚力"。

如前文所言,在梁启超看来,近代以来的世界就是一个"列国"竞争的世界,"合群"是为了在竞争中立于不败之地,同样,"尚力"也是为了能够在竞争中成为"适者"而不被吞噬。他说:"物之以群相竞,斯固然矣。……若夫处必争之地,而其合群之力不足以自完,则日剥月蚀,其究必至于断其种绝其育。"②他之所以如此认为,也许就在于他比严复和其师康有为更加敏感地认识到西方之所以胜过中国,主要是在"力"上胜过中国,而且在弱肉强食的"列国"时代,以"力"为后盾的强权实则战胜了正义、道德等公道,甚至强权本身就被人们视为了公理。他说:"自有天演以来,即有竞争,有竞争则有优

---

① 这里所说的"新"是一个动词,其意是"使……新"。因此,"新"民是动宾词组,不同于前文所说的形容词加名词的偏正词组"新民"。"新"民乃使民众成为"新"的民众之意。不过,梁启超所说的"民"大概是指民众,而非"人民"。

② 葛懋春、蒋俊编选:《梁启超哲学思想论文选》,北京大学出版社,1984年,第13页。

劣,有优劣则有胜败,于是强权之义,虽非公理而不得不成为公理。民族迫发达之既极,其所以求增进本族之幸福者,无有厌足,内力既足,而不得不思伸之于外。故曰:两平等者相遇,无所谓权力,道理即权力也;两不平等者相遇,无所谓道理,权力即道理也。"①这种强权即公理的思想,是他一再强调的。在另一文中,他甚至认为这是"天演"的必然结果:"灭国者,天演之公例也。……劣而败者,其权利必为优而胜者所吞并,是即灭国之理也。……由是观之,安睹所谓文明者耶? 安睹所谓公法者耶? 安睹所谓爱人如己、视敌如友者耶? 西哲有言:'两平等者相遇,无所谓权力,道理即权力也;两不平等者相遇,无所谓道理,权力即道理也。'彼欧洲诸国与欧洲诸国相遇也,恒以道理为权力;其与欧洲以外诸国相遇也,恒以权力为道理。此乃天演所必至,物竞所固然。夫何怪焉!"②在梁启超看来,公理建立在强权即强力的基础之上。如果没有强力作为后盾,公理就会让位于强权,甚至强权会被视为理所当然即公理。而近代中国相比于"欧洲诸国",恰恰是不可能得到平等待遇的弱者。依照强权即公理的逻辑,在梁启超看来,中国的唯一出路就在于努力进化为强者。他说:"康南海昔为《强学会序》有云:'天道无亲,常佑强者。'至哉言乎! 世界之中,只有强权,别无他力。强者常制弱者,实天演之第一大公例也。然则欲得自由权者,无他道焉,惟当先自求为强者而已。欲自由其一身,不可不先强其身;欲自由其一国,不可不先强其国。强权乎! 强权乎! 人人脑质中不可不印此二字也。"③

可以发现,在梁启超那里,"强权"实则就是"强力"。近代世界既然是一个"强权"或"强力"横行的世界,那么"尚力"在梁启超看来就是中国人的不二选择。因此,"尚力"和"合群"一样,在他的思想中也占据着中心地位。尽管

---

① 李华兴、吴嘉勋编:《梁启超选集》,上海人民出版社,1984 年,第 191 页。

② 同上,第 172~173 页。

③ 《饮冰室合集》(专集之二),中华书局,1989 年,第 31 页。

在形式上，他也和严复一样强调"德、智、力"并重，似乎并没有忽视"德"与"智"的作用，但是在事实上，在他那里，"德"与"智"都从属于"力"，是为"力"服务的，或者说，他所说的"德"与"智"皆是有利于"群"之"力"最大发挥的"德"与"智"。①由"尚力"，梁启超逻辑地反对"命定论"。他说："命与力殆不两立。人人安于命而驰于力，则世界之进化，终不可期，而人道或几乎息。"②又说："吾以为力与命对待者也。凡有可以用力之处，必不容命之存立。命也者，仅偷息于力以外之闲地而已。故有命之说，可以行于自然界之物，而不可行于灵觉界之物。"③因此，在梁启超看来，人是"灵觉界之物"，不可认命。由此他进而认为，国家也不可认命，否认有不可改变的所谓国家"运命"，坚信通过"尚力"便能复兴衰弱落后的中国。他说："质而言之，则国家之所以盛衰兴亡，由人事也，非由天命也。"④欧洲的种族主义者，为了满足他们的种族优越论和奴役其他种族的需要，将种族的"优劣性格"视为一种命定论的东西。梁启超在为中国的复兴与富强寻找理论根据时，强调"尚力"和"非命论"，实则是否定了欧洲种族主义者的这种命定论。

由此可以看出，梁启超的"尚力"论是有现实根据的。这种现实根据就是中国落后于西方列强，处于弱者的境况。因此，他的"尚力"论也旨在救亡图存、自强保种，与严复、康有为二人进化论的理论目的没有区别。而有所区别的是：他过于肯定"力"的作用，其"尚力"论乃至于肯定强权就是公理。纵使如此，从整体上来看，他的"尚力"论也并没有什么大的过错，是具有历史进步意义的。因为它是基于近代中国的现实处境，对国内外情势的一种清醒认识，是一种在中国近代历史境况下不得不如此的思想理论。近代世界的确是

---

① 参见王中江：《进化主义在中国》，首都师范大学出版社，2002年，第158~159页。

② 《饮冰室合集》（专集之二十七），中华书局，1989年，第13页。

③ 同上，第15页。

④ 葛懋春、蒋俊编选：《梁启超哲学思想论文选》，北京大学出版社，1984年，第224页。

一个竞争惨烈的世界。如果说在国家内部,尤其是在欧洲诸国,通过契约已经进入了"文明状态",那么在国家之间,尤其是在殖民地与宗主国之间,其关系依然处于一种霍布斯所说的"自然状态"之中。在这种情况下,纵使存在什么国际秩序,国际秩序也只能是基于国家力量的霸权支配下的国际秩序。①近代中国尽管没有沦为完全的殖民地,但是作为半殖民地,境况也极其凄惨。梁启超鼓吹"尚力",确实能够起到鼓舞国人奋力振拔、勇为强者的作用。因此,尽管他的"尚力"论的确带来了不少负面价值②,但是却具有相当大的积极价值,不可轻易予以否定。

梁启超认为,"尚力"以进化必须先有新的进化主体即"新民"。因为在他看来,"国也者,积民而成"③,但是"聚群盲不能成一离娄,聚群聋不能成一师旷,聚群怯不能成一乌获"④。为此,他提出了培养理想人格的学说即"新民说"。他认为"新民"之"新"有两个方面的含义:"一曰淬厉其所本有而新之,二曰采补其所本无而新之。"⑤由此可见,他的"新民"说并非是要完全割断与传统文化尤其是传统道德的联系,而是主张一方面发掘传统道德中的积极因素使之具有新的活力,另一方面从外部主要是从西方引进新的道德。但是不管是发掘中国既有传统道德,还是引进西方新的道德,都必须是出于中国民众之"自新"。他说:"新民云者,非新者一人,而新之者又一人也,则在吾民之各自新而已。"⑥在他看来,民众"自新"的主要内容就是"新民德",而要"新民德"就必须进行"道德革命"。他说:"道德革命之论,吾知必为举国之所

---

① 参见王南湜:《追寻哲学的精神:走向实践哲学之路》,北京师范大学出版社,2006年,第221页。

② 比如,他的"尚力"论内蕴着一条逻辑,即只要目的合理则手段就合理。这条逻辑很可能直接影响了后来革命派的革命活动,比如,他们经常实施的"暗杀"便被他们视为是正当而合理的革命手段。

③ 《饮冰室合集》(专集之四),中华书局,1989年,第1页。

④ 同上,第2页。

⑤ 同上,第5页。

⑥ 《饮冰室合集》(专集之四),中华书局,1989年,第3页。

诟病。顾吾特恨吾才之不逮耳！若夫与一世之流俗人挑战决斗，吾所不惧，吾所不辞。世有以热诚之心爱群、爱国、爱真理者乎？吾愿为之执鞭，以研究此问题也。"①他认定道德并非是永恒的，道德"有发达，有进步，一循天演之大例"。在他看来，中国的传统道德已不适合现代社会，"道德革命"是必要的。因此，他将批判的矛头指向了中国传统儒家倡导的三纲五常，驳斥儒家所主张的"让而无争""束身寡过"之类的道德是"弱者道德"，是旧道德，主张应该根据"竞争为进化之母"的原理，提倡敢于"竞争"的新道德。他说："夫列国并立，不竞争则无以自存。其所竞者非徒在国家也，而兼在个人；非徒在强力也，而尤在德智。分途并趋，人自为战，而进化遂沛然莫之能御。"②由主张"竞争"，他乃至提倡"尚武"精神。他说："立国者苟无尚武之国民，铁血之主义，则虽有文明，虽有智识，虽有众民，虽有广土，必无以自立于竞争剧烈之舞台。"③他论断"尚武"曾是中华民族的第一天性，拯救危如累卵的中国，迫切需要复兴这种精神。④

梁启超将道德区分为公德与私德，认为"人人独善其身者谓之私德，人人相善其群者谓之公德。二者皆人生所不可缺之具也"⑤。他认为中国传统伦理偏重于私德，忽视了个人对群体的伦理关系。他指出，中国由于长期深受专制主义之害，使得个人"知有一己而不知有国家之弊，深中于人心"，那些持"束身寡过"立场的人，根本不关心国事，"畏国事之为己累"；更甚者，一些"家奴走狗于一姓而自诩为忠者，为一己之爵禄也。势利所在，趋之若蚁，而

---

① 《饮冰室合集》(专集之四)，中华书局，1989年，第15页。

② 同上，第56页。

③ 同上，第108页。

④ 梁启超认为春秋战国时代本来具有"尚武"的武士道精神，并认为这是中华民族的"最初之天性"，可惜在秦统一中国之后，因其专制体制而中断。[参见《饮冰室合集》(专集之二十四)，中华书局，1989年，第17~23页]

⑤ 《饮冰室合集》(专集之四)，中华书局，1989年，第12页。

更自造一种道德以饰其丑而美其名也"①。他痛斥这种道德为"家奴道德"。他要进行"道德革命",提倡积极尽"报群报国之义务"的精神,树立具有国家思想、群体观念的新道德。于此,他重视群体,却又并不忽视个体,认识到"合群者,合多数之独而成群也"②,并认为群体是基于个体而构成的:"团体自由者,个人自由之积也。"③因此,他实则也有强调个体自由的思想,并没有一味地将群体与个体对立起来、以群体否定个体。他在《新民说·论自由》一文中集中强调了个体自由。他说:"自由者,天下之公理,人生之要具,无往而不适用者也。"④在他看来,自由不但是"天下之公理",而且还是人的本性和社会历史前进的原动力。他说:"自由云者,正使人自知其本性,而不受钳制于他人,今日非施此药,万不能愈此病。"⑤又说:"数百年来世界之大事,何一非以自由二字为原动力者耶?"⑥他所说的自由实则只是一种抽象的精神自由,即他所谓的"我之自由":"一身自由云者,我之自由也。"⑦他既然认为自由只不过是精神自由,那么他认为获得自由的方法"除心奴"便是他的一个合乎其逻辑的结论。他认为"辱莫大于心奴,而身奴斯为末矣"⑧,并列举了"心奴"⑨的种种类型,认为它们皆在扫除之列。要言之,他认为,"若有欲求真自由者乎,其必自除心中之奴隶始"⑩。在他看来,唯有各个个人自由、独立,才有群体的自由、独立,也惟其如此,新民乃至新的独立强盛之国家才有希望。是故,他

---

① 《饮冰室合集》(专集之四),中华书局,1989年,第22页。

② 《饮冰室合集》(文集之五),中华书局,1989年,第10页。

③ 《饮冰室合集》(专集之四),中华书局,1989年,第46页。

④⑤ 李华兴、吴嘉勋编:《梁启超选集》,上海人民出版社,1984年,第136页。

⑥ 《饮冰室合集》(专集之四),中华书局,1989年,第44页。

⑦ 同上,第46页。

⑧ 同上,第47页。

⑨ 同上,第47~50页。

⑩ 《饮冰室合集》(专集之四),中华书局,1989年,第47页。

说:"故欲求国之自尊,必先自国民人人自尊始。"①于是,个人之自由、自尊,在梁启超看来,皆成了新民这一群体成功塑造的前提条件。显然,他极度重视个体及其自由的主张和其重视"群"及其利益而否定个体及其利益的观点是相冲突的。

梁启超之所以主张"新民"即塑造出一新的"群",就在于他祈望在惨烈的"外竞"中,国人能够成为"适者"。他通过提倡"道德革命"来塑造"新民",而"新民"则意在希望这种新的国民能够具有强大的竞争力。因此,"新民"就逻辑地成了"合群"竞争的手段和方式,其目的依然与严复、康有为一致,旨在救亡图存与自强保种。他的"新民"只是一种新道德之国民,那么再联系他的"力"的"尚力"论,就会发现他的思想实则存在着矛盾:"尚力"贬抑道德,需要强大的物质力量作为支撑,而"新民"却又诉诸新道德,诉诸精神的力量,没有物质力量作为基础。退一步说,纵使通过新道德塑造起来了"新民",但"新"民不是通过物质力量,没有物质力量元素的参与,"新民"的竞争力能否得到保证呢? 只是新道德之"新民",在弱肉强食、强权就是公理的竞争世界中,是否依然只是注定要被侵凌和吞噬的弱者? 要知道,文明民族被武力强大的野蛮民族打败乃至消灭的历史现象不胜枚举。在强权盛行的国际关系中,道德终究只是软绵绵的东西,它不能保证民族、国家的生存权、发展权。因此,不是首先主张发展、强大物质力量,而是仅仅提倡"道德革命",注定了梁启超"新民"说的目标即救亡图存与自强保种要落空。这也意味着,他的"新民"说实则对于中国近代的强大并没有起到实质性的作用。

如果追究梁启超这种思想的根源,那么可以从两个方面来分析。其一,他单纯地将道德理想作为社会进化的主要法则。"新民"的特征就在于它具有道德理想。这种以道德理想作为社会进化的主要法则的思想认为,一切有

---

① 《饮冰室合集》(专集之四),中华书局,1989年,第70页。

害于群体未来利益的因素都不符合进化法则。他说:"此进化的运动,不可不牺牲个人以利社会。群即人不可不牺牲现在以利将来。故挟持现在之利己心,而谬托于进化论者,实进化论之罪人也。何以故? 现在之利己心,与进化之大法无相关故。"①这意味着,在他看来,道德理想不仅是群体的当下利益,而且是群体的未来利益。对个体而言,这看似是一种激进的集体主义,乃至激进的未来主义②,实则是在现实碰壁之后,由现实实践无奈地退却至思想领域的虚假激进。其二,也是更为根本的则在于改良派现实政治实践即维新变法运动的失败。鉴于戊戌政变血的教训,改良派不敢再进行现实的政治实践活动,他们转而诉求于思想领域的相对温和和保险的"革命"——实乃改良。因此,戊戌政变之后,梁启超提倡"新民"说,提倡"道德革命"等种种"革命",不是变得更加激进了,相反,恰恰是其保守的表现。——他的"革命"只不过是一串串响亮的"口号",并没有一丝真正革命的意味。可以说,他从来就不是一个真正的革命家,自始至终都只是一个鼓吹了不少"革命"口号的改良派。如果将他论断为"革命家",那就只是看到他的"革命"与此后革命派的"革命"在口号上的皮相相同而混淆了它们的实质区别。要言之,提倡"新民"说,倡导"道德革命"是梁启超由现实的变法实践活动向纯粹书生式的理论活动无奈退却的表现。

三、对社会主义价值两极界分的认知逻辑

和其师康有为一样,极力主张"合群"以"尚力"进化的梁启超,也具有理想世界的思想。不过,与康有为精心构建了一个"大同"世界不一样,他相对要现实一些。他没有去虚构理想世界,而是热衷于传播社会主义。然而他

① 《饮冰室合集》(文集之十二),中华书局,1989年,第79~80页。
② 参见汪晖:《现代中国思想的兴起》(下卷),生活·读书·新知三联书店,2004年,第980页。

只是在理想层面上对社会主义持肯定与赞誉的态度；在现实层面上，他依然坚持改良主义的立场。这就是他对社会主义价值的基本认知逻辑。

在理想层面上，梁启超热衷于传播社会主义，对社会主义持肯定乃至赞誉的态度。梁启超素以思想多变与善变而著称，但是对社会主义，他却没有明确地予以反对，始终认为它是一种值得肯定的平等理想。戊戌政变之后，他逃亡日本，这使他有机会接触到资本主义。他对西方资本主义社会有了进一步的认识，认为"自十九世纪产业革命以来，富殖之分配，愈失平衡。前此贵贱之阶级方除，而后此贫富之阶级旋起。举全社会之人，划然分为两等，其一曰资本家，居极少数而日以富；其一为劳力者，居大多数而日以贫"，并认识到西方资本主义社会"兼并盛行，富者益富，贫者益贫"①。基于这种认识，他认为社会主义"实世界之公理，将来必至之符"②。在他看来，社会主义是"公理"，是人类历史发展的必然结果，人类社会必将以社会主义为旨归。因此，他大胆预言："社会主义，其必将磅礴于二十世纪也明矣。"③在情感认知上，他认为社会主义是"最高尚纯洁之主义"④。他之所以肯定和赞誉社会主义，就在于他认为社会主义取代资本主义是"于不平等中求平等"⑤，是一种超越了资本主义的平等理想。因此，他说："社会主义，即以救私人之过富过贫为目的者也。"⑥又说："社会主义者，溺平等博爱之理论而用之过其度者也。"⑦1903 年，梁启超出游美洲，目睹了资本主义社会的种种不平等现象，尤其对资本主义社会的财富极度不均现象深感震惊，切实体会到了社会主义是历史发展的必然趋势。他说："杜诗云：'朱门酒肉臭，路有冻死骨。荣枯咫尺异，惆怅难再述。'吾于纽约亲见之矣。据社会主义家所统计，美国全国之

---

① ③ ⑤ 《饮冰室合集》（专集之二），中华书局，1989 年，第 87 页。

② 梁启超：《梁启超全集》，北京出版社，1999 年，第 1336 页。

④ 同上，第 1626 页。

⑥ 同上，第 574 页。

⑦ 《饮冰室合集》（文集之七），中华书局，1989 年，第 23 页。

"尚力""尚武""强力"合理化，另一方面又为作为未来理想的"大同""世界主义""道德"乌托邦留下一定的空间。当有人对他奉行"尚力"的国家主义提出质疑，责问"子非祖述春秋无义战、墨子非攻之学者乎？今之言何其不类也"时，他回答道："有世界主义，有国家主义。无义战非攻者，世界主义也；尚武敌忾者，国家主义也。世界主义属于理想，国家主义属于事实；世界主义属于将来，国家主义属于现在。今中国岌岌不可终日，非我辈谈将来道理想之时矣。"①可以发现，梁启超的思想是极为驳杂的。在强调进化的主体是"群"时，他大谈要以未来为重；而在对待"大同""世界主义"以及社会主义上，他却强调现在，避谈将来。那么，"大同""世界主义"、社会主义这些在梁启超看来属于未来理想的东西是否属于"群"的未来利益呢？回答是肯定的。那么"群"或社会就应该去追求这些东西，而不是简单地将之推至未来便了事了。也许，梁启超认为这些东西只是"群"的未来利益中极为遥远的部分，暂且不用去管。

值得提及的是，梁启超的社会主义往往被定性为基尔特社会主义，但是事实上并非如此。"基尔特"是英文词语 guild（行会）的音译，其意思是欧洲中世纪的行会组织，其成员主要是手工业者。因此这种源自英国的基尔特社会主义也叫行会社会主义。它的基本主张是：将工会改成"基尔特"，吸收所有体力、脑力劳动者参加；在"基尔特"中，工人自己选举监工和经理，实行生产自治、产业民主；生产资料归集体所有；成立全国性的"基尔特"，管理全国生产；国家只不过是消费的代表，只起到负责产品分配和保证全民消费的作用。②尽管梁启超也曾介绍过基尔特社会主义，但是他从来没有明确主张在中国实行基尔特社会主义。从前述可知，梁启超所理解的社会主义只是对资本主义进行改良的改良主义社会主义，因此他的社会主义并非什么基尔特

---

① 《饮冰室合集》（专集之二），中华书局，1989 年，第 38 页。

② 参见皮明庥：《近代中国社会主义思潮觅踪》，吉林文史出版社，1991 年，第 293~294 页。

社会主义。应该提及的是,尽管梁启超的社会主义只是一种资本主义的改良主义,不是科学社会主义,但是他对社会主义的传播与肯定,或多或少都有助于此后马克思主义在中国的传播与兴起。也正是从梁启超开始,主张进化论的中国先进人物大都相信一种或几种社会主义,这一点足以堪称是他对中国近现代思想史的一大贡献。

总而言之,尽管梁启超一生观点多变,但是他对进化论的推崇与肯定却始终没有改变过。从根本上而言,这是由中国落后于西方、饱受西方欺压的现实情势所决定的,换言之,现实中国的处境迫使他不得不信奉进化论。因此,和严复及其师康有为一样,他主张"群力"进化论的理论旨归,也意在促使中国进步,救亡图强,期盼中国能够早日与西方列强比肩而立。可以肯定,他在中国近代思想史上是一位非常重要的思想家。因此,如果认为梁启超没有多少独创性的深刻思想,那么这显然就是低估了他的思想价值。他是理论上的多面手,他的思想对五四新文化运动乃至此后的新民主主义革命运动都具有深远影响。比如,毛泽东在五四前和转变为马克思主义者之后都深受梁启超的影响。不过,应该辨明的是,尽管他是一位忙于和乐于鼓吹"革命"的启蒙思想家,但是他并不是真正的"革命家"或革命派。恰恰相反,他倒是以反对革命而闻名。这正如李大钊所说:"时贤如梁任公先生者,固以反对革命闻于时者也。居恒持论,畅阐革命不能产出良政治之理。"[1]他的革命倾向别说能够与真正的革命派相提并论,纵使与其同为改良派的好友谭嗣同相比,也大为逊色。

---

① 《李大钊全集》(第2卷),人民出版社,2006年,第178页。

第四节　谭嗣同"心力"进化论

郭湛波先生说："中国近五十年思想第一阶段之代表人物,除康有为外,其思想足以自立,而影响最大者就是谭嗣同。"[①]诚如郭先生所言,谭嗣同的确是中国近代思想史上一位非常重要的人物。因此,对进化论在中国的研究,不可忽视谭嗣同的进化论。他的进化论以"心力"为主脑,认为"心力"是进化的动力。他的"心力"进化论在康有为"三世"进化史观的基础上,发展出了一种通向"大同"世界的"两三世"进化史观。在理论上,也正是由于倚重"心力",致使其思想富于革命色彩。他强烈主张要"冲决"君主专制制度的"网罗",其思想是改良派思想向革命派思想过渡的桥梁。因此,就进化论从渐进性进化论演进到激进性进化论而言,应该特别注意考察谭嗣同"心力"进化论的革命意蕴。

一、以"心力"为进化动力

众所周知,谭嗣同哲学的核心概念是"仁"。在他看来,"仁"之实现,则依赖于两个东西,即"以太"和"心力"。在《仁学界说》中,他认为"仁学"的第一要义便是："仁以通为第一义。以太也,电也,心力也,皆指出所以通之具。"[②]

---

① 郭湛波:《近五十年中国思想史》,山东人民出版社,1997 年,第 20 页。他所说的"中国近五十年思想第一阶段"是指从甲午战争到辛亥革命即从 1894 年到 1911 年,并认为这一阶段是中国传统思想的"最后一段"。(参见郭湛波:《近五十年中国思想史》,山东人民出版社,1997 年,第 77 页)

② 《谭嗣同全集》(下册),中华书局,1981 年,第 291 页。

"以太"基本上是一个物质性的东西，而"心力"则是一个精神性的东西。在谭嗣同看来，具有进化动力性质的主要是"心力"而非"以太"，而且"以太"只不过是"心力"的假借工具。是故，他说："以太也，电也，粗浅之具也，借其名以质心力。"①由此可见，在谭嗣同那里，从根本上而言，"仁"之"实现"主要依赖于"心力"。

谭嗣同非常看重"心力"，"心力"被他视为进化的动力。他说："人为至灵，岂有人所做不到之事？何况其为圣人？因念人所以灵者，以心也。人力或做不到，心当无有做不到者。……自此猛悟，所学皆虚，了无实际，惟一心是实。心之力量虽天地不能比拟，虽天地之大可以由心成之、毁之、改造之，无不如意。"②在他看来，"心力"几乎具有神力，可以改变世间的一切。故而，他认为"夫心力最大者，无不可为"③。他极为信赖"心力"的作用。在他看来，似乎只要人人发挥好各自固有的"心力"，人类社会就可以大踏步地进化、发展。他说："天下皆善其心力也，治化之盛当至何等地步？"④他将"心力"视为人类社会进化的动力，这与其认为"仁"之"实现"主要依赖于"心力"的观点是一致的。也正是在这个意义上，他的进化论可以称为"心力"进化论。

既然谭嗣同哲学的核心概念是"仁"，那么首先得辨明"仁"与"心力"以及"心力"与"以太"的关系。惟其如此，才能准确地理解，在谭嗣同那里，"心力"何以是人类社会乃至宇宙万物进化的动力。

"仁"是谭嗣同哲学的核心概念，他的这种思想之得来与康有为关于"仁"的思想有着直接的关系。梁启超认为康有为的核心概念也是"仁"："先生之哲学，博爱派之哲学也。先生之论理，以'仁'字为惟一之宗旨。以为世界

---

① 《谭嗣同全集》(下册)，中华书局，1981年，第291页。
② 同上，第460页。
③ 同上，第357页。
④ 同上，第365页。

之所以立,众生之所以生,国家之所以存,礼仪之所以起,无一不本于仁。"①
谭嗣同《仁学》重"心力"的思想也与康有为《大同书》重"力"的思想不无关系。在《大同书》中,传统的"仁"被发展成为一种新的激进的普遍论的思想,康有为对之赋予了强烈的力本论的成分。②与康有为的"仁"相较,谭嗣同的"仁"显得更加激进。那么,他所谓的"仁"究竟是什么呢?李泽厚先生认为,谭嗣同的"仁"是他在观察、探究自然和社会各种现象之后,提升和抽象出来的宇宙总规律。③李先生认为,谭嗣同将中国古代哲学中"仁"这个属于伦理学的范畴,"提升和变成了自然的实体和规律,反映着资产阶级总要把人间的规范说成是自然规律,把当时资产阶级的经济(商品生产和流通)、政治(民权、平等)要求,说成是永恒的客观准则。改良派变法维新的经济政治思想到谭嗣同这里算是达到了最高的哲学升华。梁启超的《变法通议》强调了一个'变'字,康有为的公羊三世说,突出了进化发展,然而只有在谭嗣同这里,所有这一切才被抽象概括为'仁——通'的宇宙规律。从而在哲学上,谭嗣同比康有为也就具有了更高的代表性"④。李先生的论断应该是准确的。在谭嗣同看来,"仁"的基本内容就是"通",所谓"仁以通为第一义"。他一再强调"仁"在于"通"。比如,《仁学界说》的第二十四条便是:"平等者,致一之谓也。一则通矣,通则仁矣。"⑤又如:"是故仁不仁之辩,于其通与塞;……苟仁,自无不通。亦惟通,而仁之量乃可完。"⑥再如:"故莫仁于通,莫不仁于不通。"⑦那么,在谭嗣同那里,"通"究竟是什么意思呢?《仁学界说》第七条说:"通之象为平

---

① 《饮冰室合集》(文集之六),中华书局,1989 年,第 71 页。
② 参见[美]张灏:《梁启超与中国思想的过渡(1890—1907)》,崔志海、葛夫平译,江苏人民出本社,1997 年,第 38~41 页。
③ 参见李泽厚:《中国近代思想史论》,人民出版社,1979 年,第 203 页。
④ 李泽厚:《中国近代思想史论》,人民出版社,1979 年,第 196 页。
⑤ 《谭嗣同全集》(下册),中华书局,1981 年,第 293 页。
⑥ 同上,第 296 页。
⑦ 同上,第 328 页。

等。"①他通过多方面的例子来论证宇宙万物是息息相通、众生平等的。他说："然而全球者,一身一家之积也。近身者家,家非远也;近家者邻,邻非远也;近此邻者彼邻,彼邻又非远也;我以为远,在邻视之,乃其邻也;此邻以为远,在彼邻视之,亦其邻也;衔接为邻,邻邻不断,推之以至无垠,周则复始,斯全球之势成矣。且下掘地球而通之,华之邻即美也,非有隔也。更广运精神而通之,地球之邻,可尽虚空界也,非有隔也。"②由此可见,他这种强调万物平等、众界相通的思想,能够逻辑地得出世界大同的结论。因此可以说,他的"仁——通"学说是与其"大同"思想具有内在逻辑联系的。要言之,谭嗣同强调宇宙万物"相通","相互吸引不散去","相维系不散去",认为"异域如一身","牵一发而动全身"。这显然是受到了华严宗的"法界缘起""诸法融通""理事无碍""事事无碍"等思想的影响。不过,他认为万物既不是毫无差别的简单同一,也不是互相隔绝的分散众多,而是同一中有众多,众多中有同一,所谓"殊则不复同,而不害其为同";"百则不复一,而不害其为一"。③

谭嗣同这种认为万物相通、统一的思想说明他初步认识到了事物是相互联系、影响、制约的,对事物是普遍联系的规律有了初步把握。通过佛学思想而领悟到的这种规律性,他将之总称为"仁"。在谭嗣同看来,"通"是"仁"的主要内容,即他所谓的"第一义"。此外,"仁"还内蕴着一种"日新"之"力"。他认为"仁"包含着一种驱动和生成的力量。他说:"反乎逝而观,则名之曰'日新',孔曰:'革去故,鼎取新。'又曰:'日新之谓盛德。'夫善至于日新而止矣,夫恶亦至于不日新而止矣。天不新,何以生? 地不新,何以运行? 日月不新,何以光明? 四时不新,何以寒燠发敛之迭更? 草木不新,丰缛者歇矣;血气

---

① 《谭嗣同全集》(下册),中华书局,1981年,第291页。
② 同上,第296页。
③ 同上,第372页。

不新,经络者绝矣;以太不新,三界万法皆灭矣。"①正是由于"仁"内蕴的这种"日新"之"力",整个宇宙万物便处于普遍的、不断地生成、生长、成熟和变化的过程之中。由"仁"的这两个方面含义可以推知,谭嗣同不但认为宇宙万物是息息相通、普遍联系的,而且是普遍变化、时时更新的。

"以太"在谭嗣同的哲学中基本上是一个物质性的概念。他说:"遍法界、虚空界、众生界,有至大、至精微,无所不胶粘、不贯洽、不筦络、而充满之一物焉,目不得而色,耳不得而声,口鼻不得而臭味,无以名之,名之曰'以太'。其显于用也,孔谓之'仁',谓之'元',谓之'性';墨谓之'兼爱';佛谓之'性海',谓之'慈悲';耶谓之'灵魂',谓之'爱人如己'、'视敌如友';格致家谓之'爱力'、'吸力';咸是物也。法界由是生,虚空由是立,众生由是出。……其间之声、光、热、电、风、雨、云、露、霜、雪之所以然,曰惟以太。更小之于一叶,至于目所不能辨之一尘,其中莫不有山河动植,如吾所履之地,为一小地球;至于一滴水,其中莫不有微生物千万而未已;更小之又小以至于无,其中莫不有微生物,浮寄于空气之中,曰惟以太。"②他将"以太"附会成孔子的"仁"、墨子的"兼爱"等主观精神性的东西,可以撇开不论,因为在他看来,"以太"虽然是一种看不见摸不着的东西,但是它又实实在在地遍布宇宙万物之中,那么这样的东西就只能是物质,而非具体物体,更非精神性的东西。这正如李泽厚先生所言:"不能把'以太'和'仁'完全等同,不能认为谭氏的'以太'是一个纯粹精神性的概念,'以太'具有十分矛盾、复杂的内容和性质,尽管谭氏本人对它作了某些明显的唯心主义的规定,带有相当浓厚的精神性的色彩,但是,'以太'的主要特征却仍然是:它是中国近代哲学史上一个物质性或接近物质性的概念。"③

---

① 《谭嗣同全集》(下册),中华书局,1981年,第318页。

② 同上,第293~294页。

③ 李泽厚:《中国近代思想史论》,人民出版社,1979年,第203页。

　　"以太"与"仁"的关系，在谭嗣同看来，是一种体用的关系。他说："夫仁、以太之用，而天地万物由之以生，由之以通。"而且他认为："学者第一当认明以太之体与用，始可与言仁。"①也正因为"以太"是"仁"之用的体，它才堪称"仁"的"出所以通之具"。由此可见，在谭嗣同那里，"以太"和"仁"是体用的关系，二者还是有区别的。因此，不能不加辨析地认为"以太"等于"仁"，"以太"就是"仁"。要言之，"以太"是"仁"的"体"，"仁"是"以太"的"用"。"以太"是"仁"的物质根据和基础，是"仁"的"出所以通之具"，"仁"的实现必须借助"以太"的存在才有可能。此外应该提及的是，中国近代先进人物凭借当时所掌握的极为有限的自然科学知识，皆认为物质是"以太"。谭嗣同的"以太"概念正是他对自然科学关于物质的知识的附会。

　　和"以太"一样，"心力"也是"仁"的"出所以通之具"。但是与"以太"不一样的是，"心力"在谭嗣同哲学中主要是一个精神性的概念，实则也就是一种善的欲念。是故，他说："盖心力之实体，莫大于慈悲。"②当谭嗣同肯定"以太"是"仁"的"出所以通之具"，他的思想便是唯物主义的；而当他以"心力"来吞噬"以太"，认为"以太"只不过是"心力""借其名"的"粗浅之具"之时，他的思想便是唯心主义的。他不仅认同佛家所说的"三界惟心"和"一切惟心所造"，而且认为"以太者，亦唯识之相分，谓无以太可也"③。这就是说，"心"或"心力"不需要依赖客观的物质便能创造和改变一切。于是在他看来，客观世界不过是主观意识的显现或外化，所谓"仁为天地万物之源，故唯心，故唯识"④。至此，"仁"这一宇宙的普遍规律也就完全被看成了人的"心"或意识的结果。

　　不过，必须注意的是，在谭嗣同那里，"心"或"心力"既是主观唯心主义

---

① 《谭嗣同全集》（下册），中华书局，1981 年，第 297 页。
② 同上，第 357 页。
③ 同上，第 331 页。
④ 同上，第 292 页。

的又是客观唯心主义的。所以他既说"天地乎,万物乎,夫孰知其在内而不在外乎",又认为"心"或"心力""在外而不在内"。①而他此说的真实逻辑则是:天心(仁)不过只是人心的外推。也就是说,在他那里,实则是将人心当作天心,将主观的特殊人心扩展至宇宙万物,客观化为普遍天心。这正如他所言:"理者何? 即天也。然而至诚所感,可使饮羽。是理为心所致,亦即天为心所致也。"②于是在谭嗣同那里,天心(仁)就是人心,人心也即天心(仁)。如此一来,在谭嗣同那里,"心"或"心力"不仅成了"仁"的根本内容,而且成了宇宙本体。因此,如果能够求得宇宙万物的"心力"相同,"仁"就能够得以实现。③于是,上文所说的"以太——仁"的体用关系也就为"心力——仁"的体用关系所取代了,或者说,正如"以太"只是"心力"的假借工具,"以太——仁"的体用关系也只不过是"心力——仁"的体用关系的假借工具。这意味着,在谭嗣同看来,"仁"之实现,主要凭借于"心力",而非"以太"。因为"以太"尽管也充当着实现"仁"的工具,但它首先是"心力"的工具,那么起主体性或主导作用的便是"心力"而非"以太"。

"以太"与"心力"的关系,在谭嗣同看来,"以太"只不过是"心力"的假借工具。这就是所谓:"以太也,电也,粗浅之具也,借其名以质心力。"④而"电"只是"以太"的一种比拟。而且在谭嗣同那里,"电"也是"心力"的一种比拟。这就是他思想驳杂的表现,他往往将唯心主义的东西与唯物主义的东西不加辨析地混淆而用。如上所述,在谭嗣同看来,"仁"之实现主要凭借于"心力"而非"以太"。"仁"是谭嗣同哲学的主要概念和术语,这毋庸置疑。但"以太"却不是。因为"以太"既然在谭嗣同看来只是"心力"之假借工具,那么在

---

①　《谭嗣同全集》(下册),中华书局,1981年,第330页。

②　同上,第460页。

③　参见李泽厚:《中国近代思想史论》,人民出版社,1979年,第222页。

④　《谭嗣同全集》(下册),中华书局,1981年,第291页。

他哲学中起主要作用的，除了"仁"之外，便要数"心力"而非"以太"。因此，"仁"和"心力"才是谭嗣同哲学的两个主要概念和术语，而不是如李泽厚先生所言的那样，是"仁"和"以太"。换言之，在谭嗣同哲学中，"心力"与"以太"相较，"心力"为重。那么由此可见，李泽厚先生将谭嗣同哲学在整体上判定为唯物主义哲学[①]，实则并不准确；恰恰相反，他的哲学基本上是一个唯心主义体系。

　　谭嗣同以"心力"代"以太"主要由于两个方面的因素。一方面，在认识论上，他只肯定绝对真理而否定相对真理，并将绝对真理神秘化。他不了解正确认识的全过程，不了解认识对于实践的依赖关系，不了解感性认识与理性认识的关系，不了解相对真理与绝对真理的关系。他虽然也很重视学习科学知识，重视经验科学，认为"夫学亦不一，当以格致为真际"[②]，但是又轻视感性认识，认为它们"不足恃"，主张所谓"不以眼见，不以耳闻，不以鼻嗅，不以舌尝，乃至不以心思，转业识而成智慧，然后'一多相容'、'三世一时'之真理乃日见乎前"[③]。他总是企图完成对绝对真理的认识，认为认识有一个终点。他说："识者，无始也，有终也。业识转为智慧，是识之终也。"[④]他将运动变化、生灭不息的物质世界看成假象而要求超脱之，要求超出这个可悲的"轮回"，试图寻找到一种不生不灭、永恒存在的真理和实体。他所谓的由"转业识"而得的"智慧"不是理性、逻辑，而是神秘的直觉，是一种顿悟。他认为惟有这种"智慧"才能认识永恒不变的形上实体。那么这种永恒不变的实体究竟是什么呢？就是他所谓的"心力"。一种从佛学那里寻来的心灵宝贝。

　　另一个方面，在现实上，相对于守旧派来说，维新派的实力还比较弱小。

---

① 参见李泽厚：《中国近代思想史论》，人民出版社，1979 年，第 202、228~229 页。
② 《谭嗣同全集》（下册），中华书局，1981 年，第 462 页。
③ 同上，第 318 页。
④ 同上，第 331 页。

这一因素是更为根本的。维新派既然不能通过自身实力真实地去实现理想，那么也就唯有通过精神力量去虚幻地憧憬。谭嗣同在这一点上表现得尤为显明。在他看来，"心力"神奇无比、威力无穷："念人所以灵者，以心，人力或做不到，心当无有做不到者。心之力量虽天地不能比拟，虽天地之大可以由心成之、毁之、改造之，无不如意。"①这就是说，当人的小"心力"与宇宙的大"心力"实现合一即是实现"天人合一"，也就是人我万物浑然一体，而这样也就是实现了"仁——通"的境界。谭嗣同找不到进行现实斗争的力量，便逃向了"灵魂"的空想。②比如，他说，"吾贵知，不贵行。知者，灵魂之事也；行者，体魄之事也"；又说，"轻灭体魄之事，使人人不困于伦常而已矣"。③

毫无疑问，谭嗣同这种"心力"进化论是一种极具唯意志论色调的进化论。自近代以来，从龚自珍开始，中国先进人物都或多或少相信、崇尚"心力"。这是现实中国落后于西方列强，中国先进人物希望尽快迎头赶上的心境的折射。因此，它具有一定的历史合理性，不能将之视为纯粹的唯意志论而一棍子打死。更何况，在合理的限度内，重视"心力"，对激发国人的奋进有为精神不无裨益。当然，极度崇尚"心力"，就会走向积极立场的反面。谭嗣同最终走向佛学的怀抱，就思想层面而言，就是崇尚"心力"过头的结果。当然，更为根本的原因则在于，在现实中，他无力真正改变现实。因此，他投入佛学的怀抱，并以佛学思想来激切地批判现实，而这只不过是一种无奈之下的非现实的虚假激进。

---

① 《谭嗣同全集》(下册)，中华书局，1981年，第365页。

② 参见李泽厚：《中国近代思想史论》，人民出版社，1979年，第219、221、222、226页。

③ 《谭嗣同全集》(下册)，中华书局，1981年，第369、368页。

二、"两三世"说的进化史观

关于社会历史的进化过程,谭嗣同在康有为"三世"进化史观的基础上发展出了一种"两三世"进化史观。这种进化史观的终极目标也是"大同"世界。尽管他激烈地抨击君主专制制度及其文化,但是对于孔子,他和康有为一样,依旧尊崇,也试图创立孔教,并且认为孔子是现代民主政治的开创者。

康有为的"三世"进化史观认为人类社会发展历程是由据乱世至升平世,最后发展到理想的太平世。谭嗣同关于社会历史发展过程的进化史观是一种"两三世"进化史观,显然受到了康有为"三世"进化史观的影响,但是与之不同的是:它将人类历史的发展过程分为截然相反的两个过程,即"逆三世"和"顺三世"。"内卦之逆三世"如是:初九为太平世,其时为洪荒太古;九二为升平世,其时为三皇五帝;九三为据乱世,其时为三代。"外卦之顺三世"如是:九四为据乱世,其时为自孔子之时至于今日(即谭之时——笔者注);九五为升平世,其时为大一统(全球群教、群国统一);上九为太平世,其时为遍地民主(教主、君主俱废)。他还将逆顺"两三世"共六世类比为一个人的"初生""童稚""婚冠""壮年""知天命""功夫纯熟"。[①]这尽管是没有什么依据的类比,但也说不上是什么糟糕的思想。逆顺两三世衔接起来便是:人类社会的最初是洪荒太古时代,此时是太平世。由此逐渐倒退,演变为"渐有教主君主"的据乱世,是时为三皇五帝和三代时期。此后便是长期的君主统治的据乱世。物极必反。据乱世是一个转折点,人类社会由此而逐步走向康庄大道,经全球大一统的升平世之后,人类最终步入"遍地民主"的"大同"世界。毫无疑问,这是一个毫无历史根据的空想。其中他将洪荒太古时代设想为人

---

① 《谭嗣同全集》(下册),中华书局,1981年,第370页。

类最初的太平世,这种历史观还是一种历史退化论。不过,谭嗣同具有丰富的辩证法思想,在历史观上,他能够将人类历史的进化历程描绘为一个由"逆"返"顺"的曲折演化的过程,这已经接触到了历史是螺旋式上升的辩证法思想。①值得一提的是,他的这种具有辩证思想的历史观很可能影响了后来梁启超提出的历史是螺旋式发展的历史观。因此,尽管这种"两三世"进化史观是一种空想,但它还是具有一定的积极价值的。

尽管他的"两三世"进化史观认为人类社会历史的发展首先有一个"逆"行的过程,但是它和康有为的"三世"进化史观一样,认为人类社会进化的最终境地也是"大同"世界。他说:"地球之治也,以有天下而无国也。庄曰:'闻在宥天下,不闻治天下'。治者,有国之义也;在宥者,无国之义也。□□□曰'在宥',盖'自由'之转音。旨哉言乎! 人人能自由,是必为无国之民。无国则畛域化,战争息,猜忌绝,权谋弃,彼我亡,平等出;且虽有天下,若无天下矣。君主废,则贵贱平;公理明,则贫富均。千里万里,一家一人。视其家,逆旅也;视其人,同胞也。父无所用其慈,子无所用其孝,兄弟忘其友恭,夫妇忘其倡随。若西书中百年一觉者,殆仿佛《礼运》大同之象焉。"②他认为人类社会进化的终极理想世界将是一个如美国小说家爱德华·贝拉米(Edward Bellamy)小说《回顾》(*Looking Backward*, 2000—1887)所描写的理想社会主义社会和《礼记·礼运》所描述的"大同"世界。

就思想来源而言,谭嗣同的这种逆顺"两世"进化史观主要是基于康有为"三世"进化史观并结合《周易》乾卦六爻而发展出来的。他认为,人类社会由"逆"返"顺"直至发展到"大同"世界的道理早已为《易经》所阐发,并合乎《春秋》三世之说。他说:"吾言地球之变,非吾之言;而《易》言之也。……于

---

① 参见冯契:《中国近代哲学的革命进程》,上海人民出版社,1989年,第119~120页。

② 《谭嗣同全集》(下册),中华书局,1981年,第367页。

《春秋》三世之说有合也。……至于'用九见群龙无首，吉'，天德不可为首也。又曰：天下治也。则一切众生，普遍成佛。不惟无教主，乃至无教；不惟无君主，乃至无民主；不惟浑一地球，乃至无地球；不惟统天，乃至无天；夫然后至矣尽矣，蔑以加矣。"①他认为《易经》已阐发了人类社会发展至"大同"世界的道理，这无疑只是一种没有根据的附会。而且更糟糕的是，他那芜杂的佛学思想，结果致使他认为人类社会发展到了"大同"社会就是"一切众生，普遍成佛"，而且最终"乃至无地球""乃至无天"。这就等于说人类进化的最终境地是万物毁灭。这无疑是典型的佛学式的胡言乱语。

值得注意的是，谭嗣同的"两三世"进化史观内蕴着一大思想，即和康有为一样，他也非常敬奉孔子，将孔子作为"顺三世"的开创者。这实则是将孔子视为人类新的文明的开创者。他说："孔之不幸，又不宁惟是。孔虽当据乱之世，而黜古学，改今制，托词寄义于升平、太平，未尝不三致意焉。……况其学数传而绝，乃并至粗极贱者，亦为荀学搀杂，而变本加厉，胥失其真乎。……荀乃乘间冒孔之名，以败孔之道。曰：'法后王，尊君统。'以倾孔学也。……故常以为二千年来之政，秦政也，皆大盗也；二千年来之学，荀学也，皆乡愿也。惟大盗利用乡愿；惟乡愿工媚大盗。二者交相资，而罔不托之于孔。被托者之大盗乡愿，而则所托之孔，又乌能知孔哉？"②紧接着又说："方孔之初立教也，黜古学，改今制，废君统，倡民主，变不平等为平等，亦汲汲然动矣。岂谓为荀学者，乃尽亡其精意，而泥其粗迹，反授君主以莫大无限之权，使得挟持一孔教以制天下。……彼为荀学而授君主以权，而愚黔首于死，虽万被戮，岂能赎其卖孔之罪哉？孔为所卖，在天之灵，宜如何太息痛恨；凡为孔徒者，又宜如何太息痛恨，而憖不一扫荡廓清之耶？……故耶教之亡，教皇亡之也；其复之

---

① 《谭嗣同全集》（下册），中华书局，1981 年，第 370 页。
② 同上，第 335~337 页。

也,路德之力也。孔教之亡,君主及言君统之伪学亡之也;复之者尚无其人也,吾甚祝孔教之有路德也。"①他不但将孔子看成现代民主政治的开创者,而且认为是荀子毁灭了孔子的民主思想。这显然皆不符合历史事实,只不过是出于他"尊孔"的臆断。郭湛波先生说得好:"他仍是从中国社会出胎,所以他仍要挂出孔子的招牌,穿上旧时的衣冠,来尊孔,来立教。……以复孔教为志,以孔教之路德自命:可见谭氏思想之所归,仍是宗法封建社会思想之所映。"②

谭嗣同的"大同"世界和康有为的"大同"世界一样,也是一个"仁"得以实现的世界,而在谭嗣同看来,"大同"世界也就是一个万物息息相通、众生平等的世界。简言之,在谭嗣同看来,"大同"世界就是一个"仁——通"的世界。而如前所述,他又认为"仁"的实现主要依赖于"心力"。那么,可以逻辑地推论,在谭嗣同那里,"大同"世界的得以实现也主要有赖于"心力"。因此,他的"两三世"进化史观与其"心力"进化论的关系在于:前者是由后者逻辑地推演出来的,在一定程度上,可以说后者是前者的理论基础。由此足见"心力"在谭嗣同哲学体系中的至关重要性。在理论上,也正是由于过于倚重"心力"这一点,致使他的思想富有革命色彩。

三、倾向革命的理论特质

谭嗣同这种过于倚重"心力"作用的进化论,势必使他的思想具有浓厚的唯意志论色彩:所谓"夫心力最大者,无不可为"③;所谓"以心度一切苦恼

---

① 《潭嗣同合集》(下册),中华书局,1981年,第337~338页。

② 郭湛波:《近五十年中国思想史》,山东人民出版社,1997年,第32~33页。

③ 《谭嗣同全集》(下册),中华书局,1981年,第357页。

众生,以心力挽劫者"①;"劫运既由心造,自可以心解之"②。然而在近代中国这种内外交困、岌岌可危的特定历史境况中,在一定限度内,唯意志论却是具有历史进步意义的富于革命色调的思想。谭嗣同"心力"进化论乃至其整个思想与严复、康有为、梁启超三人的思想最为显著的不同就在于,他的思想富于革命色彩,倾向革命,要"冲决"层层束缚人的君主专制的"网罗"。这就是他在《仁学·自叙》中的"宣言":"窃揣历劫之下,度尽诸苦厄,或更语以今日此土之愚之弱之贫之一切苦,将笑为诳语而不复信,则何可不千一述之,为流涕哀号,强聒不舍,以速其冲决网罗,留作券剂耶?网罗重重,与虚空而无极。初当冲决利禄之网罗,次冲决俗学若考据、若词章之网罗,次冲决全球群学之网罗,次冲决君主之网罗,次冲决伦常之网罗,次冲决天之网罗,次冲决全球群教之网罗,终将冲决佛法之网罗。然真能冲决,亦自无网罗;真无网罗,乃可言冲决。故冲决网罗者,即是未尝冲决网罗。"③

谭嗣同很清楚,说要"冲决网罗",实则是还没有"冲决网罗"。而且他认识到,君主专制制度是一切"网罗"的核心。因此,君主专制制度就成了他首当其冲要"冲决"的"网罗"。他激烈地抨击君主专制制度。"由是二千年来君臣一伦,尤为黑暗否塞,无复人理,沿及今兹,方愈剧矣。夫彼君主犹是耳目手足,非有两头四目,而智力出于人人也,亦果何所恃以虐四万万之众哉?则赖乎早有三纲五伦字样,能制人之身者,兼能制人之心,……"④在民主主义与专制主义之间,他毫不犹豫地肯定民主主义而批判专制主义。他说:"法人之改民主也,其言曰:'誓杀尽天下君主,使流血满地球,以泄万民之恨。'朝鲜人亦有言曰:'地球上不论何国,但读宋、明腐儒之书,而自命为礼义之邦

---

① 《谭嗣同全集》(下册),中华书局,1981 年,第 357 页。
② 同上,第 460 页。
③ 同上,第 290 页。
④ 同上,第 337 页。

者,即是人间地狱。'夫法人之学问,冠绝地球,故能唱民主之义,未为奇也。朝鲜乃地球上最愚暗之国,而亦为是言,岂非君主之祸,至于无可复加,非生人所能任受耶?"①

由笼统地批判君主专制,他进而走向了具体的反清革命即"排满"。他说:"天下为君主囊橐中之私产,不始今日,固数千年以来矣。然而有如辽、金、元之罪浮于前此之君主者乎?……一旦逞其凶残淫杀之威,以攫取中原之子女玉帛,砺獍象之巨齿,效盗跖之奸人,马足蹴中原,中原墟矣,锋刃拟华人,华人靡矣,乃犹以为未餍。……锢其耳目,桎其手足,压制其心思,绝其利源,窘其生计,塞蔽其智术;繁拜跪之仪以挫其气节,而士大夫之才窘矣;立著书之禁以缄其口说,而文字之祸烈矣;……夫古之暴君,以天下为其私产止矣,彼起于游牧部落,直以中国为其牧场耳,苟见水草肥美,将尽驱其禽畜,横来吞噬。……虽然,成吉思之乱也,西国犹能言之;忽必烈之虐也,郑所南《心史》纪之;有茹痛数百年不敢言不敢纪者,不愈益悲乎!《明季稗史》中之《扬州十日记》《嘉定屠城纪略》,不过略举一二事,当时既纵焚掠之军,又严薙发之令,所至屠杀虏掠,莫不如是。……台湾者,东海之孤岛,于中原非有害也。郑氏据之,亦足存前明之空号,乃无故贪其土地,攘为己有。攘为己有,犹之可也,乃既竭其二百余年之民力,一旦苟以自救,则举而赠之于人。其视华人之身家,曾弄具之不若。……吾愿华人,勿复梦梦谬引以为同类也。……华人不自为之,其祸可胜言哉?"②从谭嗣同的这些言论,无论如何也是得不出康有为那种"满汉不分""君民同治"的改良主义理论纲领的,与"循序渐进""不能躐等"的改良主义政策主张也是格格不入的。③他的这些言论倒是与后来革命派的革命"排满"主张相通。从这种理论逻辑出发,他自然而然地

---

① 《谭嗣同全集》(下册),中华书局,1981 年,第 342~343 页。

② 同上,第 341~342 页。

③ 参见李泽厚:《中国近代思想史论》,人民出版社,1979 年,第 242 页。

得出了反清革命的结论："汤、武革命,顺乎天而应乎人"①;"彼君之不善,人人得而戮之,初无所谓叛逆也"②;"志士仁人求为陈涉、杨玄感,以供圣人之驱除,死无憾焉。若其机无可乘,则莫若为任侠,亦足以伸民气,倡勇敢之风,是亦拨乱之具也"③。虽然他还是希望出"圣人"来拯救国人,但是其主张通过革命的方式推翻清王朝的君主专制制度的思想无疑是很显明的。

在批判君主专制的同时,谭嗣同阐发了他所理解的资产阶级民主政治原则。他认为"政不一,兴民权乃为实际"④。这是认为"兴民权"乃资产阶级民主政治的核心和原则。他说:"生民之初,本无所谓君臣,则皆民也。民不能相治,亦不暇治,于是共举一民为君。夫曰共举之,则非君择民,而民择君也。夫曰共举之,则其分际又非甚远于民,而不下侪于民也。夫曰共举之,则因有民而后有君;君末也,民本也。天下无有因末而累及本者,亦岂可因君而累及民哉?夫曰共举之,则且必可共废之。君也者,为民办事者也;臣也者,助办民事者也。赋税之取于民,所以为办民事之资也。如此而事犹不办,事不办而易其人,亦天下之通义也。观夫乡社赛会,必择举一长,使治会事,用人理财之权咸隶焉。长不足以长则易之,虽愚夫愿农,犹知其然矣;何独于君而不然? "⑤在中国传统文化中,很早就有"民本君末"的思想,譬如孟子就明确提出了"民贵君轻"的观点。谭嗣同的"民本君末"之论直接接续明末清初黄宗羲尤其是王夫之的民本思想以及初步的民主思想。值得注意的是,他与严复、康有为、梁启超等改良派不一样,在政治制度上,他没有必须由君主立宪方能过渡到民主共和的改良主义思想,他急切盼望的是比较彻底的资产阶级民主

---

① 《谭嗣同全集》(下册),中华书局,1981 年,第 343 页。
② 同上,第 334 页。
③ 同上,第 370、344 页。
④ 同上,第 354 页。
⑤ 同上,第 339 页。

共和国的理想。而这正是他作为通向革命派的改良派左翼的特质之所在。①

　　谭嗣同对君主专制制度的批判达到了"惊人的思想高度"②。他从经济、政治、军事、文化等各个方面论证了君主专制制度给人民所造成的深重罪孽，指出"二千年来之政，秦政也，皆大盗也"③。他的社会政治批判有它独特的时代和阶级的光辉，它是广大人民群众对专制主义长期压迫深恶痛绝的心境与情绪的深刻反映，同时也预示着反抗这个制度的革命暴风雨的即将来临。可以看出，谭嗣同的这种极富革命色彩的思想，已经预告了改良主义即将让位于革命民主主义。不过，他还不可能对君主专制制度的阶级本质及其支撑这一制度的地主阶级土地所有制的经济基础的本质有所认识，他和其他资产阶级启蒙家们一样，总是将历史和人类社会的苦难归因于某种"不幸"和"错误"。④比如，谭嗣同便认为这是人类理性遭到"荀学"和"大盗"蒙骗、愚弄的结果。因此，在他们看来，改善人类社会的希望，也就在于恢复理性。比如，谭嗣同就将之寄希望于孔教的恢复。毫无疑问，这都是不正确的唯心史观。当然，谭嗣同对君主专制制度的批判本身是值得肯定的，因为它符合时代的要求、契合人民的愿望。而且他已经能够认识到传统伦理道德是为君主专制制度这一上层建筑的核心服务的，这一思想"已闪烁""接近历史唯物主义的个别观点的亮光"⑤。

　　就理论旨归而言，谭嗣同这种具有浓厚唯意志论的"心力"进化论，依然主要旨在救亡图存、自强保种。但是与严复、康有为、梁启超的思想相较，他的思想具有强烈的革命色彩。郭湛波先生认为，"谭氏虽与康有为梁启超游，而其思想与康梁不同，康梁之主要观点在立教改制，并倡'大同'之说，但是

① 参见李泽厚：《中国近代思想史论》，人民出版社，1979年，第238页。
② 同上，第236页。
③ 《谭嗣同全集》（下册），中华书局，1981年，第337页。
④ 参见李泽厚：《中国近代思想史论》，人民出版社，1979年，第239页。
⑤ 李泽厚：《中国近代思想史论》，人民出版社，1979年，第239页。

理想的'乌托邦',而实则发挥了孔子之精神、崇拜孔子之学说,不过时代不同,不得不改换孔子之面目,仍是中国农业社会思想之反映,而谭氏则不同,另创新的思想系统,是中国初期资本社会的思想家,是资本社会思想的反映,是中国思想史上一大革命"①。的确如郭先生所言,他的思想具有显明的革命性,与康梁明显不同。这种激烈批判君主专制制度及其上层建筑的思想,是通向革命派的革命民主主义的桥梁。

谭嗣同"心力"进化论的逻辑直接开启了革命派进化论的逻辑,其重"心力"的思想为革命派所继承和张扬。他的"心力"进化论充溢革命色调,是维新派的渐进性进化论向革命派的激进性进化论转变的桥梁。如果说梁启超是在改良与革命之间摇摆以改良始又以改良终的话,那么谭嗣同在有生之年尽管没有脱离改良的樊篱,但是他的思想却是在一步步地趋向革命,几近革命。因此,他才是改良派通向革命的桥梁而非如有的学者所说的那样是梁启超。不过,应该予以指出的是,尽管谭嗣同的思想具有非常强烈的革命色彩,其思想是通向革命派思想的直接桥梁,但是他的理论并非革命理论,其实践活动也非革命实践。在相当大的程度上,可以说只是一种个人英雄主义及其行为。

随着中国近代时局的极速变化,革命迅速取代改良而成为中国近现代社会的时代主旋律。与之相应,改良主义的渐进性进化论也就迅速为革命民主主义的激进性进化论所取代了。这就是改良主义进化论的"宿命"。而它之所以被抛弃,就在于它的否定革命、坚持改良的渐进进化主张已经不能满足中国近代社会现实实践的需要,因为中国社会已经步入了"革命"时代,"改良"成了落伍的、不合时宜的老调子。

---

① 郭湛波:《近五十年中国思想史》,山东人民出版社,1997年,第21页。

第三章　进化论的演变

　　戊戌政变宣告了改良主义的失败，也就证明了改良主义进化论已不足以担当中国先进人物改造中国、实现救亡与图强理想的理论武器。随着中国近代历史情势的急速变化，革命取代改良成了中国近代政治实践方式的主旋律。与此相适应，进化论也由渐进性进化论演进到了激进性进化论。这其间进化论发生了一个突变，即进化论由主张渐进进化突变为主张激进进化，由主张改良突变为主张革命。通过论战，革命派的激进性进化论战胜了改良派的渐进性进化论，为国人逐步接受。辛亥革命推翻帝制的成功，在事实上进一步证明了激进性进化论这一理论武器的有效性，国人由此而对之倍加相信。然而革命派的激进性进化论及其革命实践却并没有改变中国遭受西方列强宰割的命运，于是中国先进人物开始反思"革命"，同时也信奉了稍后传来的互助论。而互助论在中国的兴起，可谓进化论的变调。

第一节　进化论的突变

对于进化论的突变,应该先考察革命民主主义进化论的兴起,其中主要是阐述其兴起之因。此外,还应该论述革命派改造以及运用进化论的目的。这个目的,简言之,即借"道"革命。

一、革命民主主义进化论何以兴起

特定历史时期的理论必定产生于特定的历史条件之下。革命民主主义进化论这一特定历史时期的理论,便是产生于戊戌变法失败之后中国近代社会的特定历史条件之下。革命民主主义进化论的兴起之因,也应该从历史情势、理论前提和主体条件三个方面来探讨。在具体的历史背景下,革命民主主义进化论兴起的历史情势、理论前提和主体条件无疑不同于改良主义进化论。

(一)革命民主主义进化论兴起的历史情势

革命民主主义进化论兴起的历史情势可以从内外两个方面来阐述:外在因素便是帝国主义加快对中国侵略的步伐,中国近代社会的殖民化程度进一步加深加重;内在因素则是改良派变法运动的失败,此后清王朝自上而下的改革也以失败而告终,而民族资产阶级的势力则在逐步增强,对革命的诉求日益高涨。在内外两个方面因素的共同作用下,改良主义不得不让位于革命民主主义。从此,革命取代改良成了中国近代以及现代先进人物改造中国的主要实践方式。

致使革命民主主义进化论兴起的主要外在因素是八国联军入侵,清王朝却屈服于帝国主义列强,于 1901 年签订了丧权辱国的《辛丑条约》。这一条约的签订标志着中国半殖民地半封建社会性质的确立。近代中国的民族危机由此进一步加深加重。经由庚子年的义和团运动到辛丑条约签订的社会激变,清王朝变成了一个处处听命于洋人的朝廷。从此,革命情势开始逐步高涨。中国先进人物开始由反帝而"排满",革命的矛头终于指向了清王朝。即使是坚守改良主义立场的梁启超也曾一度倾向于革命。他在 1902 年致康有为的书信中说:"至民主、扑满、保教等义……","势不得不攻满洲"。①面对外敌的大举入侵,腐朽的清政府除了割地赔款,毫无应对之策。清政府接二连三的腐败无能之举使越来越多的中国先进人物认识到,要想获得民族解放,实现富强民主的理想,就必须推翻清王朝,否则别无他策。这正如孙中山所说,他"比以往任何时候都更加坚信,没有任何东西能够阻挡这一场不可避免的革命"②。

致使革命民主主义进化论兴起的内在因素则要复杂得多。这主要表现在以下三个方面:其一,改良派变法运动的失败。改良派试图变君主专制的中国为君主立宪的中国的戊戌变法运动失败后,他们由此不是向前,而是向后倒退。他们由主张"君主立宪"走向了主张"开明专制"甚或复辟帝制,倒向了君主专制统治者的怀抱。梁启超于 1903 年写了《政治学大家伯伦知理学说》《开明专制论》等文章,主张"开明专制"。他说:"与其共和,不如君主立宪;与其君主立宪,又不如开明专制。"③甚至说:"呜呼,共和共和,……吾与汝长别矣!"④他的这一与"共和"之"长别",宣告改良派与其在此前的历史时

---

① 丁文江、赵丰田:《梁启超年谱长编》,上海人民出版社,1983 年,第 286 页。
② 《孙中山全集》(第 1 卷),中华书局,1981 年,第 552 页。
③ 《饮冰室合集》(文集之十七),中华书局,1989 年,第 52 页。
④ 《饮冰室合集》(文集之十三),中华书局,1989 年,第 86 页。

期中所具有的先进性质"长别"了。①在反动君主专制统治与人民革命二者之间,改良派甚至宁愿选择前者。对此,康有为以法国革命为例来作说明。他说:"夫以路易之仁柔,比之山岳党之凶残,孰得失焉? 以法国君主专制之淫威,比之民主罗伯卑尔专制之淫威,孰为得失焉? "②康有为倾向于认同前者。他在政治上主张君主立宪制而反对民主革命,与改良派主张保存地主土地占有制的经济路线完全吻合。康有为说:"立宪之君主者如神乎,故宪法曰君主神圣不可侵犯,尊之为神至矣。夫神者,在若有若无之间,而不可无者也。……他日大同文明既极, 或不尊天而废神, 今则未能也, 然则不能废君主犹是也。"③害怕人民群众,不依靠人民群众的力量,在内外反动势力非常凶残而强大的历史境况下,改良派的变法运动注定只能以失败与退让收场。

其二,清王朝自上而下的改革也以失败而告终。1905 年,在中国的土地上爆发了日俄战争,结果日本获胜,这给中国朝野以极大震动。小小岛国日本竟然战胜了煌煌大国俄国,国人乃至清政府由此也认识到,这是君主立宪制战胜君主专制,所谓"日俄之胜负,立宪专制之胜负也"④。于是清政府决定派载泽、端方等五大臣出洋考察。1906 年,派出去的五大臣先后回国。他们的首领载泽在《奏请宣布立宪密折》中说:"立宪之利有最重要者三端:一曰皇位永固。……一曰外患渐轻。……一曰内乱可弭。……"⑤他还说:"不知今日宣布立宪,不过明示宗旨为立宪之预备。至于实行之期,原可宽立年限。日本

---

① 参见李泽厚:《中国近代思想史论》,人民出版社,1979 年,第 85 页。

② 《康有为全集》(第 9 集),中国人民大学出版社,2007 年,第 186 页。

③ 同上,第 237 页。

④ 沈祖宪等:《容庵弟子记》(第 3 卷),文星书店,1962 年,第 18 页。转引自郑大华:《清末预备立宪动因新探》,《求索》,1987 年第 6 期。

⑤ 故宫博物院明清档案部编:《清末筹备立宪档案史料》(上册),中华书局,1979 年,第 174~175 页。

于明治十四年宣布宪政,二十二年始开国会,已然之效,可仿而行也。"①于是慈禧太后于 1906 年 9 月 1 日颁发了《宣示预备立宪谕》,进行"预备仿行立宪"。康有为对之大加赞美,说:"此一诏也,即将数千年来国为君有之私产,一旦尽舍而捐出,公于国之臣民共有也。此一诏也,即将数千年无限之君权,一旦尽舍之,……"②但是清王朝"预备立宪"的初衷却是为了抵制革命、巩固其统治,并非真正热心于"立宪","立宪"只不过是它借以巩固皇权的一个"幌子"。这一点,考察宪政大臣达寿在《奏考察日本宪政情形折》中说得很明确。他说:"宪法者,国家之根本大法也。是一言国家而皇帝亦包括在内,……盖以皇位为国家之主体,亦即宪法所由来,……国家制定宪法,则皇室之事自应与宪法同时制定,以为国家之根本大法,……"③革命派戳破了清王朝"预备立宪"的幌子。他们指出:"无论他未必果真立宪,即使他果真立宪,……这上议院的议员一定是他满王公大臣,……做下议员的,一定是地方上的财主以及地棍土豪。……异族专制于上,绅董专制于下,恐怕我们的百姓更要苦上加苦了。"④清王朝不情愿自我"变法"和"改革",其结果势必催化资产阶级民主主义革命。

其三,资产阶级势力增强,对革命的诉求日益高涨。19 世纪 90 年代到 20 世纪初,中国民族资本主义获得了迅速发展。大批官僚、地主、大商贾相继投资于近代企业,成为民族资产阶级的上层,而民间商人、作坊主也逐渐发展了起来,转化为民族资产阶级的下层。统计资料显示,"商办的新式工业,有了一些增加",而且越来越"可以看出商办工业逐渐占优势"⑤。它的存在已

---

① 故宫博物院明清档案部编:《清末筹备立宪档案史料》(上册),中华书局,1979 年,第 175 页。
② 《康有为全集》(第 9 集),中国人民大学出版社,2007 年,第 230 页。
③ 故宫博物院明清档案部编:《清末筹备立宪档案史料》(上册),中华书局,1979 年,第 40 页。
④ 《天讨·谕立宪党》。转引自李泽厚:《中国近代思想史》,人民出版社,1979 年,第 89 页。
⑤ 严中平等编:《中国近代经济史统计资料选辑》,科学出版社,1955 年,第 90 页。

经成为显而易见的客观事实，与此前关于要不要保护和发展民族资本主义工商业的问题不同，此时的问题是如何保护和发展民族资本主义工商业。和政治上一样，关于保护和发展民族资本主义工商业也存在两条道路之争，即改良派与革命派之论争。中国民族资本主义经济的发展，必然要推动民族资产阶级提出进一步的政治诉求，抛弃改良而要求革命。一系列的历史事件，致使革命派与改良派在思想与行动上逐步划清界限，走上了革命推翻清王朝的道路。从 1900 年的自立军运动、义和团运动的失败中，革命派吸取了经验教训，作了深刻的反思。他们一方面总结义和团笼统排外的教训，明确提出了"要拒外人，须要先学外人的长处"①的口号；一方面总结戊戌变法的教训，用民主共和代替君主立宪。质言之，他们总结了这些运动和起义的教训，否定了"保皇""扶清"的主张，走上了反清革命的道路。1903 年成为中国近代革命发展历程的一个关键性转折年头。这一年，清政府残酷镇压了由学生组成的拒俄义勇队运动。著名的《苏报》案也发生在这一年。清王朝的种种丑行劣迹，使国人终于认清了其本质，由爱国走向了革命。一大批留日学生和国内相当多的进步知识分子从此断绝了对清王朝的最后一点幻想。可以说，反满革命思潮是被丧权辱国的清王朝一步步逼出来的，清朝权贵已经丧失了构建民族国家代表的资格。19 世纪末社会中上层"无分满汉"的构想和社会下层"扶清灭洋"的口号，都迅速让位给了一种崭新的观念即"革命排满"，重建民族国家。1903 年之后，"革命排满"的呼声越来越明快而清晰，经由 1905年创刊的《民报》大肆宣传而达到高峰。1906 年，孙中山的《军政府宣言》堪称革命派的"革命排满"宣言："今者国民军起，立军政府，涤二百六十年之膻腥，复四千年之祖国，谋四万万人之福祉，此不独军政府责无旁贷，凡我国民皆当引为己责也。……我汉人为亡国之民者二百六十年于斯。满政府穷凶极

---

① 《陈天华集》，湖南人民出版社，1982 年，第 83 页。

恶,今已贯盈。义师所指,覆彼政府,还我主权。"①

　　戊戌政变之后的历史是以革命为主调的历史。改良派没能完成其历史任务,而清王朝自上而下实施的"预备立宪"在国人眼里,又不过是骗人的把戏。因此,历史的重任便落到了革命派的肩上。在这样的历史情势之下,作为资产阶级变革现实之理论武器的改良主义进化论也就不得不让位于主张革命的革命民主主义进化论。毫无疑问,戊戌政变之后的中国历史情势是决定革命民主主义进化论兴起的主要因素,但是革命民主主义进化论的兴起尚需要其理论前提和主体条件的具备。

(二)革命民主主义进化论兴起的理论前提

　　革命民主主义进化论兴起的理论前提也应该从中西两个方面来阐述。在中国方面,自古就有"革命"的理论资源,比如"汤武革命";在西方方面,则有近代以来的资产阶级革命理论,尤其是法国和美国的资产阶级革命思想。

　　中国自古便有"革命"思想。"天地革而四时成,汤武革命,顺乎天而应乎人,革之时义大矣哉!"②在君主专制社会,改朝换代的"革命"思想无疑会受到压制。但是历代农民起义与战争却屡屡使"革命"活动及其思想得以活跃与延续。在明末清初的启蒙思想家王夫之、黄宗羲、顾炎武等人那里,便已具有了初步的民主革命的思想。他们具有强烈的爱国主义思想,尖锐地批判君主专制及其理论。王夫之认为:"生民以来未有之祸,秦开之而宋成之。"③他认为君主专制"以天下私一人"必然会造成"以一人疑天下"④的恶果。他还批判了专制主义的理论基础即法家理论。他说:"古今之大害有三:老庄也,浮

---

① 《孙中山全集》(第1卷),中华书局,1981年,第296~297页。

② 《周易·革卦·彖辞》。

③ 王夫之:《黄书·古仪》。

④ 王夫之:《黄书·宰制》。

屠也，申韩也。"①并认为三者关系密切："其上申韩者，其下必佛老。"②从爱国主义立场出发，他的思想具有强烈的民族主义乃至大汉族主义。他说："可禅、可继、可革，而不可使夷类间之。"③王夫之这些批判君主专制的思想尤其是《黄书》对近代的资产阶级革命起到了积极作用。黄宗羲的《明夷待访录》是中国思想史上第一部系统地阐发民主主义思想的论著。④他认为君主专制将民与君的主客关系颠倒了，本来民是主，君是客。他说："古者以天下为主，君为客，凡君之所毕世而经营者，为天下也。今也以君为主，天下为客，凡天下之无地而得安宁者，为君也。"在他看来，君主是罪魁祸首："天下之大害，君而已矣。"因此，他认为："天下之人，怨恶其君，视之如寇仇，名之曰独夫，固其所也。"⑤黄宗羲这种视民为主、以君为客的思想，无疑是鲜明的民主主义思想。顾炎武提出了天下兴亡、匹夫有责的爱国主义思想。他和王夫之、黄宗羲一样，也对君主专制予以了批判。他认为，"尽天下一切之权而收之在上，而万几之广，固非一人之所能操也，……"⑥并明确指出，君主专制"之失，其专在上"⑦。要言之，自古以来的"革命"思想资源，在近代的资产阶级民主革命时期发挥了重要作用；"革命"被视为"公理"，推动着革命派的革命实践活动。

西方近代以来的资产阶级关于革命、民主、自由等理论，尤其是法国和美国的资产阶级革命思想，对中国资产阶级革命派影响深远。如果说此前一个时期的改良派在接受西方的先进思想时还以中学的古老模式作理论框

①②　王夫之：《读通鉴论》卷十七。

③　王夫之：《黄书·原极》。

④　参见冯契：《中国古代哲学的逻辑发展》(下册)，东方出版中心，2009 年，第 696、755 页。

⑤　黄宗羲：《明夷待访录·原君》。

⑥　顾炎武：《守令》，《日知录》卷九。

⑦　顾炎武：《郡县论》一，《亭林文集》卷一。

架，甚至以西学来附会中学，那么革命派则基本上抛弃了中学的古老模式，其思想从形式到内容皆属于现代思想范畴。孙中山饱餐西学，深受西方自由、民主等思想的影响。从他的《民权主义》可以看出，他受到卢梭《契约论》所倡导的民主、平等思想的影响，不过他并不认同卢梭的"天赋民权"观念，认为它不符合历史事实。他说："就历史上进化的道理说，民权不是天生出来的，是时势和潮流所造就出来的。"①从《孙文学说》可以看出，他受到了法国大革命和美国独立战争的影响，并认为"华、拿之异趣，不关乎个人之贤否，而在其全国之习尚也"②。中国近代以来的进步思想主要源自西方，自严复开始的改良派如此，革命派尤其如此。为了避免西方资本主义道路的弊端，孙中山提出了"举政治革命、社会革命毕其功于一役"③的纲领，主张在政治上以革命推翻君主专制，而在社会领域则实行社会主义。马克思主义的社会主义尽管对孙中山以及其他革命派产生过影响，但是在社会主义理论上，孙中山所接受的主要是美国学者亨利·乔治的学说。他在《〈民报〉发刊词》中说："余维欧美之进化，凡以三大主义：曰民族，曰民权，曰民生。罗马之亡，民族主义兴，而欧洲各国以独立。洎自帝其国，威行专制，在下者不堪其苦，是民权主义起。十八世纪之末，十九世纪之初，专制仆而立宪政体殖焉。世界开化，人智益蒸，物质发舒，百年锐于千载，经济问题，继政治问题之后，则民生主义，跃跃然动，二十世纪不得不为民生主义之擅场时代也。是三大主义皆本于民，递嬗变易，而欧美之人种胥冶化焉。"④由此可见，作为革命派指导思想的孙中山的三民主义直接来源于欧美。

革命派进化论的理论资源主要来源于西方，纵使他们对改良派进化论

---

① 《孙中山选集》，人民出版社，1981 年，第 703 页。

② 同上，第 169 页。

③ 《孙中山选集》（上卷），人民出版社，1963 年，第 71 页。

④ 《孙中山全集》（第 1 卷），中华书局，1981 年，第 288 页。

的改进,其凭借的理论资源也主要是西方有关革命的思想资源。但是中国传统的有关"革命"的思想资源也影响了他们的理论与实践活动。因此,探讨革命民主主义进化论兴起的理论前提,在强调西方理论资源的元素之时,不可忽视中国传统的既有理论资源的元素。

(三)革命民主主义进化论兴起的主体条件

戊戌政变之后的中国近代历史开始以革命为时代的主旋律,这是革命民主主义进化论兴起的根本条件,中西有关革命的既有理论资源为之兴起提供了理论前提,但是它的兴起还需要主体条件,即改造进化论的人。这一主体条件便是革命派在中国近代的出现及其发展。

如上所述,革命派的确在近代中国已经产生,并随着民族资本主义的发展而不断壮大。此前属于改良派范畴的改良派左翼逐步从改良立场走向了革命立场,比如孙中山、章太炎和革命暴动失败后的自立军成员。这是一个方面。此外值得注意的一个方面是,20世纪初,"留学"和"新学"在中国造就了一个新的知识分子群体。这一新的知识分子群体包括两个主要部分,即国外留学生群体(主要是留日学生)和国内学生群体。在以爱国为主题的政治运动中,他们逐步走向了革命,其中许多人接受了民主革命思想,成为革命派的一大来源。这表明革命民主主义进化论兴起的主体条件已经具备,而且革命派成功实现了对进化论的改造即"革命"化。

改良派变法运动的失败,虽然证明了渐进性的改良主义进化论已经不能满足近代中国的现实需要,但也只是空出改造中国的理论武器的可能空间,而能否成功地夺占这一理论武器的可能空间,还在于新的理论武器的先进性。这一工作,革命派是通过改渐进性进化论为激进性进化论来实现的。说革命派改渐进性进化论为激进性进化论说是一种进步,有两个方面的含义:一方面,相对于改良派的渐进性进化论,革命派的激进性进化论是一种理论改进;另一方面,相对于本源性的西方进化论,不管是达尔文的生物进化论,抑或是斯宾塞的社会达尔文主义、赫胥黎的进化论,革命派的激进性进化论都是一种理论改进。因为革命派的激进性进化论的基本精神"突变"无疑背离了这两种进化论的"渐进"精神。因此应该认为这是一种理论改进,是一种根据中国现实实践需要的理论发展,而不可将之称为带有贬义性的"理论修正"。而改渐进性进化论为激进性进化论,革命派主要是通过以下两个相联系的步骤来完成的:其一,他们认为自然界与人类社会"渐顿"有别。也就是说,在他们看来,人类社会的进化法则不同于自然界的进化法则,自然界的进化是"渐进",而人类社会的进化不只有"渐进",还有突变和飞跃。他们承认自然界或天道的进化的渐进性,但是他们强调,人为万物之灵,人有意识,完全能够充分发挥其主观能动性,积极地改造世界,促进社会的飞跃性进步。

因此,革命派认为人类社会的进化存在着突变、飞跃。孙中山说:"如谓不能,是反夫进化之公理也,是不知文明之价值也。"[1]这是第一步。通过这一步骤,革命派破除了改良派认为天道贯通人道、天道与人道皆渐进进化的逻辑。其二,他们进一步将革命与进化联系了起来。与改良派认为改良是社会进化的最佳方式和手段相对立,他们认为革命才是社会进化的最好方式和手段。换言之,在他们看来,革命才最有利于社会进化,而非改良。李石曾明确认为:"社会由革命之作用而得进化,革命由社会之进化而得为正当。故社会愈益进化,革命愈益正当。"[2]在革命派看来,革命是实现社会进化的最好手段,而社会之由革命得以进步,又反过来证明了革命的正当性。吴稚晖说:"科学公理之发明,革命风潮之膨胀,实为 19 世纪、20 世纪人类之特色也。此二者相乘相因,以行社会之公理。盖公理即革命所欲达之目的,而革命为求

---

① 《孙中山全集》(第 1 卷),中华书局,1981 年,第 283 页。

② 李石曾:《无政府说》,载张枏、王忍之编:《辛亥革命前十年间时论选集》(第 3 卷),生活·读书·新知三联书店,1977 年,第 146 页。

公理之作用。故舍公理无所谓革命,舍革命无法伸公理。"①正如改良派将"进化"论断为"公理"或"公例"一样,他们也将"革命"论断为"公理"或"公例"。有革命军"马前卒"之称的邹容便说:"革命者,天演之公例也。革命者,世界之公理也。"②这样,革命派的革命实践活动便在理论上取得了合理性和合法性乃至权威性,而其革命实践活动的顺利开展又反过来促进了革命民主主义进化论的兴起与发展。

应该承认,革命民主主义进化论取代改良主义进化论在近代中国兴起,是多方面因素共同作用的结果,但是主要还是戊戌政变之后中国近代的历史情势、国内外有关革命的既有思想资源以及随着民族资本主义的发展而发展起来的革命派这一主体条件的具备这三个方面因素共同作用的结果。戊戌政变直接宣告了改良主义的失败,也就等于宣告了改良主义进化论已不能担当改造中国的理论武器;而这同时也意味着,改造中国需要新的理论武器。于是,具有革命意蕴的革命民主主义进化论就合乎逻辑地兴起了。

二、进化论之借"道"革命

从根本上而言,革命派和改良派的理论目的一样,皆意在改君主专制之中国为民主之中国,二者的差异在于前者要推翻清王朝,"革"掉君主,实行民主共和制,而后者则要保留君主,实行君主立宪制。具体目的不同,其实现目的的方式也就有别:前者主张通过革命实现民主共和,后者则坚持改良以实现君主立宪的立场。革命派的理论武器依然是进化论,而要使进化论为其革命实践活动服务,就必须使进化论"革命"化。而进化论的"革命"化,无疑

---

① 吴稚晖:《新世纪之革命》,《新世纪》(第 1 期),1907 年 6 月 22 日。

② 邹容:《革命军》,《辛亥革命前十年间时论选集》(第 1 卷下册),生活·读书·新知三联书店,1960 年,第 651 页。

是一种质变,故而称之为理论突变。借道"革命"也可谓是革命派的一个目的,相对于改君主专制之中国为民主共和之中国的革命派的根本目的而言,它可谓是革命派的一个直接的手段性目的。

如上所述,革命派和改良派的理论目的具有根本一致性,所不同的只是具体目的和实现目的的手段和方式。目的和手段的关系是辩证的,一般说来,目的决定手段,但是手段也规定着目的。也就是说,目的不同,需要的手段也不同;而手段的不同,则其实现的结果也会不同。改良派的具体目的与革命派不同,故而他们的具体手段(改良)便不同于革命派的具体手段(革命);但是反而言之,也正因为双方采取的具体手段不同,所以他们试图实现或能够实现的目的也不同:改良派通过改良可能实现的目的只能是君主立宪之中国,而革命派通过革命可能实现的目的则不可能是君主立宪之中国,其目的会超出改良所能包容的范围。

借"道"革命是说,革命派借助已经是世界观之"道"的进化论作为理论武器来进行革命活动,论证革命活动的合理性、合法性,推进革命活动的展开。既有的进化论是改良主义的,那么为了使进化论适合革命派的革命实践需要,革命派便首先需要论证进化论的革命性。改良主义进化论与革命民主主义进化论的根本区别不在于其理论目的,而在于其具体手段。因此,革命派只要论证革命也是进化的手段即可使进化论"革命"化。他们正是如此改造改良主义进化论的。革命派认为,社会进化或进步的最好手段和方式是革命而非改良。黄凌霜说:"什么叫做革命呢?革命这个词,西文叫做 revolution,re 就是'更'的意思,evolution 就是'进化'的意思,合起来,革命'更进化'的意思就罢了。"[①]他通过分析英语"evolution"和"revolution"这两个词构成要素的

---

① 黄凌霜:《本志宣言》,载葛懋春等编:《无政府主义思想资料选》(上册),北京大学出版社,1984 年,第 381 页。

内在关联,论断"革命"是"更进化"之义。这意味着,在他看来,革命比改良更加适合推进社会的进化。此后的朱谦之也采取了这种做法,不过他更进了一步。他除了肯定革命是"更进化"之义,还将革命与进化看成变与动、因与果的关系。①根据革命与进化的这种逻辑关系,他明确地将革命视为社会进化的"惟一因子"。他说:"总之,进化与革命关系,只是动与变的关系,革命是动,进化是变,动的时候,便是变的时候,所以革命的时候,就是进化的时候。依照西文原名,革命叫做 revolution,进化叫做 evolution,可见革命是更进化的意思。假使要永续不断的更进化,就不可不时时刻刻的去革命了。然我可更进一步,决定革命是促进'进化'的惟一因子,因为动是变的因,变是动的果,故此没有动,就决不会有变,就是没有革命,也决没有进化可言。……我的意思,以为革命既是进化的原因,那么,我们努力革命,就是努力进化。"②他很明确地将"革命"论证为"进化"——社会进化的唯一动因。既然如此,那么在革命派看来,"革命"无疑便是社会进化的最佳乃至唯一手段。而一旦"革命"被论证为社会进化的最佳乃至唯一手段,那么作为推进社会进化之方式的"革命"也就获得了无可置疑的必然性和应然性。

由此,革命派便可以名正言顺、合法合理地通过"革命"来实现其推翻清王朝的君主专制、建立民主共和国的目的。在近代中国的特定历史境况中,这种泛"公理"逻辑却的确能鼓动人心,因此它能够收到一定效用。比如,如前所述,邹容在《革命军》中便直接将"革命"论断为"公理",而他的《革命军》对革命理论及其革命实践活动的鼓动效果是极为显著的。因此,这种泛"公理"逻辑虽然并不正确,但是在特定历史条件下,它又具有合理性,具有"正确"的一面。

---

① 参见王中江:《进化主义在中国》,首都师范大学出版社,2002 年,第 181 页。

② 朱谦之:《革命的目的与手段》,载葛懋春等编:《无政府主义思想资料选》(上册),北京大学出版社,1991 年,第 488~449 页。

于此有必要追问一个问题。这个问题就是:革命派为何选择改造进化论的进路而不是选择引介或重构新的理论作为革命实践活动的理论武器的理路? 这大概基于以下两个方面的原因:其一,西方各国强大而中国贫弱是近代中国的基本历史境况,这一基本历史境况决定了,纵使进化论在改良派手里并没有实现其理论目的,使中国摆脱落后挨打的悲惨处境,但是革命派却不敢轻易抛弃进化论这一以"进化""竞争"为基本内容的理论。也就是说,在革命派看来,进化论的基本思想内容依然还没有过时,它依然还是相对先进的理论,而且还足以担当改造中国的理论武器,是革命派寄予希望的理论,只是还需要予以改造,予以"革命"化而已。其二,进化论有被"革命"化的可能性。在革命派看来,革命与进化论并不冲突,而是具有内在联系的;社会的进化存在着突变,革命是进化的最佳方式。因此,进化论完全可以被"革命"化。那么,进化论"革命"化的逻辑可能性何在? 这个逻辑可能性就包蕴在人道独立于天道的逻辑之中。此前的改良派已经从理论上论证了人道有别于天道而具有自身独特的进化逻辑,革命派只需要将这一逻辑推进一步即可。改良属于人道,革命何尝又不属于人道? 那么,依照改良主义进化论的既有逻辑,革命派论断革命有利于社会进化,只不过是将改良派认为人道有别于天道的逻辑强化了而已,即更加突出人道的独立性,更加肯定人的主观能动性,由改良激化为革命。中国近代历史事实已经肯定了革命派对改良派进化论的改造, 因此革命派选择改造进化论而不是选择引介或重构新的理论作为其革命实践活动的理论武器的理路无疑是正确的。

在维新变法失败之后的特定中国历史情势下, 革命派凭借中国尤其是西方既有有关革命等思想资源,成功实现了对进化论的改造,改主张改良的进化论为主张革命的进化论。进化论由此在革命派那里发生了一个不小的质变,由否定突变而肯定突变,进而肯定革命。进化论由此具有了为革命实践活动提供理论指导的功能和特质,实现了"革命"化。有中国革命"老祖"之称的孙中山①的革命实践正是在这种"革命"化的进化论的指引下进行的,他的"突驾"说便富有独特的革命意蕴。

第二节　孙中山"突驾"说

列宁说:"没有革命的理论,就不会有革命的运动。"②革命派为了对旧社会进行革命和革新旧社会,需要革命理论;如果没有革命理论,没有革命理论作为批判的武器,他们武器的批判就难以进行和实现其目的。经由他们改造之后、"革命"化了的进化论充当了他们"革命的运动"的"革命的理论",是其革命实践活动的理论先导。一个时代具有代表性的理论思潮的兴衰,绝非某一个或每一团体作用的结果,革命民主主义进化论的兴起与衰落亦是如此。但是一种时兴理论必定有其理论代表人物。就革命民主主义进化论而言,孙中山无疑是其当仁不让的理论代表。也就是说,孙中山的进化论基本上可以代表革命派的进化论。③他的进化论主要是"突驾"说。基于本书的理论目的,他的民生史观以及民生主义也应在考察之列,更何况后二者的哲学理论基础主要便是他的进化论。

---

① 参见《李大钊选集》,人民出版社,1959年,第512页。

② 《列宁选集》(第一卷),人民出版社,1995年,第311页。

③ 革命民主主义进化论的理论主体没有改良主义进化论理论主体那样复杂,严复不能完全代表康梁,而康梁也不能完全代表严复。除了章太炎的进化论思想比较驳杂外,资产阶级革命派其他人物的进化论基本上可以统摄于孙中山进化论之下。也就是说,孙中山进化论基本上能够代表整个资产阶级革命派的进化论。章太炎的思想无疑也很重要,但是他的进化论不是革命民主主义进化论的主流,其主流无疑是孙中山的进化论。由于本书意在考察中国近现代哲学思想的主要理论脉络,又由于其他种种原因,对章太炎的进化论就不作具体考察了。

一、"突驾"说的含义

从严复开始，中国式进化论虽然也谈到自然界乃至整个宇宙的演化、进化，但事实上，中国的进化论者并不关心自然界的进化，他们的理论指向主要或者可以说只在于人类社会的进化。改良派如此，革命派以及后来的进化论者亦是如此。孙中山正是如此，尽管他的进化论也一般性地论及了自然界乃至整个宇宙万物的进化，但是他的进化论的理论旨归在于人类社会的进化，其最终落脚点是为其变革现实中国寻找理论依据。而关于人类社会的进化，他的主要进化思想便是"突驾"说。因此，对孙中山进化论的阐述，可以主要考察他的"突驾"说。

孙中山对西方进化论及其发展情况相当清楚。他高度评价达尔文进化论。他认为《物种起源》出版之后，"进化之学，一旦豁然开朗，大放光明，而思想界为之一变，从此各种学术，皆依归于进化矣"①。和此前的改良派一样，他也将进化论提升为一种新的世界观，认为宇宙万物皆进化，而且进化是不断发展、进步的。以孙中山为代表的革命派的哲学奠基于其革命实践活动，其哲学也旨在服务于其革命实践活动。既然如此，作为孙中山革命实践活动的理论武器的进化论，就不可能纯粹是那种泛泛而谈、大而化之的理论形态。而担当孙中山革命实践活动的指导思想的进化论就是他的"突驾"说。

那么什么是"突驾"说呢？简而言之，即关于急起直追、后来居上的社会进化学说。这是孙中山根据中国与日本以及西方列强的现实境况的比对而得出的激励国人奋进、力争上游的社会进化学说。近代中国已经落后于日

①《孙中山选集》（上卷），人民出版社，1957年，第141页。

本,更遑论西方列强了。此前的改良派主张万事无物皆渐进进化。在社会领域,他们认为,必须先由君主专制进化到君主立宪,再由君主立宪进化到民主共和,这是天然秩序,不可躐等。如果按照改良派这种爬行式的进化逻辑,本身就已远远落后于西方的中国,何年何月才能赶上西方列强与之并肩而立呢? 依照改良派的进化逻辑,显然只会拉大中国与西方列强的距离,那么中国也就永远不可能赶上西方列强,更遑论超过西方列强了。孙中山指出,中国"决不要随天演的变更,定要为人事的变更,其进步方速"①。因此,在孙中山看来,人类的进化不同于自然界,人类的进化可以突变、跃迁,可以"后来居上":"夫人类之进化,当然踵事增华,变本加厉,而后来居上也。"②革命派必须以确凿的事实来破除改良派的进化逻辑,给国人指出迎头赶上的希望所在。他们找到了一个很好的榜样,足以击溃改良派的渐进进化逻辑,使他们自己充满信心,使国人充满希望。这个榜样就是日本。这个从前一向以中国为师的蕞尔岛国经过明治维新而迅速崛起,超迈了中国。这一事实再清楚不过地证明中国完全有可能赶超日本乃至欧美。孙中山指出,曾经是弱国的日本却"一跃而为头等大国"③,那么由此推论,以前还胜过日本的中国就更容易迎头赶上。

因此,只要中国人"取法西人的文明而用之,亦不难转弱为强,易旧为新"④。他言之凿凿地说:"我们要学外国,是要迎头赶上去,不要向后跟着他。譬如学科学,迎头赶上去,便可以减少两百多年的光阴。……现在我们知道了跟上世界的潮流,去学外国之所长,必可以学得比较外国还要好,所谓'后来者居上'。从前虽然是退后了几百年,但是现在只要几年便可以赶上,日本

---

① 《孙中山全集》(第 1 卷),中华书局,1981 年,第 281~282 页。
② 《孙中山选集》(上卷),人民出版社,1957 年,第 145 页。
③ 《孙中山全集》(第 1 卷),中华书局,1981 年,第 279 页。
④ 同上,第 278 页。

便是一个好榜样。日本从前的文化是从中国学去的,比较中国低得多。但是日本近来专学欧美的文化,不过几十年便成世界中列强之一。我看中国人的聪明才力不亚于日本,我国此后去学欧美,比较日本还要容易。……如果中国能够学到日本,只要用一国便变成十个强国。到了那个时候,中国便可以恢复到头一个地位。"①他认为,中国不但可以迎头赶上日本,甚至可以"突驾"欧美,"能凌驾全球,也是不可预料的"②。由上述可知,其"突驾"说的含义就是,社会历史的进化不同于自然界的进化,社会历史的进化存在着突变和跃迁,人类发挥其主观能动性,急起直追,可以做到后来居上,后进者可以超过先进者。

从学习维度而言,他的"突驾"说实则是强调,学习西方要学习西方最先进的文明,而不能学习西方已经淘汰的文明。他举例说,如造火车,中国人自然要学习西方最先进的造火车技术,而不是学习早已在西方淘汰了的造火车技术。③他称这种学习是"取法乎上",即"取法他现世最文明的"④。这不但是一种实事求是的现实主义态度,而且是一种科学的态度。他认为,只要国人努力吸收西方文明的成果,中国完全有可能后来居上、迎头赶上,成为世界上最先进最文明的国家。对此,他充满信心:"万众一心,急起直追,以我五千年文明优秀之民族,应世界之潮流,而建设一政治上最修明、人民最安乐之国家,为民所有、为民所治、为民所享者也。"⑤

他的"突驾"说要突出人的主观能动性,这具有历史合理性。首先,他的"突驾"说是近代中国落后于西方列强乃至日本这一基本历史境况的反映,

---

① 《孙中山全集》(第 9 卷),中华书局,1986 年,第 252~253 页。

② 《孙中山全集》(第 1 卷),中华书局,1981 年,第 279 页。

③ 参见《孙中山选集》,人民出版社,1981 年,第 73 页。

④ 《孙中山全集》(第 1 卷),中华书局,1981 年,第 281 页。

⑤ 《孙中山选集》(上卷),人民出版社,1957 年,第 168 页。

是革命派要求赶超列强、使中国自立于世界民族之林的愿望的真实流露。其次,他的"突驾"说也的确起到了鼓舞革命派的斗志、给国人提供富强自立的希望的作用。再次,他的"突驾"说具有现实主义的元素。也就是说,它具有实事求是的理论态度。他并非盲目地论断中国能够"突驾"日本乃至欧美,而是首先承认中国落后这一现实,并从理论上作了有根有据的论证。他有例证,如以日本为榜样;他有理论说明,如认为"学科学,迎头赶上去,便可以减少两百多年的光阴"。他的论述,的确言之成理。此外,他认为,中国具有悠久的优秀文化,而且"近今十年思想之变迁,有异常之速度",如果照此发展下去,"十年、二十年之后不难举西人之文明而尽有之,即或胜之焉,亦非不可能之事也"。[①]

二、"突驾"说的逻辑

孙中山"突驾"说的逻辑依据何在呢? 或者说它依凭的是什么逻辑呢? 分析和理清它的逻辑,便能揭示其"突驾"说说的内在理路,找到其合理性的理论根据,展露其缺陷的理论根源。

在社会历史的进化上,"突驾"说在理论上之所以能够解释得通,必须具备一个基本的逻辑前提,即天人相分。革命派和改良派一样,承认自然界或天道的进化是渐进性的。如果像改良派那样,认为天道是普遍性的,人道也遵循天道,那么人类社会的进化就只能是渐进性的,而不可能是具有飞跃性质的"突变""突驾"。因此,主张人类社会进化的"突变""突驾",首先必须分离天道与人道,论断它们遵循不同的进化法则。但是论断人道的进化不同于天道的进化,只是指出了人道具有可以"突变""突驾"的可能性,还没有说明

---

① 《孙中山选集》,人民出版社,1981年,第73页。

人道如何能够"突变""突驾"。这就是通过什么方式实现"突变""突驾"的问题。孙中山认为,"突驾"的主要理据就在于"人力胜天",因此他突出"人力"。

天人相分的逻辑以及突出"人力",改良派事实上已经这么做了。严复"天演"进化论已经开创了天人相分的进化逻辑,但是他和其他改良派还认为天道贯彻人道。因此,在他们那里,天道与人道又是相合的,这实则限制了人道。革命派与之不同,他们将天道与人道相分的逻辑予以彻底化,将人道完全从天道独立出来,认为人道的进化逻辑不同于天道的进化逻辑。这正如孙中山所说:"决不要随天演的变更,定要为人事的变更,其进步方速。"①要使人道从天道中独立出来,首先就要破除天道贯彻人道的一元论逻辑。在中国的传统文化语境中,破除这种"天人合一"的逻辑,便是对"天命"的解构。章太炎说:"要之,拨乱反正,不在天命之有无,而在人力之难易。"②孙中山对"天命"或"天意"予以了否定。他认为"天命"或"天意"只不过是君主专制制度用来维护王权的护身符。他说:"占了帝王地位的人,每每假造天意,做他们的保障,说他们所处的特殊地位,是天所授予的,人民反对他们,便是逆天。"③康有为等改良派还梦想通过建立孔教来实现君主立宪制,孙中山则揭露了"君权神授"的真实面目,对之予以彻底的否弃。将人道从天道中彻底独立出来,指出其有自身的发展规律,这是孙中山"突驾"说也是革命派进化论的逻辑依据的第一个方面。

然而论断人道进化规律不同于天道进化规律,这只是说明了人道具有"突驾"的可能性,还没有说明人道如何能够"突驾"。孙中山"突驾"说第二个方面的逻辑依据便是突出"人力"。重视"人力",改良派实则已开启先河。严复强调"德、智、力"的全面发展,谭嗣同更是突出"心力"。但是正如上文所

---

① 《孙中山全集》(第1卷),中华书局,1981年,第281~282页。
② 《章太炎选集》,上海人民出版社,1981年,第175页。
③ 《孙中山选集》(下卷),人民出版社,1957年,第693页。

说,改良派还承认天道贯彻人道,那么其强调的"人力",实则受到了天道的限制。革命派将人道从天道中完全独立出来,也就使"人力"与"自然力"取得了等同的地位和意义。不只如此,他们甚至认为"人力"高于"自然力"。孙中山说:"世界中的进化力,不止一种天然力,是天然力和人为力凑合而成。人为的力量,可以巧夺天工,所谓人事胜天。这种人为的力,最大的有两种,一种是政治力,一种是经济力,这两种力关系于民族的兴亡,比较自然力还要大。"①他所说的"人力"主要是指"国民之力",因为在他看来,"国家之本,在于人民"②。他突出"人力"实则也基于"天道",或者说他将"人力"与"天道"这二者结合起来了。他说:"夫事有顺乎天理,应乎人情,适乎世界之潮流,合乎人群之需要,而为先知先觉者所决志行之,则断无不成者也,……"③他认为,人掌握了自然规律,就能够控制自然,使自然为人所利用;同理,人掌握了历史发展的规律,就能够顺乎天理,应乎人情,实现历史的飞跃性发展。这种强调遵循客观规律,又同时强调要发挥人的主观能动性的思想是非常合理的。他认为,人类社会的进步,在于以"人力"结合"天然力"。他说:"我们人类的天职,是应该做些什么事呢?最重要的,就是要令人群社会,天天进步。要人类天天进步的方法,当然是在合大家力量,用一种宗旨,互相劝勉,彼此身体力行,造成顶好的人格。人类的人格既好,社会当然进步。"④在人类社会的进化上,他显然持乐观主义的立场。在强调遵循客观规律的基础上,在一定物质基础的限度内,这种乐观主义进化观念应该得到肯定,而不是轻易将之抹杀。在中国近代社会的特定历史境况中,乐观地强调"人力"的作用,尤其值得首肯。

---

① 《孙中山全集》(第9卷),中华书局,1986年,第197页。
② 《孙中山选集》(上卷),人民出版社,1957年,第168页。
③ 《孙中山选集》,人民出版社,1981年,第191页。
④ 《孙中山全集》(第9卷),中华书局,1986年,第315~316页。

凸显主观精神力,可以使革命派从中找到无限的"自信"和"勇气",[①]但是过度地夸大主观精神力的作用,主观精神力就会因缺乏现实物质根基而虚幻化,从而在事实上不能起到有助于革命派实现其革命目的的作用。辛亥革命的悲剧性胜利这一事实,大概就能说明革命派过度倚重精神力量还不能真正解决现实问题。

孙中山的"突驾"说突破天道统摄人道的逻辑,将人道从天道中彻底独立出来而自成逻辑,这是具有合理性的。人道之自立并不是孙中山以及其他革命派的目的,他们的目的在于通过解构"天道""天命"而凸显"人力",借助"人力"以加速人道或人类社会的进化。具体而言,就是通过强调"人力"的作用而实现中国的突飞猛进。这就是孙中山"突驾"说的逻辑及其目的所在。因此,重视"人力"也就成了实现中国"突驾"这一目的的手段——在革命派那里,可以说是主要手段。在近代那种西强中弱的特殊历史境况下,重视"人力"具有较大的历史合理性。然而这不能超出一定物质基础的限度。

三、民生史观

在长期的革命实践生活中,孙中山形成了一种关心民生、视民生为社会进化动力的民生史观。相较于中国历史上的既有历史观以及此前的改良派的历史观,他的民生史观可谓是前进了一大步。

民生史观是孙中山关于社会历史领域的思想的理论基础。他认为"历史的重心是民生"[②]。在他看来,古往今来,一切社会的人们之所以要奋斗,就在于为了求得生存。他说:"古今一切人类之所以要努力,就是因为要求生存;

---

① 参见高瑞泉:《天命的没落——中国近代唯意志论思潮研究》,上海人民出版社,1991年,第8~97页。

② 《孙中山选集》,人民出版社,1981年,第812页。

人类因为要有不间断的生存,所以社会才有不停滞的进化。所以社会进化的定律,是人类求生存。"①因此,在他看来,社会进化的动力、原因是人类的求生存,是人民的生活状况,也即"民生"。故而他说:"民生为社会进化的重心,社会进化又为历史的重心。"②那么什么是"民生"? 他认为"民生就是人民的生活——社会的生存、国民的生计、群众的生命"③。这些便是孙中山民生史观的基本内容。

其一,孙中山的民生史观是基于其长期的革命实践活动而形成的,是对人民的生存状况深切同情与关怀的结果。在其革命生涯的后期,他终于认识到了人民群众的巨大作用。在演说中他多次指出革命要"大家来作",并为国民党确定了"联俄、联共、扶助农工"的战略方针,而"唤起民众"则是他的最终遗言。正是由于站在人民群众的立场,将人民群众的生活尤其是物质生活视为社会历史的"重心"和社会进化的动力,他得出了许多接近唯物史观的关于社会现象的论断。④他说:"实际则物质文明与心性文明相待,而后能进步,中国近代物质文明不进步,因之心性文明之进步亦为之稽迟。"⑤于此,他显然认为物质生活或物质文明是心性文明或精神文明得以进步的原因与基础,并指出中国近代心性文明或精神文明落后正是由于物质生活或物质文明发展缓慢。

其二,孙中山具有时势造英雄的历史观。他虽然有诸如将群众视为不知不觉的"群氓"的观点,但还是相当重视人民群众的,看到了人民群众力量的巨大作用。与改良派所持的"英雄造时势"的观点相反,他赞同"时势造英雄"

---

① 《孙中山选集》,人民出版社,1981 年,第 817 页。

② 同上,第 812 页。

③ 同上,第 802 页。

④ 参见李泽厚:《中国近代思想史论》,人民出版社,1979 年,第 376 页。

⑤ 《孙中山选集》,人民出版社,1981 年,第 139~140 页。

的观点。他说:"一国之趋势,为万众之心理所造成,若其势已成,则断非一二因利乘便之人之智力所可转移也。夫华、拿二人之于美、法之革命,皆非原动者。美之十三州既发难抗英而后,乃延华盛顿出为之指挥,法则革命起后,乃拔拿破仑于偏裨之间,苟使二人易地而处,想亦皆然。是故华、拿之异趣,不关乎个人之贤否,而在其全国之习尚也。"①不过,他将社会进步的"原动力"归之于主观性不小的"全国之习尚""万众之心理",这还算不上唯物史观。

其三,他反对社会达尔文主义。孙中山接受了赫胥黎认为人类社会与自然界的进化法则有别的理论主张。因此,在他看来,社会达尔文主义将"物竞天择,适者生存"这一只适用于生物界的进化规律搬到人类社会来的做法是错误的。他说:"乃至达尔文发明物种进化之物竞天择原则后,而学者多以为仁义道德皆属虚无,而争竞生存乃为实际,几欲以物种之原则而施之于人类之进化,而不知此为人类已过之阶段,而人类今日之进化已超出物种原则之上矣。"②克鲁泡特金的互助论也影响了孙中山,致使他认为人类社会的进化原则是"互助",而非"竞争"。他说:"人类初出之时,亦与禽兽无异;再经几许万年之进化,而始长成人性。而人类之进化,于是乎起源。此期之进化原则,则与物种之进化原则不同:物种以竞争为原则,人类则以互助为原则。社会国家者,互助之体也;道德仁义者,互助之用也。人类顺此原则则昌,不顺此原则则亡。"③抽象地论断人类社会的进化原则是"互助"而非"竞争",这并不正确,但是他反对将社会达尔文主义照搬到人类社会,以之来解释人类社会现象,则是正确的。

---

① 《孙中山选集》,人民出版社,1981 年,第 169 页。
② 同上,第 157 页。
③ 同上,第 156 页。

四、民生主义

和康有为等改良派一样,孙中山也认为人类进化的终极是大同世界。他关于社会进化之终极理想的思想叫民生主义。[①]这一思想的来源极为驳杂,掺和着古今中外的各种关于理想社会的思想,社会主义与共产主义也被他与其民生主义画上了等号。毫无疑问,他的民生主义不可能是社会主义,更不可能是共产主义。但是从他那极为混杂的民生主义却可以看出中国近代关于理想社会思潮的一种发展趋势,它预示着科学社会主义思想的即将来临。

孙中山民生主义最重要和最直接的思想来源是太平天国的空想社会主义和康有为等改良派的大同理想。孙中山多次提到洪秀全和太平天国,认为自己提出的民生主义是洪秀全的关于理想社会的思想主张的继承。他说:"民生主义,即贫富均等,不能以富者压制贫者是也。但民生主义在前数十年已有人行之者,其人为何? 即洪秀全是也。"[②]康有为等改良派的大同理想也影响了孙中山民生主义的形成。他说:"孔子有言:'大道之行也,天下为公。'如此,则人人不独亲其亲,人人不独子其子,是谓大同世界。大同世界即所谓'天下为公',要使老者有所养,壮者有其所营,幼者有所教。"[③]中国传统既有的大同世界为改良派所赞赏,而孙中山也将之作为自己理想社会的蓝本。由此可见,改良派的大同思想影响了孙中山的民生主义。

孙中山关于理想社会的民生主义除了受到中国传统文化元素的影响,还受到西方文化元素的影响,而且极为驳杂。既有林肯的"民有、民治、民享"

[①] 此小节所说的孙中山民生主义仅就其作为理想社会形态的思想而言。

[②] 《孙中山全集》(第6卷),中华书局,1985年,第56页。

[③] 同上,第56、36页。

思想成分①,又有亨利·乔治的资本主义社会的改良思想的成分,更是拉扯着马克思主义的社会主义和共产主义。他说:"我们不能说共产主义与民主主义不同。我们民主主义的意思,就是民有、民治、民享。这个民有、民治、民享的意思,就是国家是人民所共有,政治是人民所共管,利益是人民所共享。照这样的说法,人民对于国家不只是共产,什么事全都是要共的。这才是真正的民生主义,就是孔子所希望之大同世界。"②他一再强调"民生主义就是共产主义,就是社会主义,所以我们对于共产主义,不但不能说是和民生主义相冲突,并且是一个好朋友"③,并认为"共产主义是民生主义的理想,民生主义是共产主义的实行"④。他对共产主义与林肯的属于资产阶级民主思想范畴的"民有、民治、民享"思想不作区分,对于共产主义与亨利·乔治的资本主义社会的改良思想也不作区分。他说:"社会主义家则莫不主张亨、麦('麦'指马克思——笔者注)二氏之学说,而为多数工人谋其生存之幸福也。"⑤对资产阶级的民主思想与马克思主义的共产主义不作本质区分,并认为它们在理论上所建构的社会都是"孔子所希望之大同世界",这种杂乱之说显然是不正确的。

孙中山的民生主义-社会主义思想主要来源于美国的资产阶级土地国有论者亨利·乔治的资本主义社会的改良思想。他几乎吸纳了亨利·乔治著作的全部学说,用以作为其民生主义的具体内容和方法⑥,亨利·乔治的"社会主义"成了他民生主义的思想依据。孙中山说:"民生主义即时下底社会主义。……兄弟底民生主义,固有具体底办法,……办法维何? 即归宿到'土地'

---

① 参见冯契:《中国近代哲学的革命进程》,上海人民出版社,1989 年,第 246~247 页。
② 《孙中山全集》(第 6 卷),中华书局,1985 年,第 843~844 页。
③ 同上,第 836 页。
④ 同上,第 830 页。
⑤ 《孙中山全集》(第 2 卷),中华书局,1982 年,第 516 页。
⑥ 参见李泽厚:《中国近代思想史论》,人民出版社,1979 年,第 334 页。

和'资本'两样。"①他认为，民生主义不容迟缓，而其需要解决的问题就是土地问题与资本问题。因此，他主张"平均地权"和"节制资本"。②但是"平均地权"、土地公有并不是真正的社会主义，这正如恩格斯批评亨利·乔治时所说："亨利·乔治却只限于像现在这样把土地出租给个别的人，只调整土地的分派，并把地租用于公众的需要，而不是像现在这样用于私人的需要。社会主义者要求的是整个社会生产体系的变革；亨利·乔治要求的是不触动现在的社会生产方式，……"③孙中山正是如此。他"平均地权"的具体实施方法便是"定地价"和"土地国有"。他说："民生主义：关于这个主义，兄弟已定有办法，就是实行'平均地权'。"④又说："其平均之法：一、照价纳税，二、土地国有。"⑤所谓"定地价"和"照价纳税"，就是由地主自报地价，国家征以重税，但是土地的所有权归国家公有，国家可以随时按地价收买地主的土地。⑥他认为，这样一来，就国家这方面而言之，无论收税还是买地，都是有益的大事。于是他乐观地认为："中国行了社会革命之后，私人永远不用纳税，但收地租一项，已成地球上最富的国。"⑦

在孙中山的民生主义思想中，与"平均地权"相联系的是"节制资本"。值得注意的是，他的"节制资本"并非像俄国民粹派和章太炎等人那样要遏制资本主义，"宁肯停滞，也不要资本主义的进步"⑧。他所说的"节制资本"以发展资本主义为前提物质条件。孙中山认识到资本主义在当时的中国是先进

①　《孙中山全集》（第 5 卷），中华书局，1985 年，第 476 页。

②　参见《孙中山选集》（下卷），人民出版社，1957 年，第 788~799 页。

③　《马克思恩格斯选集》（第四卷），人民出版社，1995 年，第 392 页。

④　《孙中山全集》（第 5 卷），中华书局，1985 年，第 476 页。

⑤　《孙中山全集》（第 2 卷），中华书局，1982 年，第 364 页。

⑥　参见李泽厚：《中国近代思想史论》，人民出版社，1979 年，第 349 页。

⑦　《孙中山全集》（第 1 卷），中华书局，1981 年，第 329 页。

⑧　《列宁选集》（第一卷），人民出版社，1995 年，第 123 页。

的东西,中国的资本主义不是太多而是太少。因此,他肯定资本主义,并提供了一个使中国工业化的庞大具体计划,认为"大公司之出现,系经济进化之结果,非人力所能屈服"①。孙中山肯定和要求发展资本主义是一种现实主义的态度。但是他看到了资本主义社会的弊端,在理想层面上,他又试图避免资本主义社会的弊端,从而主张"节制资本"。他说:"资本家开一工厂,佣数千工人作工,每人每日给工资少许,资本家复夸于众曰:我讲民生主义。我这是讲民生主义,诸君试想此资本家讲底民生主义,同真正底民生主义相差多远!"②他所谓的"真正的民生主义"就是既要发展资本主义大工业,又要避免资本主义的弊端。他用以实现这一理想目标的具体方法便是"集产社会主义"。他说:"主张集产社会主义,实为今日唯一之要图。"③这种"集产社会主义"实则就是国家资本主义,并非真正的社会主义。他说:"准国家社会主义,公有即为国有,国为民国,国有何异于民有!"④孙中山认识到了西方发达资本主义国家已经产生了严重的贫富分化等社会问题,蕴含着爆发"社会革命"的潜在危机。为避免中国政治革命成功、社会经济发达之后再重蹈西方社会的覆辙,他主张将政治革命和社会革命"毕其功于一役"⑤,在民国建立之后,通过和平手段达到全社会平等,"富则同富,乐则同乐"的理想境界。但是由于他并不了解国家的实质,也无真正变革国家政权的现实手段,他的民生主义–社会主义的理想设计也就只能是空想。

孙中山实则是从其抽象的民生史观来建构其民生主义的。他认为,民生主义"不但是最高的理想,并且是社会的原动力,是一切历史活动的重心"⑥。

---

① 《孙中山全集》(第6卷),中华书局,1985年,第397页。

② 《孙中山全集》(第5卷),中华书局,1985年,第476页。

③ 《孙中山全集》(第2卷),中华书局,1982年,第509页。

④ 同上,第521页。

⑤ 《孙中山选集》(上卷),人民出版社,1963年,第71页。

⑥ 《孙中山选集》(下卷),人民出版社,1957年,第791页。

他说:"社会主义者,人道主义也。人道主义,主张博爱、平等、自由,社会主义真髓,就不外此三者,实为人类之福音。……社会主义为人类谋幸福,普遍普及,地尽五洲,时历万世,蒸蒸芸芸,莫不被其泽惠。此社会主义之博爱,所以得博爱之精神也。"①这样的社会主义必定会将具体历史的经济剥削归结为一般的贫富不均。孙中山正是这样说的:"我人所抱之唯一宗旨,不过平其不平,使不平者底于平而已矣。"②在他看来,社会主义不过是一种平均主义:"社会主义之主张,实欲使世界人类同立于平等之地位,富则同富,乐则同乐,不宜与贫富苦乐之不同,而陷社会于竞争悲苦之境。"③这样的社会主义必定会将解放一定历史条件下的具体阶级归结为解放一切芸芸众生,与神学具有相同的功能,也与神学具有相同的性质。由于孙中山在理论上将社会主义以及土地、资本等问题归结为抽象的、一般的人性问题和"平等、博爱、自由"的问题,从而在实践中就容易看不清现实中真正存在的问题和关键。比如,他的"平均地权"就并没有真正实行,没有彻底"变动"传统社会的经济基础,在农民群众中找到革命实践的物质力量。而辛亥革命正因为"没有这个变动"——"一个大的农村变动","所以失败了"。④

孙中山的民生主义-社会主义将思想史上的众多空想社会主义与马克思主义的科学社会主义混同,这自然有问题,但是他的这一理论主张也是中国近代社会发展趋势的反映,他以及他所领导的革命派要勇敢地迎接政治、经济、文化等社会各个领域的现代化,又要在中国现代化过程中避免走西方资本主义的老路,而试图用社会主义的方法实现富强民主的理想目标。因此,孙中山的民生主义-社会主义并非只有消极意义。就思想本身而言,他的

---

① 《孙中山全集》(第2卷),中华书局,1982年,第510、509、517页。
② 同上,第509页。
③ 同上,第517页。
④ 《毛泽东选集》(第一卷),人民出版社,1991年,第16页。

民生主义-社会主义也反映了中国近现代关于理想社会的思想的发展趋势。尽管他的民生主义-社会主义并非真正的社会主义，但是他的这种大杂烩的社会主义，正是国人努力寻找关于理想社会科学方案的真实反映，它真实地表明了中国近现代的空想社会主义正在向科学社会主义转变。

随着中国近代社会时局的变化，由于资产阶级革命派自身物质力量的相对薄弱及其阶级特征，他们的软弱性、不彻底性逐步暴露了出来。在革命的历史进程中，革命派开始分化。就进化论而言，在理论上，一部分革命派开始唱起了"互助"的调子，甚至连孙中山这位革命"老祖"也受到了互助论的影响，接受了互助论的一些思想观点，开始主张"互助"而反对"竞争"了。他说："芸芸众生，原属平等，合作互助，生存之本。强权竞张，公理斯泯，种种阶级，为进化梗。"①互助论于是就这样在中国兴起了。但是和改良主义进化论基本上是被革命民主主义进化论所取代不一样，互助论兴起后并没有完全取代革命民主主义进化论，此后中国近代社会思潮的局面可谓是革命民主主义进化论与互助论并驾齐驱。

第三节　进化论的变调

在革命民主主义进化论兴起的稍后，互助论也在中国传播开来并兴起。而辛亥革命的失败，在中国造成了反思进化论的思想局面，给互助论提供了一个更大的影响空间。正是在辛亥革命之后，中国的先进人物大多接受了互助论，包括此前信奉以革命、竞争为思想主调的革命民主主义进化论的革命派。但是由于近现代中国落后于西方列强的特定历史境况，进化论所主张的

---

① 《孙中山全集》(第5卷)，中华书局，1985年，第471页。

"竞争"观念并没有为中国先进人物所抛弃,他们依然需要"竞争"观念来警策国人奋进。于是,尽管在辛亥革命之后,"竞争"的观念几乎遭到了国人的普遍怀疑,但是由于内忧外患的始终存在,国人纵使怀疑"竞争",却并没有抛弃"竞争"精神,它依然是国人信持的一个主要进化观念。只不过,在进化观念上,国人同时又多信奉了一个观念,这个观念就是"互助"。从进化论在中国的理论演进来说,此前的进化论主要讲"竞争",而互助论认为"互助"也是社会进步的一个不可或缺的主要方式。这意味着,在进化原则上,进化论由单一的"竞争"原则演变为"竞争"与"互助"并重,这可谓进化论的变调。

一、互助论何以兴起

互助论之所以能够在中国兴起,同样需要特定的历史情势、理论前提和主体条件这三大历史条件。因此,也应该从这三个方面来考察它的兴起。在中国近代社会的特定历史条件下,互助论在中国传播开来并兴起,成为中国近现代思想史上一个不可忽视的环节。

(一)互助论兴起的历史情势

近代以来,一种新的思潮在中国兴起,总是中国内外历史情势共同作用的结果。互助论的兴起,也不例外。它兴起的外在历史情势主要表现在两个方面:其一是帝国主义依然加紧侵略中国,而且开始在中国培植军阀傀儡;其二是第一次世界大战的爆发,它兴起的内在历史情势则主要表现为辛亥革命之后,民主共和徒有其名,出现的军阀混战是较此前君主专制更为混乱与悲惨的局面。这些内外历史情势,为互助论在中国的传播和兴起提供了基本历史条件。

其一,互助论尽管在辛亥革命之前就已在中国开始传播,但是其在中国兴起则是在辛亥革命之后,尤其是第一次世界大战爆发之后。因此,就互助论兴起的外在历史情势而言,主要表现在如上所述的两个方面。辛亥革命之后,由于中央集权制的君主专制制度在中国覆灭,革命没有获得成功,而是妥协于军阀势力,结果出现军阀割据、混战的残局。辛亥革命一开始便不敢反帝[①],而且此时帝国主义侵华衍化出了一种新的策略,即在中国培植代理人,使军阀做其侵华的傀儡。日本狂热的侵华分子中岛端著《支那分割之运命》一书,鼓吹日本积极侵华:"盖支那者,二十世纪之谜也。能解此谜者,可以霸东亚,可以雄霸五洲。此书洵为民族三世相,又解谜之良键。凡朝野士夫,苟有雄飞大陆之志者,盍早握此键。"[②]当时的中国已成列强虎视眈眈之地,存亡之命运,日见紧迫。因此,李大钊说:"瓜分中国之说,喧传已久",只是由于"列强以均势相牵,莫敢发难"。[③]

其二,第一次世界大战的惨状直接引发了人们反思进化论,怀疑其"物竞天择、适者生存"的进化法则。欧洲各国人们率先起来否定进化论,将一战的爆发归咎于进化论。当时研究战争原因的学者 Vernon Kellogg 发现,"德国之士大夫解释此次战者,大都归诸生物进化之定理,以为苟欲一步进化,势必聚世界所有强国为一度战争"[④]。欧洲反思和批判进化论的这种思潮也影响到了中国,从而推动了互助论的兴起。不少中国先进人物"弃其物竞天择之口头禅,而谈互助矣"[⑤]。1916 年底,蔡元培从欧洲考察归来,论断进化论是

[①] 亲历辛亥革命的胡汉民认为辛亥革命"有个弱点,只提出反满的口号,未曾提出打倒帝国主义的口号,以致革命党人一经推翻满清政府,便多数认为民族主义革命已告成功。在革命军起义和临时政府成立的时候,对外宣言首先就承认了满清政府和帝国主义国家订的条约、赔的外债,甚至海关收入的支配权、上海混合裁判的法权,更是无条件地送给列强,而成为恶例"。[《胡汉民先生在俄演讲录》(第 1 集),广州民智书局,1926 年,第 2 页]

[②][③]《李大钊全集》(第 1 卷),人民出版社,2006 年,第 122 页。

[④] 德彰:《德人战争与进化观》,《东方杂志》,第 15 卷第 9 号。

[⑤] 健孟:《竞争与社会进化》,《东方杂志》,第 18 卷第 22 号。

军国主义兴起的罪魁祸首："在昔生物学者有物竞争存、优胜劣败之说,德国大文学家尼采(Nietsche)遂应用其说于人群,以为汰弱存强为人类进化之公理,而以强者之怜悯弱者为奴隶道德。德国主战派遂应用其说于国际间,此军国主义之所以盛行也。"①黄凌霜则猛烈批判"物竞天择"之说,大力赞扬《互助论》"精辟宏富,集格致之大成"②。特别是中国在巴黎和会上争取主权的失败,使许多中国先进人物开始意识到社会达尔文主义包含着强权侵略弱小民族的弱肉强食的哲学。于是国人急于探索一种新的理论。正是在这样的时代背景下,反对"竞争"而主张"互助"的《互助论》在中国先进人物的心灵中产生了强烈的共鸣。

中国近代工业不发达,小资产阶级大量存在的情况,是互助论及其无政府主义传播和兴起的客观物质条件和阶级基础。但就内在的具体历史情势而言,互助论的兴起之因则主要表现为辛亥革命之后,民主共和徒有其名,出现的是军阀混战这一较此前君主专制更为混乱与悲惨的局面。辛亥革命尽管推翻了君主专制制度,但是专制制度却并没有被彻底推翻,它依然是中国的主要政治制度,中国"半殖民地半封建"社会的性质丝毫没有因这一革命而改变。中国并没有因辛亥革命而进入民主共和社会,而是跌入了强人专制的深渊。首先是袁世凯专制及图谋帝制,紧接着是张勋及康有为复辟帝制的闹剧,最后进入军阀专制与混战时代。"吾国自清之季世,督抚权足以抗拒中央,已成积重难返之势。重以辛亥、乙卯二役,义师之兴皆以各省为凭藉之资。而一省庶政类皆操之于督军省长之手,惟所欲为,莫能遏制,……"③清王朝没有覆灭时,尽管其统治也极其凶残,但是在形式上还有所谓按照大清律行事的规矩;而辛亥革命之后,军阀混战,连任何形式上的刑律都没有了,一

①　《蔡元培全集》(第3卷),中华书局,1984年,第4页。
②　黄凌霜:《竞争与互助》,《自由录》,1917年第1集。
③　《李大钊全集》(第1卷),人民出版社,2006年,第221页。

切都可以"便宜行事",人民的生命财产毫无法律保障,统治阶级由专制主义直接走向了现代法西斯。①这意味着,国人等不来民主共和倒也罢了,结果得到的反而是不如清王朝的军阀专制。而这些历史丑剧的主角都以进化论作为理论武器,致使国人开始从对现实残酷"竞争"的反思进一步上升到反思主张"竞争"的进化论,怀疑其真理性,怀疑它是否真的如进化论者所鼓吹的那样是"公理"。这就是互助论兴起的主要内在历史情势。

不管是外在的历史情势,还是内在的历史情势,人们在世界观上信奉的都是进化论。而如此残酷悲惨的历史情势,不能不使国人反思进化论,对其"物竞天择、适者生存"的法则予以批判,怀疑它是否适用于人类社会。由此可见,辛亥革命之后的中国内外历史情势,为互助论的兴起提供了可能的理论空间,主张互助进化法则的互助论之传入,可谓恰逢其时。它的确适合了国人在现实生活上需要"互助"的诉求。

(二)互助论兴起的理论前提

就理论前提而言,互助论在中国的兴起,也得益于中西两方面的既有理论资源。在中国方面,中国传统文化中具有道德主义传统;在西方方面,则主要是克鲁泡特金的《互助论》。

互助论得以在中国的兴起,一个重要的因素,就是它契合了中国传统文化的道德主义精神。中国传统文化中具有源远流长的道德主义传统。儒家自孔子始,便一直倡说"仁爱",而墨家的"兼爱"思想也深深地镶进了国人的民族文化品格之中。墨子倡"兼相爱、交相利"②之说。这一墨家学说的基本思想

---

① 参见李泽厚:《中国近代思想史论》,人民出版社,1979年,第309页。
② 《墨子·兼爱中》。

与互助论具有基本的一致性。①李石曾便认为互助是最有利于人们生存和社会进步的方式。②儒家文化是中国文化的主流,而儒家文化是典型的伦理文化。儒学自孔子始,尽管历经众多理论形态,但是道德主义始终是其核心理论。孔子学说的核心观念是"仁",而人的基本内涵则是"爱人"。"樊迟问仁。子曰:'爱人。'"③孔子又说:"夫仁者,己欲立而立人,己欲达而达人。"④孟子首先提出了"良心"的概念,将孔子开创的以道德主义为主调的儒学推向了高峰。他说:"虽存乎人者,岂无仁义之心哉?其所以放其良心者,亦犹斧斤之于木也,旦旦而伐之,可以为美乎?"并认为"良心"是"天之所与我者"。⑤《易传》认为,理想人格当以天地为榜样,"天行健、地势坤"是君子立身处世的原则,它在强调"自强不息"的同时,总是强调"厚德载物",并认为"进德修业"是通达"太和"这一理想境界的方法。宋明理学尽管有理学与心学之分,但是它们的共同理论旨归却是《大学》所说的"止于至善",只是二者的进路不同而已。近代以来,西方文化如洪流般不断涌进,但是儒学的道德主义传统依然在中国文化中发挥着重要作用。梁启超主张"新民"说,其"新民"也主要是道德之新,而其"新民"的主要方式便是所谓的"道德革命"。此后的现代新儒家,尽管吸收了不少西方的思想,但是其学说的理论旨归和传统儒学一样,也是人性之善、道德之美。这些都说明,西方传来的互助论所主张的"互助"精神很契合中国文化既有的道德主义传统。以儒学为主流的中国传统文化

---

① 鞠普说:"老言自然,墨言兼爱,佛言极乐,耶言平等,与夫今之无政府党、社会党,皆大同主义也。"(张枬、王忍之编:《辛亥革命前十年间时论选集》(第3卷),生活·读书·新知三联书店,1977年,第179页。)将老子、墨子、释迦牟尼、耶稣一概视为大同主义的主张者,这显然不对。但是这至少表明,在他看来,互助论与这些思想具有一致性。

② 参见李石曾:《无政府说》,载张枬、王忍之编:《辛亥革命前十年间时论选集》(第3卷),生活·读书·新知三联书店,1977年,第153页。

③ 《论语·颜渊》。

④ 《论语·雍也》。

⑤ 《孟子·告子上》。

尚德非力,而互助论主张互助进化,反对强权,与儒学的基本精神具有相通性,自然给国人一种亲和感。

克鲁泡特金说:"互助这一原则的最大重要性,还是在道德方面表现得最充分。互助是我们的道德观念的真正基础,这一点似乎是很清楚的。"①他认为互助是一切社会的道德基础,是人道主义的具体内容。这使他的互助论充满了温情脉脉的性善论色彩,与中国源远流长的道德主义传统可谓一拍即合。此外值得一提的是,中国式进化论者都有大同空想,富有平等、自由、博爱等道德性的思想。这也让他们易于接受互助论,这自然有利于互助论的传入与兴起。要言之,中国文化既有的道德主义传统,堪称互助论在中国兴起的文化土壤,有利于它在中国的生长与发展。

当然,中国互助论者的互助论思想是直接源自克鲁泡特金的《互助论》。《互助论》全名《互助:一个进化的因素》(*Mutual Aid:A Factor of Evolution*),是俄国无政府主义者克鲁泡特金于1902年出版的一部关于人类社会进化的著作。此书用无政府主义观点写成。全书共分八章。前两章用大量生物学和动物学的资料论述动物之间的互助,证明集体内部的互助是物种保存和进化中的特征和要素。克鲁泡特金认为,各纲动物中最进化和繁殖能力最强的都是最善于团结和合群地对付不良环境和天敌的物种;物种内部的互助精神越是强烈,其生存就越有保障;斗争并不是物种的进化规律,而且斗争只限于个别的时期,可以因互助互援而得到消除;自然选择正是为了不断地寻找这种尽量避免斗争的道路。后六章论述人类的互助。克鲁泡特金认为,互助精神先于人类而存在;互助精神普遍地存在于人类社会的各个时期和形态之中;互助精神促进了人类社会的不断进化和发展;国家作为互助精神的对立物而出现;互助精神促使人民团结起来,不断地同国家进行斗争,而

---

① [俄]克鲁泡特金:《互助论》,李平沤译,商务印书馆,2009年,第272页。

且这种斗争一直延续到现代。他得出的基本结论是：人类依靠互助的本能就完全能够建立和谐的社会生活，并不需要借助权威和强制；相较而言，没有权威和强制的社会比有国家和权力支配的社会更能保障人的自由，也更完善、更理想和更富有生命力。克鲁泡特金的"互助"思想很快便在中国无政府主义者那里产生了共鸣。他们认为，《互助论》的发表标志着无政府主义由空想变成了"科学"。[①]

历史地考察，在中国传播和兴起的互助论，其理论资源主要源自克鲁泡特金的《互助论》。也就是说，互助论兴起的理论前提主要是《互助论》。但是中国传统的道德主义也起到了间接的作用，这一点不可忽视。因此，可以这样说，《互助论》是互助论在中国兴起的直接理论前提，而中国传统的道德主义则是其间接理论前提。

(三)互助论兴起的主体条件

辛亥革命之后的中国内外历史情势，无疑是互助论兴起的根本条件，中西两方面的既有理论资源则是互助论兴起必不可少的理论前提，但是它的兴起还需要主体条件，即传播和建构中国式互助论的人。这一主体条件便是小资产阶级在近代中国的大量存在，其理论代表人物主要是李石曾和刘师培。

1907 年 6 月 10 日，刘师培和张继等人在东京创办《天义》。稍后，1907年 7 月 21 日，李石曾、吴稚晖等人在巴黎创办了《新世纪》。这两个刊物宗旨相近，以宣传无政府主义为主题，同时也是华语世界中互助论的主要传播媒介。刘师培等人率先传播克鲁泡特金的《互助论》。他们译介了克鲁泡特金的《无政府主义之哲理同理想》一文，在此文的按语中，他们认为"苦氏学说，其最精者为《互助》"，并认为《互助论》的宗旨是："以为仰观太空，俯察物众，近

---

① 参见邹振环：《20 世纪轰动中国的〈互助论〉》，《民国春秋》，1995 年第 6 期。

取诸身,远取诸物,均由各体互相结合,以成自然之调和,彼此调和。斯成秩序。援引各例,以证人类之互助;复援引历史,以为人类社会生活,在国家生活之先。近日以来,自由结社之风,遍于世界,由是而进,即能以社会代国家。而其要归之旨,则在于实行互相扶助。"①1908 年 1 月 25 日至 6 月 13 日的《新世纪》31 号至 51 号上,陆陆续续刊载了李石曾署名"真"译出的《互助(进化之大原因)》。其译文系《互助论》的前三章,可以说是《互助论》最早的一个节译本。

就对互助论在中国的传播与兴起的理论贡献和影响力而言,《新世纪》要大于《天义》,李石曾也要大于刘师培。对于李石曾传播克鲁泡特金《互助论》的作用,蔡元培先生 1923 年在《五十年来中国之哲学》中有过详细的论述,并予以了高度评价。他说:"《天演论》出版后,'物竞'、'争存'等语,喧传一时,很引起一种'有强权无公理'的主张。同时有一种根据进化论,而纠正强权论的学说,从法国方面输进来,这是高阳李煜瀛发起的。……他的信仰互助论,几与宗教家相像。民国纪元前六年顷,他同几个朋友,在巴黎发行一种《新世纪》的革命报,不但提倡政治革命,也提倡社会革命,学理上是以互助论为根据的。……李氏译了拉马尔克与克鲁巴金的著作,在《新世纪》发表。虽然没有译完,但是影响很大。李氏的同志吴敬恒,张继,汪精卫等等,到处唱自由,唱互助,至今不息,都可用《新世纪》作为起点。"②

李石曾和刘师培是传播互助论和无政府主义思想的主将,此外还有不少知识分子积极参与其中,信持和传播互助论和无政府主义。黄凌霜等人创办了《进化》刊物,传播和推广互助论。他在《本志宣言》的发刊词中说:"我们

---

① 《天义报》16—19 卷合册第 1 册。转引自邹振环:《20 世纪轰动中国的〈互助论〉》,《民国春秋》,1995 年第 6 期。

② 《蔡元培全集》(第 4 卷),中华书局,1984 年,第 354 页。

如今要将'互助'的公理传播到社会上去,使人人晓得他、实行他。"[1]恽代英于 1917 年 10 月组织学生社团互助社,提出"改造环境,改造自身",并于 1920 年创办《互助》杂志,声明杂志之名"取克鲁泡特金新进化论的意义"。[2]第一次世界大战,尤其是中国在巴黎和会上争取主权失败之后,互助论在中国知识界得到了广泛传播,不但此前的革命派诸如孙中山、朱执信等人,乃至激进民主主义者诸如陈独秀、李大钊、恽代英、毛泽东等人都一时成了互助论的信仰者。蔡元培也高度赞扬《互助论》,他在致陈独秀的信中说:"《互助论》一书,乃于生物进化史中,求得互助者始能生存之一公例,以驳达氏物竞之义。其书广列证据,不尚空论。今日持人道主义者,多宗之。"[3]在北京天安门举行庆祝协约国胜利的大会上,他发表了题为"黑暗与光明的消长"的演讲,论断黑暗的强权论的消灭,光明的互助论将随着协约国的胜利而为"人人都信仰"。[4]互助论得到如此之多的中国先进人物的肯定与信仰,这足以说明它在中国兴起的主体条件之充足。

改良派的温和改良主张,没能使中国走上富强民主之路,革命派的较为激进的革命策略,也没能使中国焕然一新,摆脱被压迫、被奴役的悲惨处境。这就是互助论在中国得以兴起的根本历史境况。互助论虽然在辛亥革命之前就已经在中国开始传播,并产生了一定影响,但是其真正兴起则是在辛亥革命之后,特别是第一次世界大战之后。——中国作为"战胜国"却被帝国主义列强当作"战败国"任意处置,这一弱肉强食的残酷现实让国人猛醒,认识到残酷的"竞争"只是强权者的"公理"。而国人开始反思以"竞争"为主要

---

[1]　黄凌霜:《本志宣言》,载葛懋春等编:《无政府主义思想资料选》(上册),北京大学出版社,1984 年,第 380 页。

[2]　《五四时期的社团》(一),张允候等编,生活·读书·新知三联书店,1979 年,第 118 页。

[3]　《蔡元培全集》(第 3 卷),中华书局,1984 年,第 25 页。

[4]　同上,第 216 页。

进化法则的进化论之时,也就是国人需要反"竞争"的精神之时,对进化论以"互助"精神作了重大修改的克鲁泡特金的《互助论》的传入,自然可谓恰逢其时。

二、进化论之"道"的变调

克鲁泡特金《互助论》的传入并为国人所逐步接受,无疑会导致国人对进化法则进行新的解读。但是互助论并没有完全取代此前以"竞争"为主要进化法则的进化论,国人所解读的互助论是"竞争"与"互助"两大进化法则并重的进化论。国人肯定"互助"的价值与意义,期盼"互助"精神能够带来好运,但是内忧外患的残酷现实又迫使国人不敢轻易抛弃"竞争"这一进化观念。由此,当互助论传入中国之后,进化论的进化法则便被认为有两个,即"竞争"与"互助",而非此前的"竞争"。国人基本上也对二者采取了并重的态度和立场。进化法则由单一的"竞争"衍变成了双重的"竞争"与"互助"。这就导致进化论在一定程度上发生了理论变化,这可以称为进化论之"道"的变调。进化论之"道"的变调,即是说,此前的进化论只讲"竞争",而此时的进化论——互助论——认为"互助"也是社会进步的一个不可或缺的主要方式。

中国的互助论者承认"物竞之说,自是进化不易之理"[1],但他们同时强调"互助"也是进化的一个主要法则。当时的人们过分偏重"竞争",鼓吹弱肉强食的"竞争"法则,他们则认为"互助"比"竞争"更有利于社会的进步。在他们看来,"竞争"导致人与人、民族与民族、国与国之间的互相残杀:"世界之所以终不能免为惨杀世界者,以竞争时多,而互助时少也。"[2]因此,他们认为

---

[1] 真:《某氏与新世纪书附答》,《新世纪》第 5 号,1907 年 8 月 10 日。

[2] 李石曾:《无政府说》,载张枬、王忍之编:《辛亥革命前十年间时论选集》(第 3 卷),生活·读书·新知三联书店,1977 年,第 153 页。

"互助"更有利于种群的保存和社会的进步与发展。李石曾说："人谓世界无竞争，则无进步。吾更言曰：无互助，则更无进步，且欲竞争而不能。"[①]在他们看来，互助能以较少的劳力给予个体以较大的安适与自由。是故，刘师培说："物类之发达而恒久非互助莫由。"[②]然而他们也没有只偏重于"互助"，仍然肯定"竞争"的积极作用，认为讲社会进化当"互助"与"竞争"并重。李石曾说："互助而不竞争，则偏于太柔；竞争而不互助，则偏于太烈。太柔，则不及进化之效力；太烈，则过进化之作用。"[③]因此，他主张："不柔不烈，相遇得当，不过无不及之患，是谓最得进化之大道。"[④]要言之，新世纪派在追求"真理"的进程中，接受了克鲁泡特金互助论的观点。李石曾认为："世界之所以至今日尚为惨杀之世界也"，"盖皆重竞争而轻互助也"。[⑤]在他看来，"生存未必赖以竞争，竞争未必有进步。所以赖以生存，生存而有进步者，在互助而不在竞争也"[⑥]。天义派领袖人物刘师培的互助论思想同样着眼于批判竞争。他认为"互助"是消除强权的手段："'惟争乃存'，故以能竞争为强，若明于苦氏互助之说，则竞争者恒劣败，互助者始生存，而强权可以渐弭矣。"[⑦]他高度评价克鲁泡特金的互助论："苦氏自由结合之说，以物类互相扶助为根据，固属至精之理。"[⑧]

　　无政府主义者积极肯定温情脉脉的互助进化法则、观念，抬高互助、博爱等理想观念的价值，但是中国近代社会的凄惨处境又迫使他们不得不肯定"竞争"的价值，承认"竞争"法则对于人类社会依然管用。因此，他们在"竞争"与"互助"二者之间寻找美妙的结合点，认为"调和"的立场比"单一"主张

---

①③④⑤⑥　李石曾：《无政府说》，载张枬、王忍之编：《无政府说》，《辛亥革命前十年间时论选集》（第3卷），生活·读书·新知三联书店，1977年，第152页。

②　李妙根编选：《刘师培文选》，上海远东出版社，1996年，第243页。

⑦　同上，第245页。

⑧　同上，第249页。

"竞争"的立场更有市场。①具有人道主义情怀的钱智修主张通过有效的社会政策来减轻"自然淘汰"所带来的弊病。他认为,在人类社会的进化中,"天然淘汰"从"最适者生存"变成了"最良者生存"。依据这一变化,"欲求存于世,不特当为物质的体合而已, 又当为社会的体合;不特当求智力上之优胜而已,又当求道德上之优胜"。因此,他主张将"博爱主义"和"天然淘汰"结合起来,而且认为通过他所谓的"机会均等说"就能实现这种结合。他认为他的"机会均等说"比社会主义的"数理平等主义"要优胜一筹:"社会主义者,抑个人以求暂时之苟安;而机会均等说,助个人以促进共同之进化也。至在过渡时代,则一方面当不阻止强者之进步,一方面尤当拯救弱者之失败。"②他实则是认为,一方面要肯定竞争有利于社会进步的地方,但是另一方面也要采取一定的措施抑制过度竞争。很显然,这是一种基于改良主义的调和论,在当时的历史境况中,是不切实际之论。侯声甚至认为"博爱"的价值高于"竞争"。他说:"爱者,自然之经;争者,不得已之权。权无害于经,争固无妨于爱。"他进而解释了为何当"爱"而不当"争":"虽然,有争终不如无争。人人行忠恕之道,守礼让之德,泯执着之迷见,本公明之虚衷,以理治情,以欲从人,则小人道消,争端自泯。夫天下事理,无独有偶,我所争者众,则与我争者亦众;我欲人之不我争,不如我之博爱人。吾爱十百千万人,人之爱我者亦必十百千万。我爱同族之人,同族者亦必爱我。"在他看来,如果"人人如此",那么就会出现一个美妙的效果:"同族人之爱,磅礴错综无不至。于是合群,于是保种,于是救国,……"他认为,"博爱"是轻而易举的事,所谓"一举手一投足之劳耳"。他希望"博爱"能够"化为爱河之潮,以灌溉我国人之爱根"。③

---

① 参见王中江:《进化主义在中国》,首都师范大学出版社,2002 年,第 209 页。

② 钱智修:《社会主义与社会政策》,载张枬、王忍之编:《辛亥革命前十年间时论选集》(第 3 卷),生活·读书·新知三联书店,1977 年,第 775 页。

③ 侯声:《博爱主义》,载张枬、王忍之编:《辛亥革命前十年间时论选集》(第 3 卷),生活·读书·新知三联书店,1977 年,第 754 页。

这显然无限夸大了"博爱"的作用。认为"爱"是"经",而"争"是"权",这实则是褒扬"博爱"而贬低"竞争"。他提出的消除"争端"的方法只不过是老套的"忠恕之道"。而这种本质上属于改良主义的方法,对于当时的中国社会并不能起到疗救的功效。然而任何理论都是现实的一种反映,这种抬高博爱、互助等理想观念的理论,正是近代中国备受帝国主义欺压而又内乱不断、国人渴望民族独立、幸福安乐的现实境况的反映。因此,互助论作为一种理论思潮的出现,是有其现实根据的,从而具有一定的意义和价值。

辛亥革命之后,革命派也接受了克鲁泡特金的互助论。孙中山这一革命派的领袖人物便非常明显地倾向了互助论,主张人类社会应当互助进化。1912年5月7日,孙中山在广州岭南学堂演说,宣布主张"竞争"的进化论告一段落:"物竞争存之义,已成旧说,今则人类进化,非相匡相助,无以自存。"[①]3个月之后,他受袁世凯的邀请访问北京,再度否定以"竞争"为法则的进化论。在演说中,他说:"二十世纪以前,欧洲诸国,发明一种生存竞争之新学说。一时影响所及,各国都以优胜劣败、弱肉强食为立国之主脑,至谓有强权无公理。此种学说,在欧洲文明进化之初,固适于用,由今视之,殆是一种野蛮之学问。今欧、美文明程度愈高,现从物理上发明一种世界和平学问,讲公理,不讲强权,尚道德,不尚野蛮。从前生存竞争之学说,在今日学问过渡时代已不能适用,将次打消。"[②]又过了3个月,他应中国社会党本部的邀请抵达上海。在演讲中,他说:"循进化之公理,由天演而至人为,社会主义实为之关键。动物之强弱,植物之荣衰,皆归之于物竞天择、优胜劣败。进化学者遂举为天演淘汰之公例。故达尔文之主张,谓世界仅有强权而无公理,后起学者随声附和,绝对以强权为世界惟一真理。我人诉诸良知,自觉未敢苟同,诚以强权虽合于

---

① 《孙中山全集》(第2卷),中华书局,1982年,第360页。

② 同上,第423页。

天演之进化,而公理实难泯于天赋之良知。故天演淘汰为野蛮物质之进化,公理良知实道德文明之进化也。"①他把优胜劣败的"竞争"只是视为生物的进化法则,而认为互助合作是人类社会的特有进化法则。和孙中山一样,朱执信也将"互助"看作人类社会进化的特有法则,认为这是人类优越于其他动物的特性。他说:"人之祖先,固不曾磨牙吮血的争斗。就是人类的近亲猿猴、猩猩之类,也是吃果子度日。到人类更把互助的精神发挥出来,成立人类社会,所以人自己说是万物之灵。试问万物之灵,好处在那里?不过多了一点智慧,晓得互助。……惟其论智不论力,所以贵互助不贵争斗。一个人晓得争斗不如互助,就是论智的结果。"②他认为中国传统文化中并没有主张强力和侵略的思想,"强权"和"竞争"学说是西方输进中国的"毒药"。因此,他猛烈地抨击以"竞争"为法则的进化论:"到近年来,欧洲学说输入中国,半面的物竞天择,与自暴自弃的有强权无公理,流行起来,比鼠疫还快。……新的学说,没有完全输进,而且人家用过的废料,试过不行的毒药,也夹在新鲜食料里头输进来了。这就是军国主义,侵略政策,狮子榜样了!"③但是个人的意志并不能左右社会的发展趋势。孙中山、朱执信等人一厢情愿地主张互助进化,并不能使社会真正步入互助时代。

近现代的中国是一个内外矛盾丛生、险象环生的国度,不顾现实的阶级斗争、军事斗争等"竞争"现实,而只凭美好愿望来否定"竞争",实在过于理想。事实上,孙中山在倡说一阵子互助进化的美妙调子之后,现实中的残酷竞争现象,尤其是袁世凯的反动苗头,很快就让他回到了主张"竞争"的立场。就在宋教仁被暗杀的前17天,他又肯定"竞争"的价值了。他说:"天下事非以竞争不能进步。当此二十世纪,为优胜劣败、生存竞争之世界。如政治、

④ 《孙中山全集》(第2卷),中华书局,1982年,第507~508页。

② 《朱执信集》(上册),中华书局,1979年,第324~325页。

③ 同上,第328~329页。

工业、商业种种,非竞争何以有进步?"①因此,为了将来社会以互助为进化法则,在帝国主义和强权政治横行的现实中,孙中山又不得不首先设法使国人适应残酷而激烈的竞争,从而首肯"竞争"作为社会进化法则的地位。于是追求互助进化和高度赞赏互助价值的孙中山,迫于现实处境不得不迁就"竞争",不得不让它发挥"临时性"的媒介作用,以便通过"竞争"这一"非合理"的进化方式实现更高阶段的"合理"的互助进化。如此一来,理想性的互助进化被推到了将来的社会;而在现实社会,孙中山等革命派和无政府主义者一样,在人类社会的进化立场上,皆主张"竞争"与"互助"并重。

由上述可知,互助论传入中国之后,不仅得到了积极传播它的无政府主义者的信仰,甚至也得到了此前的革命派以及此后的激进民主主义者的信持。然而由于内忧外患深重的中国近代的现实境况,互助论的中国信仰者以及肯定互助论的革命派和激进民主主义者并没有否定"竞争"这一进化论的基本法则,他们在肯定"互助"的同时,也同样肯定"竞争"的不可或缺性。也就是说,在他们看来,二者皆是社会进化的主要法则,应该并重。从维新派的改良主义进化论到革命派的革命民主主义进化论,发生了一个由渐进到突变的质变,而从革命派的革命民主主义进化论到无政府主义者的互助论,只是在社会进化方式上多增加了一个"互助"的量,此后进化法则被认为有两个,即"竞争"和"互助",发生的只是量变,而非质变。互助论为中国进化论思潮带来了一个调整和转换的"契机"②,也为国人反思进化论提供了一个理论上的参照物。但是它的传入和兴起并没有致使价值的天平倒向它这一边,进化论的物竞天择、适者生存的"竞争"法则只是暂时受到了质疑,现实的境况让国人依然相信"竞争"对于社会进步的作用与价值。因此,互助论的兴起使

---

① 《孙中山文集》,团结出版社,1997年,第509页。

② 参见王中江:《进化主义在中国》,首都师范大学出版社,2002年,第201页。

进化论在中国奏响了一首"竞争"与"互助"二重奏的交响曲。互助论的代表人物李石曾的"互助"进化论正是这样的一首交响曲。

第四节　李石曾"互助"进化论

李石曾是互助论的最忠实信徒和积极传播者,互助论在中国传播的初期和兴盛期,他的"传道"功劳最大,其理论成就也最高。[①]因此,对中国式互助论的具体考察,理应以他的互助论作为研究对象的代表。革命派的进化论还会象征性地论及自然界的进化,无政府主义者的进化论即互助论几乎不谈自然界的进化。李石曾的互助论所论及的对象主要是社会现象,不再谈及自然现象,几乎便只是一种社会进化论。由此可以发现一个"规律":从严复的"天演"进化论开始,进化论在中国的演进,其"天"的一面逐步淡出、退隐,而其"人"的一面则逐步显明、增强,其改造人及其社会的理论旨归变得越来越直接而明朗。就李石曾的进化论思想即互助论而言,可以概括为三个具有内在联系的方面:其一,他认为进步是从劣到优、从优到更优的过程,而非优胜劣败的过程,这可以称为优劣俱进论;其二,他认为"互助"比"竞争"更有利于人的生存和社会的进步,这可以称为互助优胜论;其三,他并不否定"竞争",认为社会的进化是"互助"与"竞争"共同作用的结果,这可以称为互助与竞争并重论。

---

① 参见郭湛波:《近五十年中国思想史》,山东人民出版社,1997年,第262~263页。

一、优劣俱进论

在进步观念上，李石曾提出了一种新的进步观。这一进步观主张优劣共同进步，认为进步是从劣到优、从优到更优的过程，而非优胜劣败的过程。因此，可以将之称为优劣俱进论。无政府主义者主张"互助"，但是"互助"和"竞争"一样，只是实现进步的手段、方法，其本身并非目的。手段与方法在某种意义上根源于目的。李石曾的互助论可以说就是基于其优劣俱进的进步观。

和此前的中国进化论者一样，李石曾仍然相信进化是直线式的不可逆的进步。他说："故粗而精，旧而新，物质之进化也；简单而繁复，野蛮而文明，不幸乐而至较为幸乐，生物之进化也。"但是他的进步观有别于此前中国进化论者的地方在于，他认为人类社会的进步并非是一种优胜劣汰的过程，进步的获得并非要以牺牲弱者、劣者为代价。他说："生存在于进化。进化者，由劣而优，由优而更优也。"他认为人类生存的意义在于"进化"或进步，而且他坚信，人类社会的进步是从劣到优、从优到更优的过程。他层层递进地论证道："苟进化专赖竞争，优固胜，劣固败，胜者存，败者灭，则只有优者之进化，而无劣者之进化也。如优果必胜，劣果必败，则何必待竞争而后见？必待竞争而后见胜败者，则优者未必有其必胜之势，而劣者未必有其必败之理也。苟优者有必胜之势，则优者不可言进化也。何者？遇劣者必胜也。劣者有必败之理，则劣者尤不可言进化也。何者？遇优者必败也。唯其不然，劣者勉为优，优者勉为更优；优者胜，劣者亦胜。同胜而存，则优劣俱进化矣。"[①]李石曾所说的道理是：如果只是将"竞争"看作人类社会进步的唯一力量，而"竞争"的

---

① 李石曾：《无政府说》，载张枬、王忍之编：《辛亥革命前十年间时论选集》（第 3 卷），生活·读书·新知三联书店，1977 年，第 152 页。

结果又是优胜劣败,那么就只有优者之进化,而无劣者之进化,优者必然会因此而凝固化,结果就达不到实现社会进化的意义。①但是他于此所论规避了优者与优者之间"竞争"这种情况,而只是设定优者与劣者之间的"竞争";优者与劣者"竞争",优者很可能如李石曾所言,并不会因此而有所长进,但是优者与优者"竞争",却有可能有所长进,从而有利于人类社会在整体上的进步,而这是他所未论及的。退一步而言,纵使他的这种优劣俱进的进步观在逻辑上具有一定的道理,但是这也只是他自己设定的一种进步观念,并无现实根据。因此,它在本质上只是一种从理论观念出发的形而上学思想。

那么,李石曾的这种优劣俱进的进步观念,如果化为行动的方案,它是通过什么方法来实现的呢? 既然在他看来,过度的残酷"竞争"不利于进化,那么利于进化的方法无疑是提倡"互助"和限制"竞争"。

二、互助优胜论

"互助"与"竞争",谁更有利于人类社会的进步呢? 在辛亥革命之前,革命派一定会回答说,是"竞争";但是辛亥革命后,他们和传播克鲁泡特金互助论思想的无政府主义者一样,其答案逐步趋向于"互助"。而在无政府主义者的代表人物李石曾看来,答案毫无疑问就是"互助"。这便是他的互助优胜论,而这正是他的互助论的主要思想。

李石曾互助优胜论思想无疑直接受到克鲁泡特金的影响。克鲁泡特金认为:"在人类道德的进步中,起主导作用的是互助而不是互争。甚至在现今,我们仍可以说,扩展互助的范围,就是我们人类更高尚的进化的最好保证。"②既然人类社会的进步主要源自其"互助"而非"竞争",那么在"互助"与"竞争"

---

① 参见王中江:《进化主义在中国》,首都师范大学出版社,2002 年,第 204 页。

② [俄]克鲁泡特金:《互助论》,李平沤译,商务印书馆,2009 年,第 273 页。

二者之间,他的价值天平无疑会倾向于"互助"。他说:"'不要竞争!竞争永远是有害于物种的,你们可以找到许许多多避免竞争的办法!'……'所以,团结起来——实行互助吧!'"①克鲁泡特金认为他的互助论具有理论根据。他认为,"互助"根源于动物和人类的"互助本能",并在互助实践中得到积累、保持和发展。而且在他看来,人类的"互助本能"无疑是物种最完善的。他说,"互助本能""从氏族扩展到种族、种族的联盟、民族,最后最低限度在思想上扩展到了整个人类。在扩展的同时,它也同时更加精深了"。②

　　达尔文并非只主张"竞争",实则他也认为动物与人类有"互助本能"。在关于"互助本能"的原始性解释上,达尔文的说法大概比克鲁泡特金之说还要精深。他将"互助"视为动物与人类所具有的合群和互助倾向的"社会本能"。他说:"道德属性(morol qualities)的发展是一个更加有趣的问题。其基础建筑在社会本能之上,在社会的本能这一名词中含有家庭纽带的意义。这等本能是高度复杂的,在低于人类的动物场合中,有进行某些一定活动的特别倾向;但其更重要的组成部分还是爱,以及明确的同情感。赋有社会本能的动物乐于彼此合群,彼此警告危险,以及用许多方法彼此互保和互助。这等本能并不扩展到同一物种的一切个体,而只扩展到同一群落的那些个体。由于这等本能对物种高度有利, 所以它们完全可能是通过自然选择而被获得的。"③他肯定这种"社会本能"对于动物以及人类的价值,并认为人类也如动物一样,是通过自然选择获得了这种"社会本能":"这等社会属性对低于人类的动物的高度重要性已是无可争辩的了,毫无疑问,人类祖先也是以相似的方式,即在遗传的习性帮助下通过自然选择获得这等属性。"④

---

① [俄]克鲁泡特金:《互助论》,李平沤译,商务印书馆,2009年,第77~78页。

② 同上,第272~273页。

③ [英]达尔文:《人类的由来及性选择》,叶笃正、杨习之译,科学出版社,1982年,第137页。

④ 同上,第158页。

不过值得注意的是，李石曾以及中国的其他无政府主义者的互助论思想虽然直接受到了克鲁泡特金的影响，但是他们的进化论逻辑却并不同于克鲁泡特金以及达尔文认为的那种"互助"本能普遍存在于动物与人类的一元进化逻辑，而是认为"互助"只是人类的特性，是作为万物之灵的人类优越于动物的地方。在这一点上，他们的进化逻辑与赫胥黎的二元进化逻辑保持一致。正因为中国无政府主义者的互助论的进化逻辑不同于克鲁泡特金，所以二者对人性之善的生成看法并不一致。在克鲁泡特金看来，根源于动物本能的"互助"，是人类道德观念的真正基础，是真正的道德原则，它比自由、平等、公正、正义等其他理想性的原则更加优越，更能为人类带来幸福。由于将"互助"设定为动物与人类的天生本能，那么克鲁泡特金也就必然会认为动物与人类天生具有"善性"，只是这种"善性"的扩展与显明，还需要从"弱互助性"到"强互助性"的进化逻辑与事实的襄助。而中国无政府主义者则认为，"互助"恰恰是人类摆脱动物本能的结果，"互助"这一人类特具的属性和权利是从动物本能具有的以自私自利为基础的生存斗争的自然"兽性"中进化出来的。因此，中国无政府主义者将人类的自然本性设定为"恶"，并认为人类的"善性"是在克服自然本质之"恶"的过程中逐步生成的。可以发现，他们与克鲁泡特金的理论出发点恰恰相反：他们设定了动物与人类的"二元化"，在这种"二元化"中，动物被排除在"互助"之外，只有人类才具有"互助"的特权；克鲁泡特金则设定了"互助"是动物与人类共有的本能，动物并没有被排除在"互助"之外，也具有"互助"的权利。在这样的进化逻辑中，一切被中国无政府主义者认为是有悖于人类"善性"的东西，都被置于动物属性的范畴。比如，强权与公理、天演与人演、权与经、霸与王、力与德、民族主义与世界主义、现实与理想，前者是动物"兽性"的表现，而后者则是人类"善性"

的表现,而人类的进步,恰恰就是克服自身的"兽性"而增进"善性"。①

　　将"互助"设定为人类的特权,意在论证"互助"才是人类进化或进步的主要动力和方式,强调"互助"比"竞争"更有利于人类社会的进化或进步。李石曾便是如此认为的。在他看来,人类的生存不必然依赖"竞争",而"竞争"也并不必然带来人类社会的进步。他说:"人谓世界无竞争,则无进步。吾更言曰:无互助,则更无进步,且欲竞争而不能。今之谈天演学者,动辄曰:生存竞争,优胜劣败。彼徒见社会一方面之竞争,而即武断之曰:生存必赖竞争。"②在他看来,认为"竞争"是社会进步的唯一动力和方式的说法是武断之论。他认为,社会的进步是"互助"与"竞争"共同作用的结果。而且从他"无互助,则更无进步,且欲竞争而不能"这一说法来看,他似乎认为"互助"是"竞争"的前提。这关涉到他的优劣俱进论。依照他的优劣俱进论的逻辑,如果不"互助",劣者得不到进化,优者也就失去了能与之一较高下的竞争对手,其结果,不但劣者得不到进化,而且优者势必也得不到进化。

　　互助论可以说是反对帝国主义推行"弱肉强食、优胜劣败"的"丛林法则"的产物,是对后者的否定,从而为世人提供了一个新的观察社会进化的视角,让世人看到了社会进步的希望。信奉温情脉脉的互助论,却身处乱世,那么互助论的信奉者就必须首先批判社会达尔文主义的"竞争"法则。在李石曾看来,国家、民族之间相互残杀,就在于多"竞争"而少"互助",重"竞争"而轻"互助"。他说:"世界之所以终不能免为惨杀世界者,以竞争时多,而互助时少也。"③又说:"自有生物以来,沦于天演之淘汰者多,出于自然之进化者少。盖皆重竞争而轻互助也。互助其一小部分,而竞争其全体。此世界之

---

　　① 参见王中江:《进化主义在中国》,首都师范大学出版社,2002年,第212~213页。
　　② 李石曾:《无政府说》,载张枬、王忍之编:《辛亥革命前十年间时论选集》(第3卷),生活·读书·新知三联书店,1977年,第152页。
　　③ 同上,第153页。

所以至今日尚为惨杀之世界也。"①因此,他主张"互助",认为互助更有利于人类社会的进步:"人谓世界无竞争,则无进步。吾更言曰:无互助,则更无进步,且欲竞争而不能。"②

既然认定与"竞争"相比,"互助"更能推动人类社会进步,更有利于人类的生存和发展,那么在李石曾看来,"互助"的价值无疑要高于"竞争"的价值。他对人类的生存方式作了一个对比,认为"互助"这一方式最有利于人类社会的进步。他说:"(甲)互助,则优劣俱胜。(乙)不互助,则优劣俱败。(丙)竞争,则优胜劣败。(丁)不竞争,则优败劣胜。(甲)为并进;(乙)为同退,(丙)为单进,(丁)为只退。"③根据这一对比,其结论无疑是"互助"最有利于人类的生存与进步。但是李石曾的对比具有很大的随意性,也并无事实根据。他主张优劣俱进论,认为"万物并育,而不相害。相害者,竞争;不相害者,互助"④。既然"互助"有利于人类的生存与进步,而"竞争"有害于人类的生存与进步,那么他的价值天平无疑倾向于"互助":"互助与竞争之关于生存,一相害,一不相害,其差别如斯。重竞争而轻互助者,可不慎乎哉!"⑤

值得注意的是,克鲁泡特金和无政府主义者乃至中国所有互助论倡导者,实则都误解了斯宾塞的"自由竞争"。斯宾塞所说的"自由竞争"并非社会达尔文主义意义上的"自由竞争"。鲍勒反复强调,被称为社会达尔文主义者代表的斯宾塞,实则并非社会达尔文主义者,而是一个拉马克主义者。斯宾塞确实认为,强者将弱者强有力地撞倒在一边是"自由竞争"势必会导致的一个后果,但是他并没有因而便认为社会的进步源于"弱肉强食、优胜劣败",而是认为真正的进步来源于由于害怕失败和贫穷而被刺激起来的个人能动性。在他看来,企业"自由竞争"的目的也不在于淘汰弱者,而是鼓励弱

---

① ③ ⑤ 李石曾:《无政府说》,载张枬、王忍之编:《辛亥革命前十年间时论选集》(第3卷),生活·读书·新知三联书店,1977年,第153页。

② ④ 同上,第152页。

势企业做出更大的努力,以图改变其不利处境。①如果将"自由竞争"视为鼓励所有的人通过自身的努力而积极改变各自的不利处境,而不是旨在消灭不适者和弱者,那么在这个意义上,它实则同"互助"就没有什么冲突和矛盾。②然而在事实上存在的"自由竞争"却是"弱肉强食、优胜劣败",而互助论正是以反对这样的"自由竞争"观念、信条而出现的。李石曾主张"互助"而不满于"竞争",其理论根源也正在于此。

三、互助与竞争并重论

优劣俱进论可谓是李石曾进化论的基本理论观念,而互助优胜论则是其主要进化论思想,也是其关于社会进化的方法论。不过,他的互助论并不否定竞争,而是给竞争留下了足够的空间。这也是他进化论不可忽视的一个环节。他的这一进化思想可以称为互助竞争并重论。

李石曾认为,社会的进步并非只来自"竞争",而是"竞争"与"互助"共同作用的结果。他说:"今之谈天演学者,动辄曰:生存竞争,优胜劣败。彼徒见社会一方面之竞争,而即武断之曰:生存必赖竞争。"③这是对只重"竞争"的社会进化论的否定,其言下之意,社会进化还有"互助"的一面。他将"竞争"与"互助"类比为铜像所持的盾牌的金银两面,盾牌不只是"甲"这个人所见到的金的一面,也不是"乙"这个人所见到的银的一面;如果认为社会的进步只有赖于"竞争"或"互助",则就是如甲、乙二人以一面之见的妄断。④

他的确认为"互助"更有利于社会的进步,否则他便不是无政府主义者,

---

① 参见[英]皮特·J.鲍勒:《进化思想史》,田洺译,江西教育出版社,1999年,第303、365页。

② 参见王中江:《进化主义在中国》,首都师范大学出版社,2002年,第204页。

③④ 李石曾:《无政府说》,载张枬、王忍之编:《辛亥革命前十年间时论选集》(第3卷),生活·读书·新知三联书店,1977年,第152页。

也不足以堪称互助论的中国代表。但是他并没有因重"互助"而否定"竞争"，而是主张"互助"与"竞争"要做到"刚柔相济"。他说："虽然，互助而不竞争，则偏于太柔；竞争而不互助，则偏于太烈。太柔，则不及进化之效力；太烈，则过进化之作用。不柔不烈，相遇得当，不过无不及之患，是谓最得进化之大道。"①也就是说，在他看来，单方面地重视"互助"或"竞争"都不是有利于社会进化或进步的最好方式，有利于社会进化或进步的最好方式是"互助"与"竞争""相遇得当""刚柔相济"，这才堪称"最得进化之大道"。

那么如何把握"互助"与"竞争"划界的分寸，二者有何行动标准可依据呢？也就是说，何时当"互助"，又何时当"竞争"呢？他说得非常含糊或者说玄乎。他说："私同而攻异，物质之情也，故同则互助，异则竞争。同而不互助，则优劣俱败；异而不竞争，则优败劣胜。此天演之淘汰也。"②他认为，相异"竞争"而相同则"互助"只是生物界的进化法则，人类的"竞争"与"互助"规则并非如此。他说："惟竞争其所当竞争，虽同亦竞争；互助其所当互助，虽异亦互助。并进单进，各随其所宜，此自然之进化也。天演之淘汰与自然之进化，皆生存之大道也。"③人类之"竞争"或"互助"，依循的准则便是"各随其所宜"。这是非常含糊的，让人感到很玄乎。何时是"竞争"之"所宜"，何时又是"互助"之"所宜"，便只能根据具体的境遇来判断和行动了。李石曾如此言说，实则也只是一种理想化的论说，是出于其理想观念的自我设定，并没有现实根据；退一步而言，纵使这种理想观念的自我设定有其现实价值，在现实上也不好操作，"当竞争"和"当互助"的标准是什么呢？不能以一句"各随其所宜"便了事，"宜"之所在必须具体化，而不能只停留在理论的理想层面，否则就不能化为具体的行动方案而具有实践性。

---

① 李石曾：《无政府说》，载张枏、王忍之编：《辛亥革命前十年间时论选集》（第3卷），生活·读书·新知三联书店，1977年，第152页。

②③ 同上，第153页。

肯定"竞争"对于社会进步的价值,在李石曾那里,只是不得已的权宜之计。这倒是有其现实根据的。根据何在? 就在于世界各国互相争战的现实境况,尤其是中国内忧外患的凄惨处境。在理想层面上,他则要限制"竞争"的范围,给"竞争"设定一个理想的形态。他说:"人之竞争,不外数种:以力争,则强弱分焉;以才争,则智愚分焉;以利争,则贫富分焉;以名争,则荣辱分焉;以理争,则是非分焉。……盖今日之社会,利争之社会也。力争、才争、利争与名争之时代,皆为不正当之竞争。过此以后,为理争得力之时代,互助与竞争并重,社会自此正当矣,自然之进化发达矣。"①他认为"互助与竞争并重"是"理争"而又"得力"的时代,是理想的社会进化形态,社会因此而变成理想的社会。也只有到了这个时候,这样的进化才是"自然""发达"的,这便是他所谓的"自然之进化发达"。可以发现,自严复始,中国的进化论者,总是将其自我设定的理想进化方式称之为"自然"的,似乎冠以"自然"之名就是天然合理的。但是事实上,现实社会恰恰是"力争、才争、利争与名争"的社会,界限林立、矛盾重重、纷争迭起,而且是非难分,"理争"在现实面前被映照得那样虚幻。因此,不首先设法面对现实的残酷"竞争",只试图在理论上虚构理想观念,结果便只能陷入美好的幻想。

李石曾是互助论在中国最忠实的信徒和积极传播者,其理论成就和影响力在中国的无政府主义者中也最大。因此,于此主要具体论述他的"互助"进化论。互助优胜论是其进化论的主要思想,这种进化观基于一种新的进步观即他提出来的优劣俱进论。他的互助论和克鲁泡特金的互助论一样,皆是对主张"弱肉强食、优胜劣败"的社会达尔文主义的反对。但是他似乎比克鲁泡特金要现实一点,面对世界各国、各民族之间残酷竞争的现实,尤其是中

---

① 李石曾:《无政府说》,载张枬、王忍之编:《辛亥革命前十年间时论选集》(第3卷),生活·读书·新知三联书店,1977年,第153页。

国近现代社会内忧外患的处境,他在一定程度上肯定"竞争"的价值,给"竞争"存留了足够的空间。如此一来,他的"互助"进化论实则还包含肯定"竞争"有利于社会进化或进步这一方面的思想。然而他的这些理论主张,都只是基于理论观念的言说,并没有多少事实根据,而这必然会使他的进化思想流为形而上学的空想。

　　此后兴起的以民主与科学为思想旗帜的新文化运动①,在相当大的程度上可以说是对进化论包括互助论的弥补,弥补它们的某些缺陷。新文化运动在批判传统思想、革新国人的思想观念层面上,无疑是极为成功的,但是它的理论武器——民主与科学思想——主要是一种理论智慧,而且与此前的进化论及无政府主义相比,民主与科学思想也显得实践性更为薄弱。改良主义、革命民主主义、无政府主义皆有相应的实践活动,尽管它们实践活动的深入程度、性质不一,但是它们毕竟还是有相应的实践活动的,而民主与科学思想却并没有相应的实践活动,仅仅停留于思想领域、理论层面。因此,从根本上而言,它也不可能为国人提供一种改造中国的实践智慧——方法论。然而民主与科学思想作为一种新的启蒙思想,既然在一定程度上沉重打击了专制主义,那么它也就会促使国人寻求更具阐释力的理论,有助于新的有竞争力的思想观念在中国的出现和传播,有助于马克思主义这种比进化论更具解释力的理论在中国的生发与传播。

---

　　①　新文化运动的世界观无疑是进化论,但是民主与科学思想并没有像此前的改良主义、革命民主主义和无政府主义那样形成一种新的中国式进化论的理论形态,故而于此不像考察此前三种中国式进化论那样对之作专题研究。

第四章　从进化论到唯物史观的转变

　　作为世界观的进化论在五四新文化运动时期达到了巅峰。此后,它的思想主潮地位为马克思主义所取代。但是这并不意味着进化论从此便从中国思想领域里消退而毫无影响力了。实则,在中国先进人物那里,它还非常有影响力,比如,包括陈独秀、李大钊在内的这些已经在理论立场上转向了马克思主义的先进人物,便依然相信进化论。①相较于知识分子,一般国人受进化论的影响则更为深远,进化、竞争等进化论的主要观念已经深入人心。但是进化论毕竟衰落了,因为它不再是思想主潮,五四运动之后,思想主潮已经换位为马克思主义。这期间,无疑发生了一个理论转向的问题。而这便是本章要考察的问题。对于这一问题,我们作如下考察:首先,论述中国早期马克思主义者的三个主要代表人物陈独秀、李大钊和毛泽东从进化论到唯物史观的理论转向;其次,探究从进化论到唯物史观的理论转向何以可能。

---

　　①　1923 年 11 月 29 日,李大钊在上海大学演讲时说:"由茹毛饮血的生活而渐进于游牧的生活,由游牧的生活而进于畜牧生活,而进于农业生活,手工业的生活,机器工业的生活,这里边有很悠久的历史,并不会一时得到的。我们现在根据进化论去解释这些记录,比在数十年前的观念已大不同了。"[《李大钊全集》(第 4 卷),人民出版社,2006 年,第 359 页]毫无疑问,此时的李大钊已经是一位成熟的马克思主义者,但是他依然相信进化论,这充分说明进化论还在影响着中国先进人物。

第一节　中国早期马克思主义者的理论转向

进化论对中国近现代思想的影响无疑是深远而巨大的。陈独秀、李大钊、瞿秋白、李达、艾思奇等后来转向马克思主义的中国先进人物，早年几乎都或多或少地受到过进化论的影响，具有一定的进化论思想观念。这意味着，中国早期马克思主义者在理论立场上几乎都存在着从进化论到马克思主义或唯物史观的理论转向问题。本书不打算从总体上阐述中国早期马克思主义者的理论转向，而试图从几个主要代表人物的理论转向为例，以求以点带面。根据中国近现代哲学思想的发展实情，当以陈独秀、李大钊和毛泽东三人作为具体的考察对象。将陈、李二人作为考察对象，这是不言而喻的。那么，为何要将毛泽东也列为考察对象呢？这主要是鉴于他的历史地位以及他成熟时期的哲学是后来中国马克思主义哲学之典范。

一、陈独秀的理论转向

在马克思主义来到中国之前，自严复翻译《天演论》始，进化论便一直是中国近代社会的思想主潮。受这种时代思潮的影响，陈独秀早年十分推崇进化论，他的世界观主要是一种唯物论的进化论。

新文化运动兴起之际，陈独秀于 1915 年 9 月 15 日的《法兰西人与近世文明》一文中高度肯定了进化论对于社会发展的意义与价值，认为"生物进化论"是"近代文明""最足以变古之道，而使人心社会划然一新者"的"三事"之一。[①]他认为进化论极大地促进了欧洲社会的进步："欧人笃信创造世界万

---

① 《陈独秀文章选编》(上)，生活·读书·新知三联书店，1984 年，第 80 页。

物之耶和华,不容有所短长,一若中国之隆重纲常名教也。自英之达尔文,持生物进化之说,谓人类非由神造,其后递相推演,生存竞争优胜劣败之格言,昭垂于人类,人类争吁智灵,以人胜天,以学理构成原则,自造其祸福,自导其知行,神圣不易之宗风,任命听天之惰性,吐弃无遗,而欧罗巴之物力人功,于焉大进。"①

毋庸讳言,在进化论时期,陈独秀的世界观并不完全是唯物论的,尚还掺杂着不少唯心论的东西,不过从整体上而言,他的世界观是唯物论的。他认为,宇宙是由物质构成的,并不存在什么超自然的主宰世界的神灵。他说:"宇宙间物质的生存与活动以外,世人多信有神灵为之主宰,此宗教之所以成立至今不坏也。然据天文学家之研究,诸星之相毁、相成、相维、相拒,皆有一定之因果法则。据地质学家之研究,地球之成立、发达,其次第井然,悉可以科学法则说明之。据生物学者、人类学者、解剖学者之研究,一切动物,由最下级单细胞动物,以至最高级有脑神经之人类,其间进化之迹,历历可考,各级身体组织繁简不同,势力便因之而异。"②不仅如此,他还认为物质运动有其自身的客观规律,遵循着固有的自然法则。他说:"近世天文学、物理学及化学者,皆足以证明自然法则,独能支配宇宙。而近世动植物学及人类学,又能确实证明此法则得以适用有机物之全体。"③这就否定了神灵对于宇宙万物的主宰。质言之,在他看来,自然科学的进步已经使"昔之神秘的世界不可再事维持"④。

陈独秀的世界观不但是唯物论的,而且是唯物论的进化论。他认为客观物质世界是一个由低级到高级、由简单到复杂的进化过程。他说:"自宇宙之根本大法言之,森罗万象,无日不在演进之途,万无保守现状之理;……以人

---

① 《陈独秀文章选编》(上),生活·读书·新知三联书店,1984 年,第 80 页。
② 同上,第 273 页。
③④ 陈独秀:《科学与基督教》,《新青年》第 3 卷第 6 号(1917 年 8 月 1 日)。

事之进化言之：笃古不变之族，日就衰亡；日新求进之民，方兴未已；存亡之数，可以逆睹。"①又说："世界进化，駸駸未有已焉。其不能善变而与之俱进者，将见其不适环境之争存，而退归天然淘汰已耳，保守云乎哉！"②他认为，进化论不仅适用于自然界，也适用于人类社会。因此，他的历史观是一种进化论的历史观，具有显明的进化论特征。他认为人类也遵循自然界的新陈代谢法则，时时处于进化之中，日新月异。他说："世界之变动即进化，月异而岁不同，人类光明之历史，愈演愈疾。……人类文明之进化，新陈代谢，如水之逝，如矢之行，时时相续，时时变易。"③既然人类处于不断的进化之中，不进则面临着被淘汰的险境。因此他认为，人类不能只是因袭过去，满足于过去的文明，而要勇于革故鼎新，不断地创造新的文明。正是在这个意义上，他认为"人类生活之特色，乃在创造文明耳"④。他十分重视创造精神，他在总结新文化运动时，高度赞扬"创造"："新文化运动要注重创造的精神，创造就是进化，世界上不断的进化只是不断的创造，离开创造便没有进化了。我们不但对于旧文化不能满足，对于新文化也要不满足才好；不但对于东方文化不满足，对于西洋文化也要不满足才好；不满足才有创造的余地。我们尽可前无古人，却不可后无来者；我们固然希望我们胜过我们的父亲，我们更希望我们不如我们的儿子。"⑤于此，他已经将"进化"等同于"创造"，并认为是"创造"推动着人类的进步。由此可见，创造精神在他心中何其重要。

尤为可贵的是，在接受马克思主义之前，他在一定程度上已经看到了生产力和经济等物质因素在社会发展中的决定性作用。他说："现实之世界，即经济之世界也。举凡国家社会之组织，无不为经济所转移所支配。古今社会状态之变迁，与经济状态之变迁，同一步度。"⑥他后来还认识到，一个社会的

---

① ② 《陈独秀文章选编》（上），生活·读书·新知三联书店，1984年，第75页，第80页。
③ ④ 同上，第101页。
⑤ 同上，第516页。
⑥ 同上，第88页。

盛衰,决定性力量在于生产力、经济力的发达与否。因此,他说:"今日西洋各国国力之发展,无不视经济力为标准。"①这表明,他的进化论历史观中已经渗进了某些唯物史观的因素。

在陈独秀从进化论到唯物史观的理论转向过程中,最值得注意的是他思想中的现实主义元素。他主张"尊现实"而"弃'虚文'"。他说:"现实世界之内有事功,现实世界之外无希望。唯其尊现实也,则人治兴焉,迷信斩焉;此近世欧洲之时代精神也。此精神磅礴无所不至,见之伦理道德者,为乐利主义;见之政治者,为最大多数幸福主义;见之哲学者,曰经验论,曰唯物论;见之宗教者,曰无神论;见之文学美术者,曰写实主义,曰自然主义。一切思想行为,莫不根植于现实生活之上。古之所谓理想的道德的黄金时代,已无价值之可言。"②他将伦理学上的功利主义,政治上要求为最大多数人谋求最大幸福的思想,哲学上的经验论、唯物论,宗教上的无神论,文艺上的现实主义、自然主义,不加分辨地统称为现实主义,这明显深受实证论影响的表现,显然是不对的,但是他的基本倾向却是唯物主义的。③与"尊现实"相联系,他主张"弃'虚文'",以现实主义的精神来批判一切旧的伦理道德、学术思想乃至政治制度。他认为,"一切虚文空想之无裨于现实生活者,吐弃殆尽"。"物之不切于实用者,虽金玉圭璋,不如布粟粪土?若事之无利于个人或社会现实生活者,皆虚文也,诳人之事也。诳人之事,虽祖宗之所遗留,圣贤之所垂教,政府之所提倡,社会之所崇尚,皆一文不值也!"④他大胆地宣称,当时中国的"社会制度","人心思想","无一不与社会现实生活背道而驰"⑤,因此皆当予以抛弃。他警告道:"倘不改弦而更张之,则国力将莫由昭苏,社会永无宁日。"⑥陈

---

① 《陈独秀文章选编》(上),生活·读书·新知三联书店,1984年,第132页。

② 同上,第86~87页。

③ 参见冯契:《中国近代哲学的革命进程》,上海人民出版社,1989年,第294页。

④⑤⑥ 《陈独秀文章选编》(上),生活·读书·新知三联书店,1984年,第77页。

独秀的现实主义精神尽管掺杂着不少唯心主义的实证论的思想，但是它富于革命性，这对于他走向马克思主义立场不无助益。

在 1920 年 5 月前，陈独秀由进化论转向了马克思主义立场。进化论时期的陈独秀，其思想中无疑还有不少唯心主义的东西，但从总体上而言，在他的思想中占主导地位的是唯物主义元素，正是这些唯物主义思想元素驱使着他走向了马克思主义的立场。在 1920 年 5 月前，陈独秀抛弃了进化论，开始用唯物史观看问题。在 1920 年 3 月 1 日《马尔萨斯人口论与中国人口问题》一文中，他提到了马克思的唯物史观。在 1920 年 5 月 1 日的《劳动者底觉悟》一文中，他试图用阶级观点分析中国社会阶级状况，首肯了无产阶级在现代社会中的力量和作用，并且认为劳动者的觉悟分两步：第一步是"要求待遇"，第二步是"要求管理权"。[①]

二、李大钊的理论转向

在接受马克思主义之前，李大钊形成了一种独特的青春哲学。从世界观层面而言，他的青春哲学基本上也是一种唯物论的进化论。

李大钊的青春哲学形成于留日期间，也正是从这个时期开始，他明显具有了进化论思想观念。他在 1916 年 8 月 16 日的《民彝与政治》一文中认为，"天演之迹[迹]，进化之理"[②]是自然界和人类社会都不可能逃避和违抗的。以进化论为世界观，他认为世界的本原是物质。他说："历稽中国、印度，乃至欧洲之自古传来之种种教宗哲派，要皆以宇宙有一绝对理性、绝对意思之不可思议的、神秘的大主宰。曰天，曰神，曰上帝，曰绝对，曰实在，曰宇宙本源，曰宇宙本体，曰太极，曰真如，名称虽殊，要皆指此大主宰而言也。由吾人观

---

① 陈独秀：《独秀文存》，安徽人民出版社，1987 年，第 301 页。

② 《李大钊全集》(第 1 卷)，人民出版社，2006 年，第 152 页。

之，……厥说盖非生于今日世界之吾人所足取也。"①他称这个物质的世界为"大实在"。他说："大实在的瀑流永远由无始的实在向无终的实在奔流。"②在他看来，宇宙这个"大实在"的进化遵循着一定规律："吾人以为宇宙乃无始无终自然的存在。由宇宙自然之真实本体所生之一切现象，乃循此自然法而自然的、因果的、机械的以渐次发生渐次进化。"③

　　李大钊进化论的一个独特之处在于，他的进化论包蕴着矛盾的发展观。他认为宇宙万物的进化或发展是由于万物的矛盾性质。他说："乾坤，一战局也。阴阳，一战象也。人类之历史，一战尘之积层也。造物之始，始于战也。万化之成，成于战也。人类之蕃，蕃于战也。一事之微，一物之纤，既自显于生存，斯莫离于战象。……天演之变无止竟[境]，人生之患无穷期，战固不可以已矣。于是宗天演者，谓物竞自存，天择其适，以斯象为可安。"④"战"，斗争、竞争的结果，自然是新陈代谢，新的战胜旧的。他虽然也将"生存竞争""优胜劣败"的进化论原则加以普遍化，将它们视为宇宙进化的公例，但是他认为宇宙万物的进化或发展是由于万物普遍地存在着矛盾。因此，他的这种进化观或发展观具有非常显明的辩证性。他说："宇宙间之事物，殊异万状，无往而不由对待以得存立者也。"⑤"宇宙间有二种相反之质力焉，一切自然，无所不在。"⑥在他看来，人类社会亦是如此："人类社会，繁矣颐矣。絜其纲领，亦有二种倾向，相反而实相成，以为演进之原，……"。"社会之演进，历史之成立，人间永远生活之流转无极，皆是二力鼓荡之结果。吾人目有所见，皆是二力交错之现象；耳有所闻，皆是二力交错之声音。"⑦他不但指出万物的生成及其进化或发展皆是矛盾的结果，而且认为矛盾着的双方具有对抗和调和

①③　《李大钊选集》，人民出版社，1959年，第79页。

②　同上，第95页。

④　《李大钊全集》（第2卷），人民出版社，2006年，第36页。

⑤　同上，第88页。

⑥⑦　同上，第209页。

两种性质。他虽然已认识到矛盾双方的对抗、斗争是绝对的,也认为离开对抗的调和是伪调和①,但是在价值天平上,他却倾向于调和。他说:"盖遵调和之道以进者,随处皆是生机,背调和之道以行者,随处皆是死路。"②而且他认为矛盾的生活是不调和的生活,也是不自然的生活,是"二重负担"的生活,而社会生活之所以呈现出种种矛盾,则是由于"新旧不调和"。因此,他主张新旧调和、"新旧合一"③。在某种程度上,这实则是对万物具有矛盾性质的否定。由此可见,他关于矛盾的发展观还不成熟,尚处于生成之中。然而反而思之,这正是他思想转向唯物史观的一个契机。

李大钊进化论的又一个显著特征是具有理性主义精神。他无疑也具有现实主义精神,如重现今、当下,但是相较而言,他的理性主义精神更为显著。他非常尊崇"自我",而他所说的"自我"以理性为其本质。④在他看来,法国大革命之所以能够成功,就在于法国的启蒙思想家"振其自我之权威,为自我觉醒之绝叫";同样,要使国人从睡梦中醒来,唤醒民众,有赖于"自我"的觉醒,使国人认识到"自我之光明"。⑤他所说的"自我之光明"是天赋的理性,实则也就是孟子所说的良知良能。他的这种重视"自我""自我之光明"的理性主义包含着尊重群众、反对宿命论和尊重真理的合理成分。他说:"吾人生当群众之时代,身为群众之分子,要不可不自觉其权威。"⑥与尊重自我、尊重群众相联系,他反对宿命论。他说:"文明之人,务使其环境听命于我,不使其我奴隶于环境。太上创造,其次改造,其次顺应而已矣。"⑦柏格森的生命哲

---

① 参见《李大钊全集》(第2卷),人民出版社,2006年,第155~156页。

② 《李大钊全集》(第2卷),人民出版社,2006年,第26页。

③ 《李大钊全集》(第1卷),人民出版社,2006年,第237~238页。

④ 参见冯契:《中国近代哲学的革命进程》,人民出版社,1989年,第265页。

⑤ 《李大钊选集》,人民出版社,1959年,第61页。

⑥ 《李大钊全集》(第1卷),人民出版社,2006年,第105页。

⑦ 同上,第163页。

学是一种唯意志论和直觉主义的唯心论哲学，李大钊却肯定他的创造进化论，因为它包含具有反对宿命论的价值。他说："吾人不得自画于消极之宿命说（Determinus），以尼精神之奋进。须本自由意志之理（Theory of free will），进而努力，发展向上，以易其境，俾得适于所志，则 Henri Bergson 氏之'创造进化论'（Creative Evolution）尚矣。吾民具有良知良能，乌可过自菲薄，至不侪于他族之列。"①由此可见，他之尊"自我"，意在振拔国民的奋斗意志，以图"再造中国"。此外，他尊重真理，也是其尊"自我"精神的体现。他十分强调"真理的权威"，认为"人生最高之理想，在求达于真理"。"真理者，人生之究竟，而自信者，又人生大于真理之途径也。"②可见，在他看来，唯有尊"自我"（自信），才能达到真理。更为难能可贵的是，他并没有因此而认为真理的标准是主观的东西。他认为，"言论之挟有真值与否，在其言论本身之含有真理之质与否"③，而且有客观的标准："其当拳拳服膺、严矢勿失者，一在查[察]事之精，一在推论之正。二者交备，则逻辑之用以昭，而二者之中，尤以据乎事实为要。"④由此足见，他的理性主义精神中包含着唯物主义的元素。

　　与其他革命民主主义者相较，李大钊最为重视民众。这种注重民众的思想结晶便是他那独具特色的民彝史观。可以肯定，民彝史观在他从进化论到马克思主义的理论转向过程中发挥了重要的中介作用。辛亥革命之后，李大钊实则也和不少革命人士一样，对"神武"的袁世凯寄予厚望。⑤在历史观上，

① 《李大钊选集》，人民出版社，1959 年，第 31 页。

② 《李大钊全集》（第 2 卷），人民出版社，2006 年，第 103 页。

③ 同上，第 102 页。

④ 同上，第 103 页。

⑤ 在袁世凯帝制自为阴谋败露之前，李大钊对以孙中山为首的革命派的革命活动并不理解，支持袁世凯统一中国，主张中央集权、军民分治、裁撤都督。[参见《李大钊全集》（第 1 卷），人民出版社，2006 年，第 31~39 页]纵使在袁世凯帝制自为阴谋败露之后，他还曾一度认为辛亥革命的果实落入袁世凯等北洋军阀之手，其根本原因是中国民众的落后和不觉悟——"民德之衰、民力之薄"。[《李大钊全集》（第 1 卷），人民出版社，2006 年，第 41 页]

他所持的无疑是英雄史观。不过,他很快便抛弃了民众落后、推崇英雄的思想。他在写于 1916 年的《民彝与政治》一文中便高度肯定了民众力量的伟大。他说:"盖政治者,一群民彝之结晶,民彝者,凡事真理之权衡也。"①在他看来,历史上的暴动、起义,皆是束缚民彝的结果;历史传说、专制制度、往哲前贤都严重地障蔽民彝,但是民彝是它们和他们所障蔽、束缚不了的。质言之,民彝势不可挡,势必要表达出来。"心理自然之势,终求其达。其为势也,不以常达必以偶达,不以正达必以变达,不以顺达必以逆达,不以和达必以激达。不谋达以常正顺和之道,必遏之使出于偶变逆激之途。"②于是他得出了这样一个结论:"是则民彝者,可以创造历史,而历史者,不可以束制民彝。"③由于他的民彝实则民意,是民众的"心理自然之势",那么他实则还没有达到人民群众是创造历史的主体的唯物史观的高度。不过,他的民彝史观重视民众之意,而非英雄人物之志,则超越了英雄史观,有助于他在历史观上架通唯物史观。

　　1919 年《我的马克思主义观》一文的发表,标志着李大钊在思想立场上转向了马克思主义,也标志着他完成了从进化论到唯物史观的理论转向。在进化论时期,李大钊的思想中尽管还包含着不少唯心主义的因素,但是其世界观在总体上则是唯物论的。这就为他转向唯物史观打下了坚实的思想基础。他的矛盾的发展观富于辩证性,这在当时的中国思想界是很少见的。他的民彝史观,堪比孙中山的民生史观,在唯物史观传进中国之前,是当时中国最为进步的历史观。此外,他反对宿命论、尊重真理、重视自由意志等思想,皆堪称他通向唯物史观的铺路砖石。

---

　　① 《李大钊全集》(第 1 卷),人民出版社,2006 年,第 150 页。
　　②③ 同上,第 154 页。

三、毛泽东的理论转向

　　毛泽东是后来中国马克思主义者的领袖，他成熟时期的哲学堪称马克思主义哲学中国化之典范。在接受马克思主义之前，毛泽东的世界观虽然主要不是进化论，但是进化论对于他转向马克思主义立场却起到了积极的促进作用。

　　毛泽东接受进化论，最早可以追溯到 1912 年秋至 1913 年春，也就是他的自修计划时期。在这个时期，他读到了一些与进化论有关的书籍。他说："在这段自修期间，我读了许多的书，……我读了亚当·斯密的《原富》，达尔文的《物种起源》，约翰斯·穆勒的一部关于伦理学的书。我读了卢梭的著作，斯宾塞的《逻辑》和孟德斯鸠写的一本关于法律的书。"①除了"卢梭的著作"，毛泽东于此提到的各种书籍皆是严复译本。可以肯定，毛泽东早年所具有的进化论思想主要是受到了严复进化论以及严复所译著作的影响，其中尤以严译《天演论》对其影响为著。进化论对早年毛泽东思想的影响主要表现在两个方面②：其一是接受了进化论阐述的变化、竞争、进化的观念。早年毛泽东所形成的崇尚"动"与"斗"的宇宙–人生观，很可能就是直接受到了进化论的影响。从尚"动"的观念出发，他尖锐地批评了"主静论"。上自先秦下迄近代，老子的"无动为大"之论，朱熹的"主敬"与陆九渊的"主静"之说，以及佛家的静坐之法，直至近代蒋维乔的"静坐法"，皆在他的批评之列。③他尚"动"而崇"变"，而且也不惮于变。他说："各世纪中，各民族起各种之大革命，时时涤旧，染而新之，皆生死成毁之大变化也。宇宙之毁也亦然。宇宙之毁决不终

① ［美］埃德加·斯诺：《西行漫记》，董乐山译，生活·读书·新知三联书店，1979 年，第 120 页。
② 参见陈晋：《毛泽东读书笔记解析》（上），广东人民出版社，1996 年，第 49 页。
③ 参见《毛泽东早期文稿》，湖南出版社，1990 年，第 68 页。

毁也,其毁于此者必成于彼无疑也。吾人甚盼望其毁,盖毁旧宇宙而得新宇宙,岂不愈于旧宇宙耶!"①从中可以看出,青年毛泽东不但不害怕变化,而且认为变化孕育着新的事物、新的生机,是希望之所在。和"动"密切相关,"斗"也是青年毛泽东哲学的一个核心观念。当《伦理学原理》原文说"无抵抗则无动力,无障碍则无幸福"时,他批注道:"至真之理,至澈之言。"②对其强调"斗"的言论,他皆持肯定与赞赏的态度。而当《伦理学原理》原文说"盖人类势力之增,与外界抵抗之减,其效本同"时,他则对之予以否定和批评:"此不然,盖人类之势力增加,外界之抵抗亦增加,有大势力者,又有大抵抗在前也。"③他热烈肯定"斗",肯定"斗"的积极价值。他甚至认为"圣人"是"抵抗极大之恶"才成就的。④他尚"斗"观念之极限,无疑当数这段著名的话:"与天奋斗,其乐无穷! 与地奋斗,其乐无穷! 与人奋斗,其乐无穷! "⑤

根据进化论的主要观念,毛泽东强调提高与改造民族素质,以求适应世界发展的竞争潮流。他在《致黎锦熙》(1917 年 8 月 23 日)的信中说:"天下亦大矣,社会之组织极复杂,而又有数千年之历史,民智污塞,开通为难。欲动天下者,当动天下之心,而不徒在显见之迹。动其心者,当具有大本大源。……今吾以大本大源为号召,天下之心其有不动者乎? 天下之心皆动,天下之事有不能为者乎? 天下之事可为,国家有不富强幸福者乎? "⑥由此,他提出了"三育并重""文武兼备"的主张,力求"变化民质",旨在造就"身心并完"的一代新民,来挽救国家危亡。他在 1917 至 1918 年的《〈伦理学原理〉批注》中同样表达了这种思想。他说:"世上各种现象只有变化,并无生灭成毁也,生死

---

① 《毛泽东早期文稿》,湖南出版社,1990 年,第 183~184 页。

②③ 同上,第 166 页。

④ 参见《毛泽东早期文稿》,湖南出版社,1990 年,第 167 页。

⑤ 汪澍白、张慎恒:《毛泽东早期哲学思想探原》,中国社会科学出版社、湖南人民出版社,1983 年,第 82 页。

⑥ 《毛泽东早期文稿》,湖南出版社,1990 年,第 83 页。

也皆变化也。……国家有灭亡,乃国家现象之变化,土地未灭亡,人民未灭亡也。国家有变化,乃国家日新之机,社会进化所必要也。……吾常虑吾中国之将亡,今乃知不然。改建政体,变化民质,改良社会,是亦日耳曼而变为德意志也,无忧也。惟改变之事如何进行,乃是问题。吾意必须再造之,使其如物质之由毁而成,如孩儿之从母腹胎生也。国家如此,民族亦然,人类亦然。"①

质言之,在接受马克思主义之前,青年毛泽东受到了进化论的积极影响。而他对进化论也是持明确的肯定态度的。他在《伦理学原理》"凡后出生之生物,必优于古代者,此天演学家、历史学家几经考察而得此相同之结论者也。"这一段话旁批注道:"此一段述进化论,精切详明。"②可以肯定,进化论为毛泽东接受马克思主义奠定了一个良好的理论基础。

值得一提的是,在毛泽东实现从进化论到唯物史观的理论转向过程中,他所具有的人民群众创造历史的思想发挥了重要媒介作用。在接受唯物史观、笃信马克思主义之前,毛泽东便初步具有了人民群众创造历史的思想。在五四运动前,青年毛泽东实则有了走"群众路线"这一实践智慧的思想萌芽。他在《讲堂录》中写道:"贤相不以自己之长为长,常集天下之长为长。"③五四运动之后,他的这一思想得到了深化,认识到了人民群众力量的伟大。他在《民众的大联合》中认为历史进化的法则是民众的大联合。他说:"我们竖看历史。历史上的运动不论是那一种,无不是出于一些人的联合。较大的运动,必有较大的联合。最大的运动,必有最大的联合。"④而且他认为,改造社会的"根本的一个方法,就是民众的大联合"⑤。在他看来,一国的国民,总比一国的贵族、资本家及其他强权者要多,因此"民众联合的力量最强"⑥。由

① 《毛泽东早期文稿》,湖南出版社,1990年,第182~183页。
② 同上,第158页。
③ 同上,第544页。
④⑤ 同上,第308页。
⑥ 同上,第264页。

此,他提出了"民众的大联合"和"组织联军共同作战"的极具战略性的主张,因此而获得了"实践家"的名声。①这表明,他已经看到,在一个国家的任何时期,人民群众总是历史的主体,是推动社会发展的主要力量。以前,由于受到唯心主义思想的熏染,他认为历史的创造者是英雄、圣贤,将拯救中国的希望寄托于诸如康有为、梁启超、孙中山、陈独秀一类时代英杰的身上,更多的是强调个人的历史作用,而没有看到人民群众在历史中的主体地位。经过五四运动的洗礼,他认识到人民群众才是历史的真正创造者,抛弃了此前的英雄史观,初步树立了唯物史观。②而这对于他接受马克思主义无疑具有积极作用。

不可讳言,在转变为马克思主义之前,进化论并非毛泽东的主要世界观,他的世界观主要是一种唯心主义的"贵我"论。但是随着五四运动期间马克思主义的传入,通过对马克思主义的积极学习,而且由于他的空想社会主义的种种实践,比如新村运动的失败,他从实践中终于认识到了唯有苏俄式的革命道路才能够拯救中国。这便使他从实践和理论两个层面都认识到了马克思主义是真理,而如是一来,他的理论转向也就水到渠成了。以他 1921 年 1 月 21 日《致蔡和森》的信为标志——他于此信中提出了"唯物史观是吾党哲学的根据"③的观点——他完成了世界观的根本转变,从而也就完成了从进化论到唯物史观的理论转向。

陈独秀、李大钊不仅是五四新文化运动时期的主要思想代表,是进化论发展至其理论极限的理论代表,也是中国早期马克思主义者的主要代表,而毛泽东不仅是中国早期马克思主义者,更是此后中国马克思主义者的主要

---

① 参见李泽厚:《中国现代思想史论》,东方出版社,1987 年,第 137 页。

② 参见黄楠森、庄福龄、林利主编:《马克思主义哲学史》(第 6 卷),北京出版社,1989 年,第 111 页。

③ 《毛泽东书信选集》,人民出版社,1983 年,第 15 页。

领袖，其思想——毛泽东思想——是马克思主义中国化的成功之典范。因此，选取他们三人作为考察中国早期马克思主义者理论转向的代表，应该是合情合理的。

五四运动之后，瞿秋白从苏联引介了辩证唯物主义，认为马克思主义哲学是辩证唯物主义，而历史唯物主义或唯物史观只不过是辩证唯物主义在历史领域的推广与应用。20世纪30年代，在斯大林的授意和指导下，苏联马克思主义学者编写了一部马克思主义哲学教科书，即《论辩证唯物主义和历史唯物主义》，并将其作为《联共(布)党史简明教程》的第四章第二节。这就是人们通称的"苏联教科书体系"。"苏联教科书体系"对历史唯物主义或唯物史观的定位可以用"推广说"来概括。"推广说"认为，"历史唯物主义就是把辩证唯物主义的原理推广去研究社会生活，把辩证唯物主义的原理应用于社会生活现象，应用于研究社会，应用于研究历史"①。与"推广说"配套的是一种所谓的"板块说"。此说认为，马克思主义哲学可以划分为辩证唯物主义和历史唯物主义两大板块。在中国继承和发扬这种"板块"说和"推广"说的主要是李达和艾思奇。李达通过《社会学大纲》等著作构建了一个完整的马克思主义哲学体系。艾思奇则主要通过《大众哲学》使马克思主义哲学大众化，并于1961年主编了一部极具权威性、影响广泛的马克思主义哲学教科书即《辩证唯物主义历史唯物主义》。毛泽东走的是一条与众不同的道路。他坚持理论来自实践又反作用于实践的理路，通过《实践论》和《矛盾论》等著作，在中国走出了一条实践哲学的道路，把握到了马克思主义哲学的精神特质。

---

① 《斯大林选集》(下卷)，人民出版社，1979年，第424页。

第二节　理论转向何以可能

中国现代的思想主潮由进化论转向唯物史观,已是历史事实,这无可否认。那么从理论上而言,这一理论转向又是何以可能的呢? 换言之,进化论为何能转向唯物史观或者说唯物史观为何能取代进化论呢? 致使这一理论转向得以发生的因素,至少包括以下四个方面:首先,这是中国近现代社会政治实践的需要;其次,进化论与唯物史观具有内在的逻辑同构性;再次,进化论与唯物史观具有内在的理论共通性;最后,相较于进化论,唯物史观要更为合理。

一、政治实践的需要

促使进化论转向唯物史观的因素无疑是多方面的, 但是首要因素当是中国近现代社会政治实践的需要。

从实践与理论的关系来看,任何理论皆根源于实践。马克思认为,"全部社会生活在本质上是实践的",纵使那些神秘理论"都能在人的实践中以及对这个实践的理解中得到合理的解决"。①自近代以来,在中国兴起的各种理论、思潮,就其根源而言,首要因素便是中国近现代社会的现实政治实践的需要。而中国近现代社会的现实政治实践的需要无疑便是变专制的旧中国为民主的新中国。此前作为理论武器的改良主义进化论、革命民主主义进化论以及互助论,皆不能满足这一现实政治实践的需要。而进化论至此却已经

---

① 《马克思恩格斯选集》(第一卷),人民出版社,1995 年,第 56 页。

发展至极致,不能生发出新的理论形态,这意味着它已经不能再充当中国近现代先进人物的现实政治实践的理论武器。马克思说:"理论在一个国家实现的程度,总是决定于理论满足这个国家的需要的程度。"①故此,中国先进人物必然要寻找新的理论武器以指导其政治实践活动。因为"没有革命的理论,就不会有革命的运动"②。自近代以来,中国先进人物为了改造中国,一直在从西方寻找先进的理论以作为其政治实践的指导思想。对于转向马克思主义的中国先进人物来说,尤其如此。因为他们从事的是彻底的革命活动,不但要反专制主义,而且要反对更加强大的帝国主义,如果没有先进的理论作为批判的武器,他们武器的批判是难以进行的。这说明,从实践与理论关系来看,尽管实践从总体上对理论起着根本性的决定作用,在其关系中,实践处于主导地位,但是在一定历史条件下,理论也决定着实践,决定着实践的成败。由此可见,实践与理论并非是单方面的实践决定理论,二者实则是一种辩证的互动关系。只是从根本上而言,实践决定着理论。既然如此,中国先进人物此时必然要寻找一种新的理论来代替进化论。而在当时,中国先进人物环视宇内,认识到唯有马克思主义才足以堪当此大任,而且当时与中国同样落后的俄国借助于马克思主义政党领导俄国十月革命获得了新生。俄国十月革命的成功无疑对国人具有巨大的示范效应,国人自然欲效法之。李大钊认为,自俄国十月革命以后,马克思主义有几乎风靡世界的势头③:"在这世界的群众运动的中间,历史上残余的东西,什么皇帝咧,贵族咧,军阀咧,官僚咧,军国主义咧,资本主义咧,——凡可以障阻这新运动的进路的,必挟雷霆万钧的力量摧拉他们。……由今以后,到处所见的,都是 Bolshevism 战胜的旗。到处所闻的,都是 Bolshevism 的凯歌的声。人道的警钟响了!自

---

① 《马克思恩格斯选集》(第一卷),人民出版社,1995 年,第 11 页。

② 《列宁选集》(第一卷),人民出版社,1995 年,第 311 页。

③ 参见《李大钊选集》,人民出版社,1959 年,第 173 页。

由的曙光现了！试看将来的环球，必是赤旗的世界！"①这虽然有过于乐观的气息，但这却是一种找到真理、憧憬未来的洋溢喜悦的革命乐观主义。如是以来，唯物史观也就登上了中国现代的思想舞台，取代进化论而扮演了主角。

中国近现代社会现实实践的需要，尤其是中国先进人物的政治实践的需要，推动着先进理论在中国的生成、发展、更替，它是理论演进与转变的强大动力。进化论向唯物史观的转变尤其如此。质言之，进化论转向唯物史观或者说唯物史观取代进化论而成为中国现代社会的思想主潮，究其原因，中国近现代社会的先进人物的现实实践尤其是政治实践当是其最主要的因素。

二、内在逻辑同构性

众所周知，达尔文进化论原本是一种解释生物进化的科学理论。在达尔文看来，物种通过自然选择而使适者生存下来，简而言之，即"自然选择，适者生存"。可以发现，达尔文进化论虽然也强调了"适者生存"，但是它并无强调物种能动地改变自身以适应环境之意，更无改变环境使之适应自身之意，它的首要原则是"自然选择"，"适者生存"首先必须通过先"自然选择"而后才能发生。由此可见，作为科学理论的达尔文进化论，它在本质上基本上是一种决定论。依照这种生物进化论的逻辑，物种包括人也就不存在能动地改变世界的可能性。这意味着，在它看来，世界基本上已经被决定好了，人不可能改变世界。此后，斯宾塞在达尔文生物进化论基础上发展出来的社会进化论，其逻辑依然是一元决定论，认为自然的进化规律和法则普遍适用于人类社会。如此一来，人类社会也就是被决定好了的，人的主观努力无疑也就是

---

① 《李大钊选集》，人民出版社，1959年，第117页。

多余的。赫胥黎从人道主义立场出发,反对斯宾塞将自然界物种的那种赤裸裸的竞争法则直接推广于人类社会,提出"伦理进程"来对抗纯自然的"宇宙进程"。这就突出了人的主观能动性的作用,将人能改变世界的这一因素安置进了进化论的逻辑结构之中。因此,进化论到了赫胥黎那里,由一元的决定论变成了二元论即决定论与能动论共存。从突出人的能动性这一点而言,赫胥黎以及此前的拉马克对进化论的贡献是值得肯定的。很有可能,他们的进化论由此也就为历史理论中关于决定论与能动论的关系奠定了一个基本的逻辑结构。

在中国,作为世界观或道的进化论,肇端于严复。他从英国引进了进化论,但是对其作了改造和重构。他吸纳的主要是斯宾塞的进化论,但也注意吸取了赫胥黎进化论的积极成分。他所建构起来的"天演"进化论在逻辑结构上是天人相合相分。他既吸纳了斯宾塞主张自然法则或天道贯穿于人类社会或人道的理论主张,也采用了赫胥黎以人道的"伦理进程"对抗天道的"宇宙进程"的思想观点。他的"天演"进化论因此形成了一个天道贯穿人道而人道又不同于天道的天人相合相分的逻辑结构。尽管在他的进化论的逻辑结构中,具有决定论性质的天道居于主导地位,但是它毕竟肯定了人道的独立性,从而也就肯定了人的能动性的存在与作用。严复的"天演"进化论基本上奠定了中国式进化论逻辑结构的理论基调,此后的中国式进化论皆承认天道的普遍性,所不同的是,对于人道,各派人物对进化论的阐释不一。这意味着,进化论作为决定论这一面,被中国式进化论者所广泛承认,但是对于进化论的能动论一面,即对于人的能动性的阐释,改良派和革命派的观点则是大为不同的。改良派虽然肯定人的能动性的作用,但是认为人的主观能动性作用不大,社会事务尤其是上层政治制度只能渐进进化;而革命派则充分突出人的主观能动性,认为人的能动性的作用对改变社会、自然皆有巨大作用,而且不少革命派由于过度张扬人的主观能动性而走向了唯意志论。

改良派贬低人的主观能动性固然不对,但革命派过度张扬人的主观能动性,也是不对的。但这也表明,在进化论内部,对于社会历史现象的阐释,已经存在着决定论与能动论的张力问题。

在转变为马克思主义者之前,陈独秀、李大钊等中国先进人物也是进化论的信奉者。他们通过赫胥黎、严复、克鲁泡特金等人接受了拉马克肯定高等动物具有能动性的观点。他们也像此前的革命派一样,充分强调人的能动性的作用。这一点,以李大钊为例来说明。他说:"由来新文明之诞生,必有新文艺为之先声,而新文艺之勃兴,尤必赖有一二哲人,犯当世之不韪,发挥其理想,振其自我之权威,为自我觉醒之绝叫,而后当时有众之沉梦,赖以惊破。"[1]紧接着,他便以路德、孟德斯鸠、卢梭、笛卡尔、培根、康德等人对欧洲文明进步的作用为据来证明其论点之确当。[2]这虽有英雄史观之嫌,但是对英雄人物的先觉作用的强调还是具有合理性的。由此可见,他对人的主观能动性的强调是显而易见的。这种思想观点,在翌年初所作的《青春》一文中表现得更为显明。他说:"生物学者之言曰:人类之生活,反乎自然之生活也。"[3]从他的"其趋文明也日进,其背自然也日退"[4]之说来看,他显然认同这位"生物学者之言"。这说明,他认为人与自然之物不同,其生活应当遵循不同于自然之物的规律。不只如此,他认为,人还应发挥主观能动性,"背逆自然":"吾人于此,宜如宗教信士之信仰上帝者信人类有无尽之青春,更宜悚然于生物学者之旨,以深自警惕,力图于背逆自然生活之中,而能依人为之功夫,致其背逆自然之生活,无异于顺适自然之生活。"[5]关于文明的含义,他也是从肯定人的主观能动性这一视角来诠释的。他说:"盖所谓文明即人类

---

① 《李大钊选集》,人民出版社,1959年,第61页。
② 参见《李大钊选集》,人民出版社,1959年,第61页。
③④⑤ 《李大钊选集》,人民出版社,1959年,第69页。

发挥其天赋之能以与自然势力抗敌之度也。"①他进而说："人类本能之势力日增,自然之势力日减,即文明之程度益进。"②此论也无可厚非。从李大钊的这些论点,可以了解到他是充分肯定人的主观能动性的。这说明,在李大钊、陈独秀等人那里,进化论的能动论一面,已经得到了充分发展。因此,可以说进化论已经具有了向唯物史观转变的可能性。当然,中国式进化论者只是抽象地强调了人的主观能动性,不能合理地说明进化论中既已潜存的决定论与能动论的矛盾。而进化论自身的这一理论缺陷却成了它在中国走向唯物史观的一个理论契机。

三、内在理论共通性

进化论与唯物史观具有内在逻辑同构性,这可以说是二者理论结构的共通性。而于此所说的内在理论共通性则是指二者具体有哪些理论内容、思想观念的共通性。这主要表现在以下五个方面:

(一)进步的世界观和历史观

这无疑当是进化论与唯物史观最为显著、最为主要的内在理论共通性。这一点,在中国近现代的文化语境中表现得尤为强烈而突出。在中国传统文化中,占主导地位的世界观是天理观,它是一种"天不变,道亦不变"③的形而上学的世界观,认为宇宙万物包括社会人事都已经被决定好了,不会发生变更。在历史观上,中国传统文化中有三种历史观,即历史退化论、历史循环论和历史进步论。其中与天理观基本对应、占统治地位的是历史循环论,其中

---

①② 《李大钊选集》,人民出版社,1959 年,第 84 页。

③ 《董仲舒集》,学苑出版社,2003 年,第 26 页。

最为主要的又是"一治一乱"说。历史退化论认为人类社会发展的理想状态在远古而非现在,更非将来。历史循环论,顾名思义,它认为人类社会发展的历程是循环的,周而复始。历史进步论认为人类社会的发展是进步的,后代胜过前代。荀子、韩非子、柳宗元和王夫之等思想家便是这种历史观的主张者。但是这种历史观与天理观相冲突,在中国传统文化中并不占主导地位,而且它是不能与进化论的历史观相提并论的,因为进化论的历史观有自然科学理论即生物进化论作为理论基础,具有科学实证性,"证据厘然,弥攻弥固"①。要言之,进化论来到中国,为国人提供了一种新的具有显著进步观念的世界观和历史观,它摧毁了中国传统的唯心主义的形而上学世界观——天理观和循环论历史观。唯物史观也认为世界和历史是进步的。当然,唯物史观和进化论认为世界和历史的进步方式、手段和远景是不一样的。纵使就进化的图式而言,二者也并不一样。进化论认为世界和历史的进步是直线型的,其进步是不可逆的;而唯物史观则认为世界和历史的发展与进步是螺旋型的,存在着可逆性——在一定的历史条件下会出现倒退现象——因而它认为历史的进步是螺旋式的上升。这正如李大钊所说的那样:"人类不但不是永远退落的,而且在震动不已的循环中,渐渐的升高,这就是螺旋状的进步。"②尽管在进步观念上有如此多之不同,但是在肯定世界和历史是进步的而非退落和循环的这一点上,二者则具有根本的一致性。而这便是二者在理论内容、思想观念上的最大内在理论共通性。

(二)竞争的观念

竞争是进化论的一个基本观念和基本原则。严复虽然翻译和引介的是赫胥黎的反对在人类社会推行竞争法则的富于人道主义气息的进化论,但

① 《严复集》(第5册),中华书局,1986年,第1345页。
② 《李大钊选集》,人民出版社,1959年,第435页。

是他在基本思想立场上却倾向于富含竞争意味的斯宾塞的进化论。此后的
改良派主张渐进性的改良方式，而革命派则主张以激进性的革命方式来革
新中国,进化论在他们那里虽然有渐进与激进之分,但是竞争则是它们共同
肯定的一个社会进化的主要法则。克鲁泡特金的互助论传来之后,中国先进
人物纷纷信持了互助论,不少先进人物甚至曾一度视互助为社会进化、发展
的主要法则。但纵使如此,他们也一直没有否定竞争对社会进化的作用,遂
形成了竞争与互助两大进化法则并重的社会进化思想。由此可见,中国式进
化论富含竞争观念,始终视竞争为社会进化的一个主要法则。唯物史观也富
含竞争的观念,只不过它所说的竞争是指具体的阶级竞争。马克思、恩格斯
在《共产党宣言》中宣称:"至今一切社会的历史都是阶级斗争的历史。"①在
唯物史观看来,阶级竞争或斗争是人类社会——阶级社会——的发展动力。
在中国马克思主义者那里,阶级竞争或斗争所具有的分量更重,阶级竞争或
斗争学说几乎成了唯物史观的基本理论和基本观念。李大钊认为,"阶级竞
争说恰如一条金线",将马克思社会主义理论的三个方面即历史论、经济论
和社会主义运动论"从根本上联络起来"。②毛泽东则以阶级斗争为标准来判
定历史观的唯心或唯物。他说:"阶级斗争,一些阶级胜利了,一些阶级消灭
了。这就是历史,这就是几千年的文明史。拿这个观点解释历史的就叫做历
史的唯物主义,站在这个观点的反面的是历史的唯心主义。"③这种将阶级竞
争学说等同于唯物史观的观点,"虽然不能概括中国马克思主义者甚至毛泽
东本人对唯物史观的全部看法,因为阶级斗争并不就是唯物史观,唯物史观
也远不只是阶级斗争,但阶级斗争作为唯物史观的一个重要的基本内容,数

---

①　《马克思恩格斯选集》(第一卷),人民出版社,1995年,第272页。恩格斯在1888年英文版上
加了一个注:"这是指有文字记载的全部历史。"这是说,原始社会不在他们的论说范围之内。

②　《李大钊选集》,人民出版社,1959年,第176~177页。

③　《毛泽东选集》(第四卷),人民出版社,1991年,第1487页。

十年来对中国知识分子来说,具有关键性的意义。共产主义作为唯物史观的未来图景,提供的只是革命的信念和理想,阶级斗争作为唯物史观的现实描述,才既是革命的依据,又是革命的手段和途径。于是它就成了马克思主义在中国最根本的理论学说和基本观念"①。

因此,的确如李泽厚先生所说,在某种意义上,在中国,马克思主义主要是作为其唯物史观中的阶级斗争或竞争学说而被接受、理解、选择和运用的。②这意味着,中国人阐释的唯物史观更加富含竞争——阶级斗争的意蕴。究其根由,无疑与中国近现代落后于西方、国内外反动势力强大、国人唯有奋起竞争方能革新中国的特定历史境况有关;而从思想史的维度来看,此前进化论内蕴的竞争观念无疑在其中担当了媒介的角色,甚至可以说,进化论的竞争观念水到渠成地嫁接进了唯物史观之中,化作了阶级竞争或斗争观念的元素。社会进化论所说的竞争主要是人种与人种、国家与国家以及种族内部之间的竞争,而唯物史观所说的阶级竞争则是剥削阶级与被剥削阶级之间的竞争,二者在本质上并不相同,但是它们皆是"竞争",则是相同的。既然如此,在一定的历史条件下,二者完全具有架通的可能性。

(三)平等主义的理想世界

斯宾塞进化论论断人类终将走向一个美好的世界。他的这一思想为严复所吸纳。不过严复没有在理论上具体建构出一个人类的理想世界,率先如此而为的是康有为。这一理想世界便是他主要通过《大同书》建构起来的"大同"世界。在康有为看来,"大同"世界乃至仁至善的社会,其爱已臻至极,众生如一,一切生物皆在当爱之列,更遑论人与人之间。谭嗣同秉承康有为的

---

① 李泽厚:《马克思主义在中国》,生活·读书·新知三联书店,1988 年,第 15~16 页。
② 参见李泽厚:《马克思主义在中国》,生活·读书·新知三联书店,1988 年,第 15 页。

"大同"思想,在历史观上发展出来了"两三世"进化史观,也认为人类最终将步入"遍地民主"的"大同"世界。梁启超没有像康谭二人那样去精心构建理想世界,但是他却热衷于传播社会主义,肯定平等理想的意义与价值。比较而言,中国式进化论者建构的理想世界与共产主义理想世界具有某些类似性和共通性,比如,人人平等,没有等级之分,没有阶级之别,没有竞争,道德达到化境——最高境界,无所谓道德不道德。质言之,中国式进化论者的理想世界是一种平等主义的理想世界,它与共产主义理想世界一样,皆是对现实的不平等、有阶级分别与竞争的世界的否定,这无疑是二者在理论上的共通性。

(四)特别强调人的主观能动性

浦嘉珉认为,达尔文"至少在《物种起源》中,从来没有将意志或决心作为生存斗争的一种决定性因素来研究。他不承认这种因素,而且他肯定没有描述过这种因素"①。又说:"他只是在《人类的由来》中稍稍触及此问题。"②"相反,他愉快地描述了一个斗争的世界,在这个世界里,斗争的意志和生存的意志显然是一个常量(constant)。生存是属于'最适者'而非'更努力奋斗的生物'。"③从严复开始,中国式进化论便特别强调人的主观能动性的作用,但往往由于过分强调而走向了唯意志论。究其原因,则在于近代中国在整体上几乎全面落后于西方列强。物质力量上的落后,国人唯有寄希望于精神力量的倍加努力以赶上甚或赶超西方。唯物史观自其创始人马克思开始,便强调人的主观能动性。马克思说:"从前的一切唯物主义(包括费尔巴哈的唯物主义)的主要缺点是:对对象、现实、感性,只是从客体的或者直观的形式去理解,而不是把它们当作感性的人的活动,当作实践去理解,不是从主体方面

---

① ② ③ [美]浦嘉珉:《中国与达尔文》,钟永强译,江苏人民出版社,2008 年,第 133 页。

去理解。因此,和唯物主义相反,能动的方面却被唯心主义抽象地发展了,当然唯心主义是不知道现实的、感性的活动本身的。"①马克思于此认为,一则以前的唯物主义缺乏主体性,忽视了人的主观能动性;二则唯心主义虽然发展了人的主观能动性,但是是脱离实践的抽象发展,并非真正的发展。李大钊在阐释唯物史观时虽然认为"以经济行程的进路是必然的、不能避免"的观点,"固然可以说是马氏唯物史观的流弊",但是,他又认为马克思、恩格斯实则还是肯定人的主观意志、能动性及其作用的:"然马氏与昂格思合布'共产者宣言',大声疾呼,檄告举世的劳工阶级,促他们联合起来,推翻资本主义,大家才知道社会主义的实现,离开人民本身,是万万作不到的,这是马克思主义的一个绝大的功绩。无论赞否马氏别的学说的人,对于此点,都该首肯。"②李大钊本人也是极为肯定人的能动性及其作用的。比如,他说:"历史的道路,不全是平坦的,有时走到艰难险阻的境界。这是全靠雄健的精神才能冲过去的。"③的确如此。人是应该有点精神的,否则与动物何异?由此足见主体性、主观能动性对于人的实践活动的重要性。可以说,没有主观能动性的参与,便没有实践,从而也就没有改变世界或世界的改变。因此,必须充分肯定人的主观能动性及其作用。人是具有思维意识的高等动物,这一类特性赋予人具有主观能动性。实践活动实则就是人发挥其主观能动性、借助工具以改变客观对象为我所用的活动。因此,人应该发挥其主观能动性去改变现状。只是人的主观能动性的发挥必须基于一定物质条件的限度之内,否则容易流为主观唯心主义乃至唯意志论。然而不管怎样,从中国近现代的思想脉络来看,中国式进化论之强调主观能动性的思想,无疑便于中国先进人物理解和接受唯物史观对于人的主观能动性的强调的思想内涵。

① 《马克思恩格斯选集》(第一卷),人民出版社,1995年,第54页。
② 《李大钊选集》,人民出版社,1959年,第191页。
③ 同上,第497页。

（五）革命的观念和行动方式

达尔文、斯宾塞和赫胥黎的进化论以及自严复开始的维新派的进化论皆是渐进性的进化论，主张对社会实行点点滴滴的改良。这种改良主义进化论自然是与革命观念和行动方式不相容的。以孙中山为代表的革命派论证了革命是比改良更有利于社会进化、发展的方式，进化论由此便容纳进了革命的观念和行动方式。马克思非常肯定革命对人类社会发展的巨大作用，他认为"革命是历史的火车头"[1]，推动着人类社会的前进。中国的马克思主义者同样非常肯定革命对于社会进步的推动作用。当不少国人对俄国十月革命抱悲观态度时，李大钊却对之持乐观态度，热烈地肯定之，将之与法国大革命等而视之："俄国今日之革命，诚与昔者法兰西革命同为影响于未来世纪文明之绝大变动。……二十世纪初叶以后之文明，必将起绝大之变动，其萌芽即茁发于今日俄国革命血潮之中，一如十八世纪末叶之法兰西亦未可知。今之为俄国革命抱悲观者，得毋与在法国革命之当日为法国抱悲观者相类欤。"[2]此时的李大钊还不是一个成熟的马克思主义者，在他成为一个成熟的马克思主义者之后，他依然肯定革命对于社会前进的巨大推动作用。1923年1月，他在北京大学经济学会演讲，关于夺取政权，他认为有和平和革命两种手段，他明显地倾向于革命这种手段。[3]五四运动期间，围绕"问题与主义"，李大钊同胡适的争论，在某种意义上，实则也是革命与改良之争。李大钊站在革命的立场，认为"经济问题"的解决是"根本解决"，而胡适则站在改良的立场，主张点滴式的改良。质言之，富含革命观念并主张以革命的行动方式来实现中国社会的改造，是革命派进化论和唯物史观共同具有的思想

---

① 《马克思恩格斯选集》（第一卷），人民出版社，1995年，第456页。

② 《李大钊选集》，人民出版社，1959年，第101页。

③ 参见《李大钊选集》，人民出版社，1959年，第429页。

内容、理论观点。

在一定程度上可以说,进化论向唯物史观过渡如何可能的问题,实则也就是进化论与唯物史观具有哪些理论内容的共通性的问题。因此,进化论与唯物史观的理论共通性对于进化论向唯物史观的过渡至关重要。不过,二者具有的只是共通性,而非同质性,因为唯物史观并不等同于进化论,用黑格尔式的话来说,唯物史观是对进化论的扬弃,它是进化论的真理。

四、唯物史观的合理性

进化论与唯物史观在理论内容、思想观点上具有共通性,这只是说明二者有衔接、架通之可能性,而唯物史观能够取代进化论,则说明它有比进化论更为合理的地方。而这也是进化论向唯物史观过渡的一个必不可少的元素。这个问题可以简称为唯物史观的合理性。其合理性表现在对进化论所具有的基本观念和思想观点的超越上。与上述二者的共通性相对应,其表现如下:

其一,唯物史观在世界观和历史观上对进化论的超越。进化论从物种进化的现象来推论自然、人事的变化、进步,这是一种机械的世界观,很有可能流为曾为毛泽东于《矛盾论》所批判的形而上学的庸俗进化论。[1]唯物史观则是一种新的世界观,它以实践作为其理论的基本立足点,人的实践对象是人化自然,世界——人化世界——是通过人的实践活动而得以变化、进步的,而纯粹的自在世界对于人来说,其意义等于零:"被抽象地理解的,自为的,被确定为与人分隔开来的自然界,对人来说也是无。"[2]这种新世界观才是人的真实的世界观, 人的世界第一次被放置到人自己的活动——实践基础上

---

① 参见《毛泽东选集》(第一卷),人民出版社,1991年,第301页。
② 《马克思恩格斯全集》(第3卷),人民出版社,2002年,第335页。

来理解。正因为如此，马克思认为，人类历史的基础是"现实中的个人"①的物质实践活动。"全部人类历史的第一个前提无疑是有生命的个人的存在。"②而且"人们的社会历史始终只是他们的个体发展的历史，而不管他们是否意识到这一点"③。由此，唯物史观不再仅仅是一种历史观，它更是一种新的世界观。对于人类历史现象的解释，进化论以简单的生存竞争或空泛的有机体观念为原理，而唯物史观则以经济发展为基础，具有很大的理性说服力。④此外，在历史的进化图式上，进化论认为历史的发展是不可逆的，而唯物史观认为历史的发展是螺旋式的辩证发展，从而合理地解释了历史的发展规律。更为重要的是，唯物史观强调生产力与生产方式的矛盾运动是社会发展的根本动力，生产方式的变化规律是社会发展的基本规律，而进化论历史观则强调抽象的种族竞争是社会发展的动力。由此，唯物史观便从根本上超越了进化论历史观。

其二，唯物史观在竞争观念上对进化论的超越。进化论所说的竞争主要是指种与种、民族与民族、国家与国家之间的竞争，它在本质上是一种物种竞争。这种竞争观念至少有两大缺陷：第一，它是赤裸裸的自然界的物种生存法则，它完全忽视和否定了人类的道德的作用；第二，追根究底，它是一种抽象的观念——它是从自然界的物种生存竞争现象抽象出来的观念，在人类社会并没有现实的根据。它的"优胜劣败""弱肉强食""适者生存"的原则是赤裸裸的丛林法则。因此，它不适用于解释社会现象。恩格斯批评道："想把历史发展及其错综性之全部多种多样的内容都总括在贫乏而片面的公式'生存斗争'中，真是完全的幼稚。"⑤唯物史观所说的竞争则与之不同，它是

---

① 《马克思恩格斯选集》(第一卷)，人民出版社，1995年，第71页。

② 同上，第67页。

③ 《马克思恩格斯选集》(第四卷)，人民出版社，1995年，第532页。

④ 参见李泽厚：《马克思主义在中国》，生活·读书·新知三联书店，1988年，第11页。

⑤ 恩格斯：《自然辩证法》，人民出版社，1955年，第262页。

指具体而现实的阶级斗争。如上文所述,阶级斗争推动着人类的发展,社会进步的动力和方式是阶级斗争或竞争,而非进化论所说的赤裸裸的物种之间的竞争。阶级斗争或竞争是阶级社会客观存在的社会现象,是统治阶级与被统治阶级的经济利益冲突且不可调和的反映。唯物史观认为是阶级斗争或竞争推动着人类社会的前进,是符合实际的科学论断。因此,唯物史观所说的竞争——阶级斗争也就扬弃了进化论所说的那种抽象的物种竞争。

其三,唯物史观在平等主义的理想世界上对进化论的超越。进化论所说的理想世界,皆是进化论者理论虚构的结果。在这一点上,中西进化论别无二致。他们实则是从人的美好愿望、观念以及理性出发来虚构理想社会。要言之,是从人性的理想维度来憧憬理想世界。这样虚构起来的理想世界只能是一个美好的幻想,属于空想社会主义的范畴。正如马克思、恩格斯所批评的那样,圣西门、傅立叶、欧文等空想社会主义者不顾历史条件,只是从人的美好愿景出发来设想,而反对切实的阶级斗争等政治活动。"因此,他们总是不加区别地向整个社会呼吁,而且主要是向统治阶级呼吁。他们以为,人们只要理解他们的体系,就会承认这种体系是最美好的社会的最美好的计划。"①唯物史观所包蕴的共产主义理想则与上述空想社会主义理想不同。唯物史观认为,共产主义理想的实现,是通过无产阶级的社会革命和大力发展生产力,并分阶段逐步实现的。如此一来,社会主义便成了科学社会主义,而不再是空想社会主义。列宁说:"马克思主义和其他一切社会主义理论的不同之处在于,它出色地把以下两方面结合起来:既以完全科学的冷静态度去分析客观形势和演进的客观进程,又非常坚决地承认群众……的革命毅力、革命创造性、革命首创精神的意义。"②中国早期马克思主义者,比如李大钊

---

① 《马克思恩格斯选集》(第一卷),人民出版社,1995年,第303~304页。
② 《列宁选集》(第一卷),人民出版社,1995年,第747页。

对空想社会主义和科学社会主义的本质区别有清醒的认知，他认同科学社会主义而否弃空想社会主义。①质言之，空想社会主义者从其自身所具有的观念出发来虚构理想社会，他们以为，人们只要认识了真理，就能自觉地去努力实现理想社会。然而真理不在人的头脑之中，不在人的理性之中，更不在上帝之类的神那里，而是在现实的实践之中。——真理来源于实践，并通过实践而得到进一步的发展。如果从观念出发，纵使这个观念是美轮美奂的观念，得到的也不可能是真理，而只能是空想。唯物史观包蕴的共产主义理想则与之不同，它是从现实实践出发的。这便是进化论的理想世界与唯物史观的理想世界的本质区别，也是后者超越前者的关键所在。

其四，唯物史观在强调人的主观能动性上对进化论的超越。如上文所述，中国式进化论，不管是改良主义的渐进性进化论，抑或是革命民主主义的激进性进化论，皆极为张扬人的主观能动性。这在中国近代的特定历史条件下，虽然具有一定的合理性，但是对主观能动性的过度强调势必会流于唯意志论，不但于革新中国的实践行动无益，反而有害。唯物史观自其创始人马克思始，便强调人的主观能动性的作用和价值。但是它对人的主观能动性的强调，完全基于实践，不脱离实践，不脱离客观现实的物质规律。如此一来，它既可以收进化论强调人的主观能动性之利，又可以避免其过度强调人的主观能动性而流为唯意志论之弊。就其思想的成熟或稳定时期而言，中国马克思主义者是能够秉承马克思关于正确发挥人的主观能动性的旨意的。李大钊说："这样看来，经济现象和法律现象，都是社会的原动力，他们可以互相影响，都于我们所求的那正当决定的情状有密切的关系。那么，历史的唯物论者所说经济现象有不屈不挠的性质，就是团体的意思、团体的活动，在他面前都得低头的话，也不能认为正确了。但是此等团体的活动，乃至法

———————————
① 参见《李大钊全集》(第4卷)，人民出版社，2006年，第315~316页。

律,仍是在那可以容他发生的经济构造以上的现象,仍是随着经济的趋势走的,不是反着经济的趋势走的。"①这就既肯定了上层建筑、人包括团体的主观能动性的作用,同时又强调了它们必须以经济这一物质条件为基础,不能背离经济的发展趋势和规律。毛泽东在其哲学思想的成熟时期,在强调人的主观能动性的同时,也总是强调必须基于物质条件。他在《论持久战》中说:"一切事情是要人做的,……做就必须先有人根据客观事实,引出思想、道理、意见,提出计划、方针、政策、战略、战术,方能做得好。思想等等是主观的东西,做或行动是主观见之于客观的东西,都是人类特殊的能动性。……我们名之曰'自觉的能动性',是人之所以区别于物的特点。"②基于物质基础、现实实践,而非脱离物质基础、现实实践,来强调人的主观能动性,唯物史观关于强调主观能动性的思想观点从而也就避免了进化论流为唯意志论之弊害。

其五,唯物史观在革命观念和行动方式上对进化论的超越。革命派的革命之所以不能成功,其革命观念和行动方式不切合中国实际是其中的一个至关重要的因素。近现代的中国是一个"半殖民地半封建"社会,而且帝国主义与专制主义两股反动势力互相勾结、沆瀣一气。革命派反专制却不反帝,而帝国主义实则便是专制主义的后台支柱,这必然致使他们不能取得革命的成功,致使它们的革命半途而废。辛亥革命便正是这样的革命。而且至关重要的一点是,革命派不明了革命的主要力量,找不到革命的依靠力量,直至在中国共产党的帮助下,才认识到工农是其革命的依靠力量。这正如李大钊所说,孙中山"他本人没有真正的凭借",他病急乱投医,甚至一度寻求英国资本家组织和支持的"纸老虎""法西斯队伍"的支持。但是一系列事变"彻底揭穿了外国资本的一切阴谋诡计,帮助孙中山本人在工农群众中找到真

---

① 《李大钊选集》,人民出版社,1959年,第192~193页。
② 《毛泽东选集》(第二卷),人民出版社,1991年,第477页。

正的牢固的基础"①。中国马克思主义者则与之不同,他们一开始便将帝国主义和专制主义列为革命的对象,对二者之间的关系有清醒的认识。他们践行无产阶级领导的新民主主义革命,主张通过生产资料的公有化而实现社会革命的胜利,最终达到改造中国社会、实现社会主义社会的政治目标,从而成功地实现了理论改变世界的功能。而且有苏俄作为榜样,中国马克思主义者知道自己的革命当以工人阶级为领导力量和以农民群众为依靠力量。李大钊说,"革命的力量常含蓄于工农阶级的下层民众之间",并且"中国民族解放的成功多半要靠工农民众努力"。②由于农民在中国人口众多,力量巨大,中国马克思主义者从而认识到,农民是中国革命的主力军,认为中国革命的命运取决于农民:"中国的浩大农民群众,如果能够组织起来,参加国民革命,中国国民革命的成功就不远了。"③质言之,由于中国马克思主义者对中国社会性质和各阶级力量有清醒的分析和认识,他们找到了革命的依靠力量——工农,而且他们践行的是推翻一切剥削的私有制的社会主义革命,因此他们的革命便不再具有革命派的革命的妥协性和软弱性。

总起来看,上述四个因素具有一个结构关系:它们可以从总体上分为实践和理论两个层面:后三者是理论层面的因素,前者是实践层面的因素。而后三者又可以分为两个小的层面:内在逻辑同构性、内在理论共通性可谓是理论内部或内在的因素,而唯物史观的合理性则是理论外部或外在的因素。质言之,不管是从实践上抑或从理论上来说,在五四运动时期,进化论转向唯物史观的这一理论转向,都已具有了可能性。因此,它由可能而成为现实,是具有逻辑合理性的。

---

① 《李大钊全集》(第5卷),人民出版社,2006年,第11页。

② 《李大钊选集》,人民出版社,1959年,第540页。

③ 同上,第535页。

第五章　唯物史观初传中国

　　五四新文化运动不仅是一场气势恢宏的思想大解放的启蒙运动，实则也是一场揭露资产阶级革命理论具有不彻底性、妥协性的反思运动。新文化运动的兴起，在相当大的程度上可以说，正是辛亥革命不彻底、民主共和徒有虚名的结果。在五四运动期间，中国先进人物抛弃了革命民主主义，转而信奉了马克思主义。从此，进化论作为中国思想主流的地位也就让位于唯物史观、马克思主义。中国先进人物抛弃了进化论，重新选择了唯物史观这一理论武器来指导其革新中国的实践活动。在唯物史观初传中国之时，不仅中国早期马克思主义者对之进行了传播与阐释，非马克思主义者也对之做了富有成效的传播与阐释工作，而其中李大钊对唯物史观阐释的理论水准无疑最高。此章需要论述的问题主要有两个方面：其一是唯物史观在中国的兴起；其二是中国人对唯物史观的阐释，其中的重点是李大钊对唯物史观的阐释。

第一节 唯物史观的兴起

在五四运动期间,马克思主义在中国初传,吸引和说服了一批革命民主主义人物,使之转变了思想立场,成为马克思主义的信徒。这是历史事实,不可否认。然而唯物史观在中国的兴起并非空穴来风,必有其因。这便是本节要探究的问题即唯物史观何以兴起? 此外,为了较为全面地阐述唯物史观的兴起,还应该予以探讨的一个问题是唯物史观在中国兴起的必然性与偶然性。

一、唯物史观何以兴起

一种理论的兴衰,起决定性作用的是理论的生存空间,也就是理论所适应的社会现实条件,而这一社会现实条件,从现今的立场来看,便是社会的历史情势。从严复引介和重构进化论开始,中国近现代以来的各种理论思潮之所以能够兴起的决定性因素,皆是其相应的社会历史情势。唯物史观在中国的兴起也不例外,首要的便是五四时期的中国社会历史情势加以作用的结果。当然,社会现实条件或历史情势只是一种理论思潮兴起的基本条件,一种理论思潮能够兴起,无疑还需要其兴起的必要的理论前提和主体条件。因此,如同探究此前几种中国式进化论的兴起之因一样,对于唯物史观的兴起之因,也应该从历史情势、理论前提和主体条件这三个方面来予以考察。

(一)唯物史观兴起的历史情势

马克思主义是一种具有世界影响的无产阶级革命理论,中国先进人物于五四时期接受和信奉了它,首先也是将之作为一种能够用来改造中国的思想武器。这便牵涉到马克思主义这一革命理论的普遍性或一般性与中国问题的具体性或特殊性的关系问题。作为普遍真理的马克思主义要适用于中国，在中国兴起，为中国先进人物乃至普通大众所接受和认可，在历史情势上，必然是中国国内和国际的历史情势共同作用的结果。因此，对于唯物史观兴起的历史情势，理应从国内和国际两个方面来阐述。

一方面，国内的历史情势。首先，唯物史观兴起的首要历史情势便是民族资本主义经济的迅速发展。从 19 世纪 70 年代开始，一部分官僚、地主和商人投资于新式工业，中国民族资本主义经济由此诞生。第一次世界大战期间，西方列强忙于征战、自顾不暇，暂时放松了对中国的侵略与压迫，中国民族资本主义经济获得了一个发展的黄金时期，得到了迅速发展。民族资本主义经济的迅速发展是唯物史观得以在中国兴起的基本物质基础。

其次，无产阶级队伍的壮大与觉醒是唯物史观兴起的阶级基础。鸦片战争之后，西方列强在对中国进行商品输出的同时，也开始了资本输出，在中国开设工厂，直接利用中国廉价的劳动力充当工人。中国最早的产业工人，便诞生于外国资本在中国开办的企业里。从 19 世纪 60 年代开始，在洋务派的倡导与主持下，清政府投资兴办了一批官办企业。一批又一批破产的农民和失业的手工业工人纷纷前往洋务派兴办的工厂做工，他们便成了中国近代无产阶级的又一重要力量。从 19 世纪 70 年代开始，民族资本主义经济产生，在他们的工厂里又诞生了一批农民和手工业工人组成的无产阶级。到中日甲午战争爆发时，中国的产业工人已达近 10 万人；到辛亥革命时期，中国的产业工人已达 60 万人；而到了 1919 年的五四运动时期，中国的产业工人已经发展到了 250 万至 300 万人，城市小工业和手工业中的雇佣工人和商店店员达到了 1200 万人。而农村的雇农和城市的其他无产阶级的队伍则更为庞大。毛泽东说："为了侵略的必要，帝国主义给中国造成了买办制度，造成了官僚资本。帝国主义的侵略刺激了中国的社会经济，使它发生了变化，造成了帝国主义的对立物——造成了中国的民族工业，造成了中国的民族资产阶级，而特别是造成了在帝国主义直接经营的企业中、在官僚资本的企业中、在民族资产阶级的企业中做工的中国的无产阶级。"①李大钊甚至说，由于帝国主义的商品输出，"国内的产业多被压倒，输入超过输出，全国民渐渐变成世界的无产阶级"②。这固然是说过头了，但是却说明中国近代的无产阶级在成长和壮大。中国近代的产业无产阶级人数虽然不多，但是却高度集中。由于它的大部分是由农民转化而来的，因此它和农民是天然的同盟者。它深受资本主义、专制主义和帝国主义三重压迫，与最先进的经济形式相联系，富于组织性和纪律性，是中国最先进的阶级力量。③列宁曾经指出，工厂工人阶级即产业无产阶级"具有特别有利的条件：它同完全建立在剥削上面的旧社会已经没有丝毫联系；它的劳动条件和生活环境本身就把它组织起来，迫使它开动脑筋，使它有可能走上政治斗争的舞台"④。的确如此，经过新文化和马克思主义的洗礼，在五四运动期间，中国无产阶级作为中国民族革命的领导阶级登上了历史舞台，从此扮演着中国社会各阶级和阶层的领导者的角色。质言之，中国近代无产阶级队伍的壮大与觉醒是唯物史观在中国兴起的坚实阶级基础。

再次，国人对帝国主义的本质有了进一步的认识。第一次世界大战，中国是战胜国。国人自上而下，以战胜国而自豪。国人也因此而对国联充满了希望，希望中国能凭借战胜国的这一身份收回德国在胶州半岛的权利。国人尤其对国联的倡导者、"和平使者"美国总统威尔逊寄予厚望。李大钊下述的

---

① 《毛泽东选集》(第四卷)，人民出版社，1991年，第1484~1485页。

② 《李大钊选集》，人民出版社，1959年，第299页。

③ 参见黄楠森、庄福龄、林利主编：《马克思主义哲学史》(第6卷)，北京出版社，1989年，第9~10页。

④ 《列宁选集》(第一卷)，人民出版社，1995年，第57页。

一番话便正是大多数国人心态的流露："然威尔逊君固夙以酷爱平和著闻者也。……然吾人终信平和之曙光,必发于太平洋之东岸,和解之役,必担于威尔逊君之双肩也。"①然而事实表明,国人对这位"和平使者""威尔逊君"的厚望只不过是一串五光十色的肥皂泡。正是这个"威尔逊君"主导的所谓"国联"强盗般地决定将德国在山东的权利让与日本。这一下,国人才如梦初醒,认识到寄希望于西方列强,无异于与虎谋皮。国人从此大为觉悟,认清了帝国主义的贪得无厌、狼狈为奸的侵略本质,认识到西方列强嘴里的"公理""和平",都只不过是骗人的鬼话。正如陈独秀所说:"巴黎的和会,各国都重在本国的权利,什么公理,什么永久和平,什么威尔逊总统十四条宣言,都成了一文不值的空话。"这个"分赃会议与世界永久和平,人类真正幸福,隔得不止十万八千里,非全世界的人民都站起来直接解决不可。若是靠着分赃会议里那几个政治家,外交家在那里关门弄鬼,定然没有好结果"。②他于此表达了帝国主义与全世界的人民对立的思想,并认识到唯有全世界人民的力量才能战胜帝国主义。这种思想基本上已经达到了世界无产阶级大联合的思想高度。中国先进人物乃至普通大众对帝国主义本质有了清醒的认识,这无疑有利于国人抛弃资本主义转而接受马克思主义,接受唯物史观。

最后,现实中国需要马克思主义来改造。自近代以来,中国先进人物便一直在孜孜不倦地学习西方。他们学习西方的热情不可谓不高,涉猎西学的范围不可谓不广,钻研西学的劲头不可谓不大,运用西学的实践不可谓不多,但是结果如何呢?皆以失败告终。洋务运动注定以失败收场,戊戌变法因被镇压而失败,辛亥革命以成功开头却以失败结尾,无政府主义运动更是一场彻头彻尾的不切实际的闹剧,新文化运动无补于现实。然而它们虽然皆失

---

① 《李大钊全集》(第1卷),人民出版社,2006年,第268页。
② 《陈独秀文章选篇》(上),生活·读书·新知三联书店,1984年,第397页。

败了，但是在另一方面却成功了——教育和启发了国人，并促使国人进一步探索救国救民的新"道"。这正如毛泽东所说，自鸦片战争以来，"中国人向西方学得很不少，但是行不通，理想总是不能实现。多次奋斗，包括辛亥革命那样全国规模的运动，都失败了。国家的情况一天一天坏，环境迫使人们活不下去。怀疑产生了，增长了，发展了"。中国先进人物怀疑的是什么？怀疑的是资产阶级的那套以民主、自由、人权、平等为核心内容的理论，他们终于认识到资产阶级的思想武器和政治方案在中国行不通了。于是，他们不得不学习、接受和运用马克思主义。他们不得不"用无产阶级的宇宙观作为观察国家命运的工具，重新考虑自己的问题。走俄国人的路——这就是结论"①。于是，为了适应现实中国的需要，此前从事新文化运动这种偏向思想启蒙工作的一部分中国先进人物，便转而开始从事实际的革命运动，着手切实的改造中国的革命活动。

　　另一方面，国际的历史情势。促使唯物史观在中国兴起的两个主要国际历史情势皆与第一次世界大战直接相关。如上所述，第一次世界大战的爆发，使中国民族资本主义经济赢得了一个难得的发展时机。此外，第一次世界大战之后的所谓"巴黎和会"——列强的分赃会议——直接引爆了中国五四运动这颗投向帝国主义的炸弹，国人由此便掀起了反抗帝国主义运动的高潮，对帝国主义的本质有了清醒的认识。这正如李大钊所说："资本主义存在一天，帝国主义即存在一天，在帝国主义冲突轧轹之间，一切反对战争的企图，都成泡影，一切国际的会议，都不过是几个强国处分弱小民族权利分配的机关罢了。"②中国先进人物对资本主义共和国的梦想也从此破灭。梦想破灭了，但现实却依然如故，因此对于任何一个有志于改造中国的人来说，

① 《毛泽东选集》(第四卷)，人民出版社，1991年，第1470、1471页。

② 《李大钊选集》，人民出版社，1959年，第420页。

对资本主义的梦想破灭了,革新中国的理想却不能因之而破灭,在短暂的失落之后,还必须重拾理想——建构新的理想,寻找新的改造中国的出路。因此,对西方列强幻想的破灭,对资本主义理论的怀疑与否定之后,他们唯一的出路便是转向马克思列宁主义,这是其一。

其二,对唯物史观在中国的兴起影响更为直接和深远的,则是俄国十月革命的成功。自从十月革命以来,马克思主义得到了广泛的传播,大有风靡世界的势头。[①]中国人的理性是一种认可和赞赏实际成果的经验理性或实用理性。[②]十月革命的成功,在国人那长期以经验理性武装起来的头脑中得到了强烈的回应与首肯。它喊出的"颠覆世界的资本主义""颠覆世界的帝国主义"的口号,在国人的脑海中激起了千层巨浪;它建立的劳苦大众当家做主的人民政府,是树立在国人理想世界中的一座光辉的丰碑。因此,国人对十月革命欢呼不已、充满了期盼。这正如李大钊所描述的那样:"中国人民在近百年来,既被那些欧美把长成的资本主义武装起来的侵略的帝国主义践踏摧凌于他的铁骑下面,而沦降于弱败的地位,我们劳苦的民众,在二重乃至数重压迫之下,忽然听到十月革命喊出的'颠覆世界的资本主义'、'颠覆世界的帝国主义'的呼声,这种声音在我们的耳鼓里,格外沉痛,格外严重,格外有意义。"[③]因此,俄国十月革命对中国革命具有巨大的示范作用。"这个在历史上有重大意义的十月革命,不只是劳苦民众应该纪念他,凡是象中国这样的被压迫的民族国家的全体人民,都应该很深刻的觉悟他们自己的责任,应该赶快的不踌躇的联合一个'民主的联合阵线',建设一个人民的政府,抵

---

① 参见《李大钊选集》,人民出版社,1959年,第173页。

② 中国知识分子总是能够根据自身经验和需要来作出取舍,判断一种学说对于自身是否有用。中国知识分子的这种理智是一种经验理性,它排斥抽象的理论思辨,也排斥非理性的情感狂热,它是现实生活的经验感受的总结与提升,并与积极意念连在一起。(参见李泽厚:《中国现代思想史论》,东方出版社,1987年,第148页)

③ 《李大钊选集》,人民出版社,1959年,第401页。

抗国际的资本主义,这也算是世界革命的一部分工作。"①毫无疑问,俄国十月革命开启了人类历史的新纪元。它极大地影响了中国革命的进程。从此之后,中国的资产阶级民主主义革命,由旧式的资产阶级民主主义革命转变成了以无产阶级为领导阶级的新民主主义革命。此时的中国革命虽然还不是无产阶级的社会主义革命,但已成了"无产阶级社会主义世界革命的一部分"②。正是在这个意义上,毛泽东说:"一九一七年的俄国革命唤醒了中国人,中国人学得了一样新的东西,这就是马克思列宁主义。"③并认为"十月革命一声炮响,给我们送来了马克思列宁主义"④。

五四运动期间的中国历史情势,为唯物史观在中国的兴起提供了一种现实需要。马克思认为,"理论在一个国家实现的程度,总是决定于理论满足这个国家的需要的程度"⑤。现代中国如果没有这种现实需要,那么唯物史观对于中国来说也许就成了多余的无用之物。这正如毛泽东所说:"任何思想,如果不和客观的实际的事物相联系,如果没有客观存在的需要,如果不为人民群众所掌握,即使是最好的东西,即使是马克思列宁主义,也是不起作用的。我们是反对历史唯心论的历史唯物论者。"⑥

(二)唯物史观兴起的理论前提

五四运动时期的国内外历史情势,只是为唯物史观在中国的兴起提供了一种现实的可能性,提供了一种可能的理论空间,也就是说,在这种历史情势之中,唯物史观是有可能在中国兴起的。但是可能并不等于现实,可能

---

① 《李大钊选集》,人民出版社,1959年,第401页。

② 《毛泽东选集》(第二卷),人民出版社,1991年,第671~672页。

③ 《毛泽东选集》(第四卷),人民出版社,1991年,第1514页。

④ 同上,第1471页。

⑤ 《马克思恩格斯选集》(第一卷),人民出版社,1995年,第11页。

⑥ 《毛泽东选集》(第四卷),人民出版社,1991年,第1515页。

之变为现实还需要一定的条件。五四运动期间的国内外历史情势虽然是唯物史观在中国兴起的最基本的可能性条件,但是这还不够,它之兴起至少还需要理论前提和主体条件。于此先考察唯物史观在中国兴起的理论前提。唯物史观是马克思主义的主要理论和基本理论,它无疑属于西方文化的范畴,而且就唯物史观在中国兴起的理论前提而言,它的理论前提也主要是马克思列宁主义。然而这并不意味着在唯物史观兴起这一理论现象上,中国传统文化中没有对之具有促进作用的元素。虽然它们所起到的作用相对要小得多,但是也是不可忽视的。因此,对于唯物史观在中国兴起的理论前提,也当从中西两个方面来阐述。

唯物史观在中国兴起的西方理论前提便是唯物史观本身。就它对中国当时思想界的影响而言,这主要表现在两个方面:其一,唯物史观是一种科学的历史观;其二,唯物史观所阐述的社会主义是一种科学社会主义。

其一,唯物史观是一种科学的历史观。唯物史观的基本思想,马克思在《〈政治经济学批判〉序言》中予以了阐明:"人们在自己生活的社会生产中发生一定的、必然的、不以他们的意志为转移的关系,即同他们的物质生产力的一定发展阶段相适合的生产关系。这些生产关系的总和构成社会的经济结构,即有法律的和政治的上层建筑竖立其上并有一定的社会意识形式与之相适应的现实基础。物质生活的生产方式制约着整个社会生活、政治生活和精神生活的过程。不是人们的意识决定人们的存在,相反,是人们的社会存在决定人们的意识。社会的物质生产力发展到一定阶段,便同它们一直在其中运动的现存生产关系或财产关系(这只是生产关系的法律用语)发生矛盾。于是这些关系便由生产力的发展形式变成生产力的桎梏。那时社会革命的时代就到来了。随着经济基础的变更,全部庞大的上层建筑也或慢或快地发生变革。"[①]马克思在说这段话时,唯物史观还是一个科学的假设,但是自

---

① 《马克思恩格斯选集》(第二卷),人民出版社,1995年,第32~33页。

从他完成了《资本论》之后,唯物史观便成为一个被证明了的科学学说。列宁因此而认为唯物史观是"唯一的科学的历史观":"自从《资本论》问世以来,唯物主义历史观已经不是假设,而是科学地证明了的原理。在我们还没有看见另一种科学地解释某种社会形态(……)的活动和发展的尝试以前,没有看见另一种像唯物主义那样能把'有关事实'整理得井然有序,能对某一社会形态作出严格的科学解释并给以生动描绘的尝试以前,唯物主义历史观始终是社会科学的同义词。"①中国近现代的时代主题始终是救亡图存、独立富强,那么中国先进人物的理论关注视野也就会主要集中在社会历史理论上,而非自然科学理论。进化论被国人接受,并非因为它是一种自然科学理论,而是被认为是一种科学的社会历史理论;唯物史观之被国人接受亦是如此。唯物史观合理地说明了社会历史现象及其发展规律,而当国人认识到唯物史观是一种比进化论历史观更为合理的社会历史理论时,国人放弃进化论转而接受唯物史观,也就可谓理所当然了。

其二,唯物史观所阐述的社会主义是一种科学社会主义。19世纪末,西方社会主义理论便开始在中国传播。改良派和革命派都热心于某种社会主义理论。然而他们所宣传的社会主义皆只是空想社会主义,与中国无政府主义者所传播的社会主义在本质上是一样的。而唯物史观所阐述的社会主义与它们不同,它所包蕴的是一种科学的社会主义。"从前的社会主义者为了论证自己的观点,认为只要指明群众在现代制度下受压迫的事实,只要指明使每个人都可获得自己生产成果的那种制度的优越性,只要指明这个理想制度适合'人的本性'、适合理性道德生活概念等等就足够了。"②科学社会主义的创始人马克思"并不限于评论现代制度,评价和斥责这个制度,他还对这个制度作了科学的解释,把这个在欧洲和非欧洲各个国家表现得不同的

---

① 《列宁选集》(第一卷),人民出版社,1995年,第10页。

② 同上,第24~25页。

现代制度归结为一个共同基础，即资本主义社会形态，并对这个社会形态的活动规律和发展规律作了客观分析（他指明这个制度下的剥削的必然性）。……他以对资本主义制度的这种客观分析，证明了资本主义制度变为社会主义制度的必然性(……)"①。这表明，科学社会主义是马克思分析资本主义社会的发展趋势和规律所得出的科学结论。从思维方式上而言，他所阐明的科学社会主义的理论出发点是资本主义的社会现实，而空想社会主义与之相反，它们的理论出发点是"人类天性""理性道德生活概念"。前者的思维方式是实践哲学的思维方式，而后者的思维方式则是理论哲学或形而上学的思维方式。由前者出发，便可能得出符合现实的合理结论；而由后者出发，则只能得出脱离现实的空想。如今有不少所谓的学者，不知出于什么目的，他们明明知道科学社会主义并非是乌托邦式的社会主义，却故意将科学社会主义或共产主义与空想社会主义相提并论，混为一谈，认为它们皆是为人类许诺美好远景的乌托邦。"可是，只要稍微知道一点社会主义和西欧工人运动的历史，就可看出这种解释是极端荒谬和虚伪的。谁都知道，科学社会主义其实从未描绘过任何未来的远景，它仅限于分析现代资产阶级制度，研究资本主义社会组织的发展趋势，如此而已。"②列宁进而指出，"叙述科学社会主义的主要的和基本的著作"《资本论》，"对于未来只是提出一些最一般的暗示，它考察的只是未来的制度所由以长成的那些现有的因素"。③

　　正因为如此，科学社会主义才是科学的，与空想社会主义本质地界划开来了。也正因为如此，它才是一个值得无产阶级乃至全人类为之奋斗终身的伟大事业。李大钊对空想社会主义和科学社会主义的本质区别有比较清晰的认知。他说，"空想的社会主义者""以为宇宙间有超越时间与空间的绝对

① 《列宁选集》(第一卷)，人民出版社，1995年，第25页。
②③ 同上，第51页。

的真理在。只靠着诉于人间的理性,就是只要人间能理解此真理,把握此真理,无论何时何地,此真理都能实现。此真理实现之时,即是理想社会实现之时。据他们的见解,为实现理想社会所必要的事,只在发见真理,而以此真理诉于人人的理性,为实现此真理的历史的条件,他们绝不看重"。①实则,李大钊还是高看了他们。因为他们发现的并非是"真理",只不过是他们自己根据人的理性臆想出来的空想性的观念。真理只能来自实践,理性之中不可能存在真理。但李大钊对科学社会主义的认知则是非常准确的。他说:"科学社会主义,把它的根据置在唯物史观的上面,依人类历史上发展的过程的研究,于其中发见历史的必然的法则,于此法则之上,主张社会主义的社会必然的到来。"②接下来的一段话,包含着李大钊对科学社会主义与空想社会主义的评判及对科学社会主义的肯定与憧憬:"社会主义的思想,由马克思及恩格斯依科学的法则组成系统,以其被认为历史的必然的结果,其主张乃有强固的根据。社会主义的主张,若只以人的理性为根据,力量实极薄弱,正如砂上建筑楼阁一样。今社会主义既立在人类历史的必然行程上,有具有绝大势力的历史为其支撑者,那么社会主义之来临,乃如夜之继日,地球环绕太阳的事实一样确实了。"③当中国先进人物认识到唯物史观所阐述和包蕴的社会主义是科学社会主义,是人类社会的发展必然要走向的理想社会,而不只是虚幻如泡影的空想社会主义之时,也就是他们抛弃资产阶级思想观念、空想社会主义以及进化论,转向马克思主义、唯物史观之时。

唯物史观在中国兴起的既有理论前提也主要表现在两个方面:其一,中国传统思想中具有一些唯物主义历史观的元素;其二,唯物史观的思维方式与中国传统哲学的思维方式具有一致性。

其一,中国传统思想中具有一些唯物主义历史观的元素。早在春秋时

---

① 《李大钊选全集》(第4卷),人民出版社,2006年,第315~316页。

②③ 同上,第316页。

期,中国传统文化中便具有了唯物主义历史观的元素。管子认为,"仓廪实则知礼节;衣食足则知荣辱"①。儒家自孔子始,便一直具有"经世致用"、重视功利的思想传统,具有从经济(食货)等各种社会物质存在条件去研究和论证政治盛衰、民生贫富的思想学说。《论语》记载:"子适卫,冉有仆。子曰:'庶矣哉!'冉有曰:'既庶矣。又何加焉?'曰:'富之。'曰:'既富矣,又何加焉?'曰:'教之。'"②由此可见,孔子实则深知属于意识形态、上层建筑之"教"是在物质条件"富"之后,简而言之,"教"从属于"富"。这是很显明的唯物主义历史观的思想。由此也足见,孔子开创的儒家并非一味反对功利,至少不反对利民。从孔子开始,儒学在历史观上的唯物主义元素缓慢发展着。在先秦,荀子是其杰出代表。在汉代,王充反对谶纬神学的天命史观,力图用唯物主义来解释人类历史现象。在唐代,柳宗元以人类历史发展的客观必然之"势"来解释历史现象,否定了天命、"圣人之意"等唯心主义的东西。王夫之上承荀子、柳宗元、张载等哲学家的唯物主义思想,在人道观上提出了理势合一的历史观,主张于势之必然处见理,从而将中国传统的历史观推向了高峰。中国传统文化中重视功利的思想传统,尽管受到宋明理学的冲击和排斥,但是依然生命力顽强,代代接续,于明末清初形成了重视"经世致用"的强大思想潮流。此外,历代治世能臣,从桑弘羊到张居正,不但被史书予以详加记载,而且基本上得到了历代士子的认同。李泽厚先生认为,这种重实用、重功利思想所积淀而成的"文化心理结构",对孜孜不倦地向西方寻求救亡真理的现代中国知识分子先选择进化论后又选择唯物史观,应该起到了作用。③

其二,唯物史观的思维方式与中国传统哲学的思维方式具有一致性。思维方式是理论活动的基本方式。一个时代理论活动的思维方式必定是对其

① 《管子·牧民》。

② 《论语·子路》。

③ 参见李泽厚:《马克思主义在中国》,生活·读书·新知三联书店,1988年,第11~12页。

实践方式的表达。①理论的思维方式之不同,就在于其对待理论与实践的关系的理路主张不同。对于理论与实践的关系,有两种理论理路。一种理论理路认为,理论活动是人的最为根本的能力,理论的功能也主要在于解释世界,理论理性超越于生活实践之上,高于生活实践,它自身是完满自足的,能够在生活实践之外找到自身构建理论体系的阿基米德之点。这种理论理路就是理论哲学或形而上学的理路。一种理论理路认为,实践活动才是人的最为根本的能力,理论的功能主要在于改变世界,理论活动是实践活动的一个不可或缺的环节,理论理性从属于实践理性,理论活动的阿基米德之点奠基于生活实践,理论理性不能绝对超越于生活实践,而只是相对地超越于生活实践,生活实践始终牵引着理论活动。这种理论理路是实践哲学的理路。②中国传统哲学与马克思主义哲学所处的时代不一样,其理论匹配的实践方式也不同:中国传统哲学的实践方式是自然经济,而马克思主义哲学匹配的实践方式是后市场经济。由此它们有古代实践哲学与现代实践哲学之别:马克思主义哲学属于现代实践哲学,而中国传统哲学属于古代实践哲学。尽管二者有古今之别,但是从理论与实践关系上看,中国传统哲学和马克思主义哲学的理论理路皆是实践哲学的理路——二者的理论基点都是实践。当然,马克思主义哲学的实践主要是物质生产实践,而中国传统哲学的实践主要是道德实践。但是二者的理论皆基于生活实践,而非超拔生活之外的理论观念,在这一点上,二者则是相同的。因此,二者在思维方式上具有一致性,二者的思维方式皆是实践哲学。二者在思维方式上的这种亲和性,是国人便于接受唯物史观的一大因素。这正如王南湜所说:"研究中国现代思想史的人都会碰到这样一个问题,那就是为什么有那么多的中国知识分子在诸多可供选择的西方哲学中认同了马克思主义哲学。这当中的原因当然是非常复

---

① 参见王南湜:《追寻哲学的精神:走向实践哲学之路》,北京师范大学出版社,2006年,第347页。

② 同上,第35页。

杂的,但是,有一点似乎是不能忽略的,那就是中国传统哲学作为古代实践哲学的典范与马克思哲学作为现代实践哲学的典范,在思维范式上的相近或亲和性。"①王南湜认为,中国传统哲学与马克思主义哲学在思维方式上的这种亲和性,不仅使国人在20世纪之初于各种西方哲学中选择了马克思主义哲学,而且在21世纪,"它亦将构成中国哲学重建的一个积极的、非常重要的中介"②。中国人重实际经验效果,轻抽象思辨,其理论思维的理性是经验主义的理性,简言之即经验理性,李泽厚先生称之为"实用理性"。这种经验理性或实用理性,致使国人在接受新事物及新思想、新理论之时,总是基于自身的感受。当俄国十月革命成功的消息传来,国人的这种经验理性或实用理性便发挥作用了,国人立即认识到马克思列宁主义是能够有效改造中国的思想武器。如是,中国先进知识分子自然也就纷纷抛弃了进化论,转向了马克思主义的怀抱,接受了唯物史观。

(三)唯物史观兴起的主体条件

五四运动时期国内外的历史条件为唯物史观在中国的兴起提供了现实土壤,马克思列宁主义尤其是本源意义上的唯物史观以及中国传统文化中的唯物主义历史观的元素,也为唯物史观在中国的兴起准备了理论前提,但是它在中国的兴起,还缺乏一个主体条件,即学习、传播、阐释、运用它的人。在五四运动期间,这一主体条件也具备了,即以陈独秀、李大钊、李达、毛泽东等为代表的中国早期马克思主义者。

清末实行了教育制度改革,废除科举,开办新式学校,派遣留学生。自此之后,中国培养了两类新知识分子:一类为留学欧美、日本的新知识分子;一类为本土培养的新知识分子。这两类知识分子后来皆成为在中国传播新思

---

① 王南湜:《追寻哲学的精神:走向实践哲学之路》,北京师范大学出版社,2006年,第37页。
② 同上,第427页。

想、新文化的中流砥柱。赫赫有名的新文化运动便是他们的杰作。五四运动期间,随着中国近现代社会的向前发展,由于阶级属性、思想立场等因素的不同,新知识分子开始分化。一部分先进的新知识分子从革命民主主义立场向前迈进了一步,接受了马克思列宁主义,成了马克思主义者。在俄国十月革命之前,李大钊于1917年5月21日发表《自由与胜利》一文。在此文中他为俄国二月革命推翻沙皇专制制度而欢呼。而且他预感到了,随着第一次世界大战的结束,一种新的民主主义将会出现:"是又足知此次之战争,不全为国家间争胜利之战争,乃有几分为世界上争自由之战争。由是而预测其结果,此次战争告终,官僚政治、专制主义皆将与之俱终,而世界之自由政治、民主主义必将翻新蜕化,以别开一新面目,别创一新形式,蓬蓬勃勃以照耀二十世纪之新天地。"①李大钊于此所说的"翻新蜕化"的新的民主主义,实质上就是新式的社会主义的民主主义。②这说明,在没有接触和学习马克思列宁主义之前,李大钊从国内外的重大历史事件中,便已经把握到了历史发展的趋势,而且他思想觉悟很高,能做到紧跟时代步伐,为新时代的到来做好了思想准备。正因为如此,当十月革命真的爆发,新的世纪真的来临之后,他能够对之持积极乐观的态度,热烈地肯定之。他将十月革命与法国大革命类比,认为它将开启新世纪的文明:"二十世纪初叶以后之文明,必将起绝大之变动,其萌芽即苗发于今日俄国革命血潮之中,一如十八世纪末叶之法兰西亦未可知。"③此后,他接着写了《庶民的胜利》《Bolshebism 的胜利》等高度肯定俄国十月革命的文章。至1919年9月、11月发表《我的马克思主义观》一文,他在传播、阐释马克思主义的过程中,本人也转变成了一个马克思主义者,思想立场由革命民主主义转变到了马克思主义,成为中国的第一个马克

---

① 《李大钊全集》(第2卷),人民出版社,2006年,第148页。

② 参见黄楠森、庄福林、林利主编:《马克思主义哲学史》(第6卷),北京出版社,1989年,第17页。

③ 《李大钊选集》,人民出版社,1959年,第101页。

思主义者。

李大钊之外，另一位著名的中国早期马克思主义者，非陈独秀莫属。和李大钊一样，通过对国内外历史事件的思考与判断，以及通过学习、研究、辨别各种社会主义思潮，陈独秀对资产阶级的民主主义以及曾为之奋斗的资产阶级共和国的政治理想发生了怀疑和动摇，开始对社会主义持肯定立场。早在1915年，他便在《青年杂志》的创刊号上发表了批判资本主义、肯定社会主义的《法兰西人与近世文明》一文。他说："自竞争人权之说兴，机械资本之用广，其害遂演而日深。政治之不平等，一变而为社会之不平等；君主贵族之压制，一变而为资本家之压制，此近世文明之缺点，无容讳言者也。欲去此不平等与压制，继政治革命而谋社会革命者，社会主义是也。"①尽管他此时还不能对形形色色的各类社会主义予以辨析，也还不可能从中选择马克思主义的社会主义来信奉，但是他对资本主义的反思与批判，对社会主义的肯定与憧憬，则无疑为他日后接受马克思主义、认同真正的社会主义——马克思主义的社会主义或科学社会主义奠定了一块基石。

俄国"二月革命"爆发之后，陈独秀开始关注俄国革命。他先后发表了一些论述俄国革命的文章，比如，《俄罗斯革命与我国民之觉悟》《二十一世纪俄罗斯的革命》《克伦斯基与列宁》和《过激派与世界和平》。中国在所谓的巴黎和会上的外交失败，使陈独秀对以英美为首的帝国主义本质有了清醒的认知，从此抛弃了对资本主义共和国理想的追求。这一事件，直接促使他从资本主义思想立场转向了马克思主义思想立场。从此他开始拥护十月革命，肯定俄国十月革命后建立的劳农政府，认为十月革命极大地促进了人类社会的进步。他说："十八世纪法兰西的政治革命，二十世纪俄罗斯的社会革命，当时的人都对着他们极口痛骂，但是后来的历史家，都要把他们当做人

---

① 《陈独秀著作选编》（上），生活·读书·新知三联书店，1984年，第80页。

类社会变动和进化的大关键。"①五四运动期间,陈独秀积极学习、研究和传播马克思主义。1920 年 2 月他从广州回到上海,发起成立了"马克思主义研究会",创办了《劳动界》《伙友》等刊物,向工人群众介绍和宣传马克思列宁主义学说与思想。也是在这一年,他出版了标志着中国先进知识分子把马克思主义普遍真理同中国的具体工人运动相结合之开端的《新青年》专刊即《劳动节纪念号》。此后,他发表了不少以新的思想立场、观点分析问题的文章,比如,《马尔塞斯人口论与中国人口问题》《劳动者底觉悟》《上海厚生纱厂湖南女工问题》《谈政治》。此后,在 1920 年 11 月《答柯庆施》一信中,他明确地肯定了无产阶级专政。他说:"现在有许多人拿'德谟克拉西'和'自由'等口头禅来反对无产的劳动阶级专政,我要问问他们的是:(一)经济制度革命以前,大多数的无产劳动者困苦不自由,是不是合于'德谟克拉西'?(二)经济制度革命以后,凡劳动的人都得着自由,有什么不合乎'德谟克拉西'?"②很明显,这时他眼中的"德谟克拉西"已经超越了资产阶级民主的范畴,而属于人民民主的范畴。由此也足见他的确已由激进的革命民主主义者转变为马克思主义者。

　　论述唯物史观兴起的主体条件,除了李大钊、陈独秀,应该提及的人自然是毛泽东。毛泽东在由改良主义者逐步转变为马克思主义者的历程中,得到了李大钊、陈独秀二位前辈的大力栽培与帮助。1919 年 12 月,因开展驱逐张敬尧的运动,毛泽东第二次到北京。在北京的四个月时间里,他深受李大钊影响,"迅速地朝着马克思主义的方向发展"③。不过,他认为陈独秀对他的影响"也许超过其他任何人"④。在北京期间,他极为关注俄国十月革命,迫切

①　《陈独秀著作选编》(上),生活·读书·新知三联书店,1984 年,第 381 页。

②　同上,第 49 页。

③　[美]埃德加·斯诺:《西行漫记》,董乐山译,生活·读书·新知三联书店,1979 年,第 132 页。

④　同上,第 130 页。

地希望了解俄国的情况,甚至计划组织"留俄队"。[①]与此同时,毛泽东努力学习马克思列宁主义,努力寻找关于社会主义的书籍和文章。1920年4月,毛泽东离开北京,于5月5日抵达上海。他拜访了陈独秀。在上海的两个月时间里,他和陈独秀讨论了组织"改造湖南联盟"的计划,谈了他读过的马克思主义的书籍。他认为,陈独秀对于他转向马克思主义是很有帮助的。他回忆说:"陈独秀谈他自己的信仰的那些话,在我一生中可能是关键性的这个时期,对我产生了深刻的印象。"[②]这一时期,是毛泽东初步接触和学习马克思主义的时期。他的思想还比较庞杂,并没有立刻接受马克思主义。他在《致周世钊》的信里表明了当时的心境:"现在我于种种主义,种种学说,都还没有得到一个比较明了的概念,想从译本及时贤所作的报章杂志,将中外古今的学说剌[刺]取精华,使他们各构成一个明了的概念。"[③]1920年7月初,毛泽东从上海回到长沙。此后至11月,他在湖南从事社会活动,比如湖南自治运动,并阅读了一些马克思主义著作。在思想立场上,他开始彻底抛弃改良主义,倾向于马克思主义。12月至翌年1月,他真正接受了马克思主义。他说:"一九二〇年冬天,我第一次在政治上把工人们组织起来了,在这项工作中我开始受到马克思主义理论和俄国革命历史的影响的指引。"[④]1921年1月21日,毛泽东在《致蔡和森信》中说:"唯物史观是吾党哲学的根据,这是事实,不象唯理观之不能证实而容易被人摇动。"[⑤]这标志着他在思想上转变到了马克思主义立场,成了一个真正的马克思主义者。

　　五四期间,宣传马克思主义、唯物史观的人并不只有早期马克思主义

---

① 参见《毛泽东早期文稿》,湖南出版社,1990年,第466~467页。

② [美]埃德加·斯诺:《西行漫记》,董乐山译,生活·读书·新知三联书店,1979年,第133页。

③ 《毛泽东早期文稿》,湖南出版社,1990年,第474页。

④ [美]埃德加·斯诺:《西行漫记》,董乐山译,生活·读书·新知三联书店,1979年,第131页。

⑤ 《毛泽东书信选集》,人民出版社,1983年,第15页。

者,尚有无党派人士如陈博贤,还有胡汉民、廖仲恺、戴季陶等国民党人士。宣传马克思主义的刊物,除《新青年》外,值得注意的是国民党创办的《建设》杂志,此外尚有《国民》杂志和《晨报》副刊也值得注意。当然,马克思主义、唯物史观在中国的兴起,主要还是归功于李大钊、陈独秀、李达、毛泽东、蔡和森、周恩来等这些中国早期的马克思主义者。

二、唯物史观兴起的必然性与偶然性

唯物史观在中国近现代之交兴起,是一种必然现象吗? 抑或只是一种偶然现象? 或者既是一种必然现象,又是一种偶然现象? 这是一个至今在学界仍存在着争议的问题。因此,这一问题很值得探究。

恩格斯说:"无数的单个愿望和单个行动的冲突,在历史领域内造成了一种同没有意识的自然界中占统治地位的状况完全相似的状况。行动的目的是预期的,但是行动实际产生的结果并不是预期的,或者这种结果起初似乎还和预期的目的相符合,而到了最后却完全不是预期的结果。这样,历史事件似乎总的说来同样是由偶然性支配着的。但是,在表面上是偶然性在起作用的地方,这种偶然性始终是受内部的隐蔽着的规律支配的,而问题只是在于发现这些规律。"[1]恩格斯关于历史的必然性与偶然性关系的原理,可以用来阐明唯物史观在中国兴起的必然性与偶然性。根据恩格斯的观点可以得出如下结论:唯物史观在中国的兴起是一种必然性通过偶然性的作用而发生的历史现象。这表明,唯物史观在中国的兴起是一种历史的必然现象,只是看似一种历史偶然现象或者说一些偶然事件在其中发挥了看似至关重要的作用。

---

[1] 《马克思恩格斯选集》(第四卷),人民出版社,1995年,第247页。

　　对唯物史观在中国兴起发挥了重要作用的偶然性因素,应该予以肯定。这些偶然性因素主要有:其一,十月革命的爆发。十月革命之后,俄国建立了无产阶级专政的人民政府,这一划时代的历史事件,对中国产生了深远的影响。国人以其特有的经验理性思维,很快便认识到了它的巨大影响力和历史意义。其二,中国外交在巴黎和会上的失败,使国人彻底认清了帝国主义的侵略本质。一边是掠夺成性的帝国主义,一边是为贫苦大众的解放与幸福而努力奋斗的社会主义。而且更为切实的是,帝国主义列强竞相在中国追逐特权,而苏俄却与之相反,承诺废除中国与之签订的一切不平等条约。两相对照,国人感情的天平自然会倾向于抛弃资本主义而选择社会主义。中国先进知识分子已经认识到,"帝国主义强盗们把欧洲文明强加给中国",在中国培植军阀为其"走狗",皆意在侵略中国,为了在中国取得最大的特权和利益。李大钊反讽道:"帝国主义的文明是何等的人道!"①而苏俄与帝国主义禽兽般的行径形成鲜明对照。"苏俄是反抗帝国主义的大本营,是我们被压迫民族的好朋友。"②其三,共产国际的引导与促进。1920 年 4 月,共产国际派维经斯基来中国, 引导中国倾向马克思主义的先进人物组织正式的中国共产党和共青团。他分别与中国北方以李大钊为代表的先进团体和人物、南方以陈独秀为代表的先进团体和人物进行了会谈。他的到来,受到了中国先进人物的热烈欢迎。通过多次交谈,当时一些倾向马克思主义的先进人物,更加明白了苏俄和苏共的情况,逐步得出了一个一致的结论:"走俄国人的路。"③在一定程度上甚至可以说,陈独秀正是在维经斯基的引导下,才真正成为一个马克思主义者的。1920 年 1 月陈独秀在长沙《大公报》发表《告新文化运动的诸同志》时,他还将马克思主义与克鲁泡特金的互助论相提并论,这说明他

---

① 《李大钊全集》(第 5 卷),人民出版社,2006 年,第 31 页。
② 《李大钊全集》(第 4 卷),人民出版社,2006 年,第 344 页。
③ 《"一大"前后》(二),人民出版社,1980 年,第 7 页。

对马克思主义的了解还不深刻，但是在与维经斯基多次交谈之后，他转变了思想立场。胡适晚年的话可以证明此点。胡适说："那时的陈独秀对'科学'和'民主'的定义却不甚明了。所以一般人对这两个名词便也很容易加以曲解。更不幸的是当陈独秀在后来遇见了苏联共产党的[秘密代表]之时。他们告诉陈君说，他们的'科学社会主义'才是真正的'科学'；才是真正的'民主'。老的民主根本不成其为民主。因为那只是'布尔乔亚（bourgeoisie，中产阶级）'的民主。只有'布尔什维克党人'（Bolsheviks）所推行的所想望的新的民主，才是人民大众和'普罗阶级'（proletariat 无产阶级）的民主。因此'科学'和'民主'，在这里又有了新的意义了。"①由此足见偶然性因素对于历史事件的发生所起到的重要作用。其四，唯物史观在中国兴起的偶然性，还表现在国人学习、接受和传播马克思主义深受日本学者的影响。在中国传播的马克思主义，最早实则来自日本，而非苏俄。中国最早的一批马克思主义传播者，如陈博贤、李大钊、李达、李汉俊、胡汉民、戴季陶，皆曾留学日本，从日本学者那里学习和接受了马克思主义，并将之翻译和传播到国内。日本学者对马克思主义的理解与阐释，偏重于唯物史观。受此风影响，中国早期马克思主义传播者对马克思主义的学习、介绍与传播也以唯物史观为主。比如，赵必振于 1903 年翻译的福井准造的《加陆马陆科斯及其主义》、中国达识译社于 1903 年翻译的幸德秋水的《社会主义神髓》、渊泉（陈博贤）分别于 1919 年和 1920 年翻译的河上肇的《马克思的唯物史观》和《见于资本论的唯物史观》，或者从哲学的角度或者从科学社会主义的角度，介绍马克思的唯物史观。恩格斯说："每一个时代的哲学作为分工的一个特定的领域，都具有由它的先驱传给它而它便由此出发的特定的思想材料作为前提。"②日本学者对唯物

①　《胡适文集》（第 1 册），北京大学出版社，1998 年，第 355~356 页。
②　《马克思恩格斯选集》（第四卷），人民出版社，1995 年，第 703 页。

史观的研究，就这样成了中国早期马克思主义传播者学习和介绍马克思主义的基本理论前提。这一偶然性的因素，在国人需要马克思主义这一必然性历史事件中就这样发挥了重要的中介作用。

然而偶然性因素毕竟只能起到辅助作用，一件历史事件的出现，决定性的因素毕竟是必然性的因素。唯物史观在中国近现代之交的兴起，是中国近现代历史发展的必然趋势的结果。它在中国的兴起，是必然的而非偶然的。

那么现在需要追问的问题便是：国人为何非选择唯物史观不可？或者说，唯物史观的兴起为何是必然的？这一问题，必须从四个方面来阐述。

首先，既有的理论武器即进化论已经不能担当改造中国的理论武器的历史使命。进化论自其从西方来到中国，首先在改良派那里作为变法运动的指导思想而被运用于政治实践当中，但是戊戌变法却因守旧派的残酷镇压而失败。革命派改造了进化论，将革命论证为社会进化的最好方式和途径，进化论由此具有了"革命"的品格。革命派以这种"革命"化的进化论为其革命活动的指导思想，结果还是归于失败。辛亥革命从根本上而言，实则是失败的，因为它只是赶跑了一个专制皇帝，专制制度却丝毫未受损伤。此后的互助论是一种充溢着空想性的进化论，更加不可能在实践中获得成功。新文化运动一开始就定位为"思想革命""不谈政治"，而"不谈政治"的思想文化运动，是不可能解决现实问题的。从甲午战败到五四运动这一段时期，中国先进人物实践活动的指导思想皆是进化论，但是进化论却没有能够指引他们成功地改造中国。这表明，进化论的确难以承担改造中国的理论武器的历史使命。

其次，新传入中国的理论不能作为改造中国的理论武器。新传入的理论主要是西方各种流派的哲学理论。它们主要是一些主观唯心主义的理论，自身都存在着不切实际的问题，更遑论化作改造中国的实践智慧了。从思维方式来看，它们实则是与进化论是一致的，也就是说，它们的思维方式是理论哲学,其理论出发点是某种思想观念,而非现实的实践。其中的实用主义尽管也属于广义上的实践哲学,思维方式是实践哲学,但是它并非真理。因此,它也不可能为改造中国提供真正的实践智慧,化为改造中国的具体方法论。其中的生命哲学,如柏格森的生命哲学,它肯定人的自由意志的思想的确能够激励深处困境中的国人,但是从本质上而言,它是一种唯意志论,于国人顶多只起到兴奋剂的作用。国人需要的是能够切实改造现实中国的实践智慧——具体的方法论,而它们却皆不能提供。

再次,中国传统哲学理论及其新形态也不能作为改造中国的理论武器。中国传统哲学理论主要属于专制主义文化的范畴,正如新文化运动的健将们所批判的那样,它已经不合时宜。近现代的中国是一个"半殖民地半封建"社会,而辛亥革命之后,军阀已成为帝国主义在中国的"走狗",因此革命的首要任务实则是反帝而非反专制。也就是说,只有首先打倒帝国主义才能清除专制主义。这是中国资产阶级凭借资本主义理论尚且不能完成的任务,更遑论凭借比资本主义理论还远远落后的专制主义传统哲学理论了。在思维方式上,中国传统哲学也属于广义实践哲学的范畴,但是它的理论出发点的实践主要是道德实践,而从道德实践中生发出来的实践智慧,必然是如道德一样软绵绵的东西。这对于战争频仍、民不聊生的近现代中国来说,只能是一个令人苦笑不堪的东西。中国传统哲学在近代最为可观的新形态无疑是现代新儒家的哲学。但是现代新儒家的哲学创新实则并不成功。他们不是从中国的现实实践出发去结合儒学既有理论资源而"开新",而是借助西方哲学模式、概念来解读儒学的"本本"。这样"开"出的"新",不但是"旧",而且是脱离实际的"旧"。从思维方式上而言,他们的理论也许还不如原来的儒家"本本"。因为原来儒家的"本本"尚属于实践哲学,还能够结出一些实践智慧的果实,而他们"开"出的"新"儒学却属于形而上学的理论哲学——以西方理论哲学的模式、概念来解读儒家"本本",而不是根据现实的生活实践,其哲学必然是脱离现实实际的形而上学。这自然不可能结出改造现实中国的实践智慧。

最后，唯物史观能够担当改造中国的理论武器的历史使命。唯物史观是马克思和恩格斯揭示资本主义社会发展规律的理论成果。它是一种新的世界观。它的理论立足点是现实实践，其理论的根本特性是实践性。唯物史观的理论品格，马克思在《关于费尔巴尔的提纲》中简要地予以了阐明。他说："全部社会生活在本质上是实践的。""人的思维是否具有客观的[gegenständliche]真理性，这不是一个理论的问题，而是一个实践的问题。人应该在实践中证明自己思维的真理性，即自己思维的现实性和力量，自己思维的此岸性。"在《提纲》的最后一条，他明确地指出了问题的实质所在，从而规定了马克思主义哲学的特质："哲学家们只是用不同的方式解释世界，问题在于改变世界。"①唯物史观产生于历史已经成为世界历史的时代，因而它具有普适性；而且它是一种以实践性为其根本特性的哲学，强调一切理论皆当从实践出发，并以"改造世界"为理论旨归。唯物史观的理论品格使他能够结合中国的革命实践而化出具体的方法论。因此，唯有这种现代实践哲学的唯物史观才能够作为理论武器，承担改造中国的历史使命。然而唯物史观虽然是普遍真理，却并非宗教教条。列宁曾指出，恩格斯批评将马克思主义"变成""刻板的（starre）正统思想"和"教条"，"而不是行动的指南"。②他认为，它提供的只是一种行动指南，提供的只是一种科学的方法——"唯一科学的"说明历史的方法，它并不企图"说明一切"，也不提供"打开一切历史门户的钥匙"。③"我们决不把马克思的理论看作某种一成不变的和神圣不可侵犯的东西；恰恰相反，我们深信：它只是给一种科学奠定了基础，社会党人如果不愿落后于

---

① 《马克思恩格斯选集》（第一卷），人民出版社，1995 页，第 56、55、57 页。

② 《列宁选集》（第一卷），人民出版社，1995 年，第 711 页。

③ 同上，第 14 页。

实际生活，就应当在各方面把这门科学推向前进。……它所提供的只是总的指导原理，而这些原理的应用具体地说，在英国不同于法国，在法国不同于德国，在德国又不同于俄国。"①因此，关键还在于中国先进人物如何运用好唯物史观于实践当中，并从中发展出具体的能够改造中国的实践智慧——方法论。但是唯物史观的这一理论指南，却正是中国先进人物所亟须的。

由上述可见，唯物史观在中国的兴起并非出于偶然，而是中国近现代社会发展的必然结果，是势在必然。中国先进人物在中国近现代之交，抛弃进化论而选择唯物史观，也不是出于一时的心血来潮，而是在再三衡量各种西方理论之后所作出的慎重抉择。

中国近代以来的历史境况，使进化论已经"黔驴技穷"。中国社会的现实已经提出了新的理论需要。唯物史观是科学的世界观和方法论，它优越于资产阶级的各种哲学理论，更遑论中国传统的哲学理论了。这样，在中国先进人物的引介、阐释和传播之下，唯物史观也就在中国应运而兴了。在中国宣传唯物史观的人，可以粗略地划分为两类：一类是马克思主义的信仰者；一类则是非马克思主义者。其中起主要作用的无疑是马克思主义的信仰者，如李大钊、陈独秀、李达、毛泽东。但是非马克思主义者，如陈博贤、胡汉民，对唯物史观的兴起所作出的贡献也不可忽视。他们基于不同的思想立场，出于不同的政治目的，对唯物史观作了阐释。

第二节　非马克思主义者对唯物史观的阐释

唯物史观取代进化论的思想主潮地位在中国近现代之交兴起，从传播

---

① 《列宁选集》(第一卷)，人民出版社，1995年，第274~275页。

和阐释的主体来说,其主要主体无疑是中国早期马克思主义者。但是回顾和思索唯物史观兴起的历程,如果平心而论,则不得不肯定众多非马克思主义者传播和阐释唯物史观的历史功绩。他们的理论工作对唯物史观的兴起与广为传播具有积极意义,而且影响到了一些中国早期马克思主义者对唯物史观的认知与理解。因此,在重点论述传播和阐释马克思主义的第一人——李大钊对唯物史观的阐释之前,很有必要先论述一下非马克思主义者对唯物史观的阐释,也有必要对他们阐释的唯物史观作一个历史主义的合理评价。在非马克思主义者当中,对唯物史观的传播与阐释,最为突出者当属陈博贤和胡汉民。前者是中国传播与阐释唯物史观的第一人,而后者对唯物史观作了比较完整而系统的阐释。

一、陈博贤对唯物史观的阐释

学界现在已经认识到并认同陈博贤是中国第一个传播和阐释唯物史观的人。他当时是北京《晨报》的记者和主要编辑。他写作和翻译了一些对马克思主义、唯物史观在中国兴起和传播产生了广泛影响的著作,其中对唯物史观的阐释最为系统的是他所译的日本学者河上肇的《马克思的唯物史观》一文。因此,在某种意义上可以说,他对唯物史观的阐释主要是翻译河上肇的这一论著。翻译在相当大的程度上也是一种创作,而且他认同河上肇对唯物史观阐释的观点。他在其翻译的《马克思的唯物史观》的前言中,评价河上肇此著"简洁明了,颇有价值"①。因此,他所译的河上肇关于唯物史观著作的观点,在某种意义上可以视为他的观点。本书依据他所译《马克思的唯物史观》来论述他对唯物史观的阐释。

---

① [日]河上肇:《马克思的唯物史观》,渊泉译,载林代昭、潘国华编:《马克思主义在中国:从影响的传入到传播》(下册),清华大学出版社,1983年,第8页。

其一,唯物史观的学术地位及其主要著作。陈博贤在其所译的《马克思的唯物史观》一文中首先阐明了唯物史观的学术地位。译文认为:"俄德的社会革命,发源于马克思的社会主义。马克思的社会主义,在学问上,有两大根底。其一是历史观,其一是经济论。"①认为俄国和德国的无产阶级革命,是由于马克思的社会主义导致的,这种观点并不正确。因为社会革命的根本原因在于社会基本矛盾——生产力与生产关系的矛盾,具体地说,便是旧的生产关系不能容纳新的生产力的发展所致。理论对革命实践活动只能起到引导、催化剂的作用,而决不能起到根本动力的作用。在这一点上,作为无产阶级的革命理论、富于革命性的马克思主义也不例外。但是译文认为马克思历史观即唯物史观是马克思的社会主义的两大理论基础——"根底"之一,如果从狭义的唯物史观层面来看,这一观点则是正确的。不过,译文没有认识到,以《资本论》为代表的马克思"经济论",实则也意在论证唯物史观的科学性,论证唯物史观是科学的历史观。因此,"历史观"和"经济论"虽然是"马克思的社会主义"或科学社会主义的两大理论"根底",但是马克思的"历史观"与"经济论"并非并列的关系,而是层级的关系,因为马克思的"历史观"是建基于其"经济论"的基础之上,《资本论》的完成,证实了唯物史观的科学性。不过,马克思的"历史观"与"经济论"皆奔向一个目的——阐述和论证科学社会主义的科学性与其到来的必然性。②然而译文能够认识到马克思的"历史观"和"经济论"是其社会主义的两大理论"根底",则是难能可贵的,值得肯定。

译文认为马克思的"经济论"有系统的著作即《资本论》,而马克思的唯物

---

① [日]河上肇:《马克思的唯物史观》,渊泉译,载林代昭、潘国华编:《马克思主义在中国:从影响的传入到传播》(下册),清华大学出版社,1983 年,第 8 页。

② 参见《列宁选集》(第一卷),人民出版社,1995 年,第 25 页。

史观没有系统的著作。①这一看法应该说是正确的。因为马克思的确没有撰写专门阐述唯物史观的著作。关于马克思阐述唯物史观的比较系统的著作,译文认为主要有《共产党宣言》和《〈政治经济学批判〉序言》。这一看法基本上也是正确的。《〈政治经济学批判〉序言》是公认的马克思对唯物史观基本原理的系统阐述。但是如果将《共产党宣言》也算作马克思比较系统地阐述唯物史观的著作的话,那么此前的《德意志意识形态》《哲学的贫困》和此后的《资本论》何以不能算呢? 因此,这一看法并不完全正确。

其二,阐释唯物史观的一些难懂之点。译文在摘译《〈政治经济学批判〉序言》第四个自然段时,认为这个自然段"原文艰涩",需要"特加注解释"②。译文将这个自然段分开译为四个自然段,并对人类的"生活的社会的生产"等9处难懂的地方加了注释。为了简洁起见,择三处来加以论析。第一处为人类的"生活的社会的生产"。译文说:"这一句的意思,是说人类的生活上的必要的物资,要以社会的生产,去生产的。所谓社会的生产,就是反对孤立的生产,互相结成社会的关系,去生产生活上必要的物资。"③译文认识到社会生产必定是处于社会关系中的生产,这是正确的。毛泽东指出:"在没有阶级的社会中,每个人以社会一员的资格,同其他社会成员协力,结成一定的生产关系,从事生产活动,以解决人类物质生活问题。在各种阶级的社会中,各阶级的社会成员,则又以各种不同的方式,结成一定的生产关系,从事生产活动,以解决人类物质生活问题。"④不管什么样的社会,其生产必定有其相应的社会关系或生产关系。不过,社会生产对于人类的生活而言是一种自然

---

① 参见[日]河上肇:《马克思的唯物史观》,渊泉译,载林代昭、潘国华编:《马克思主义在中国:从影响的传入到传播》(下册),清华大学出版社,1983年,第9页。

② [日]河上肇:《马克思的唯物史观》,渊泉译,载林代昭、潘国华编:《马克思主义在中国:从影响的传入到传播》(下册),清华大学出版社,1983年,第12页。

③ 同上,第14页。

④ 《毛泽东选集》(第一卷),人民出版社,1991年,第283页。

历史现象,这是不由人的意志决定的,因此它不是一个"要以社会的生产,去生产的"的问题,即不是一个要不要的问题,而是一个必须如此、必然如此的问题。第五处为"社会的物质的生产"。译文的解释是:"社会上富的生产力。"①"社会的物质的生产"这一概念应该是"社会的物质的生产力"。因为马克思原本说的是"社会的物质生产力"②,译文在摘译时也译为"社会的物质的生产力"③。这里的问题是一个"富"字。根据"社会上富的生产力"的句意,"富"当是"富余"之义。马克思于此是如此说的:"社会的物质生产力发展到一定阶段,便同它们一直在其中运动的现存生产关系或财产关系(这只是生产关系的法律用语)发生矛盾。"④可见,社会的物质生产力与生产关系发生矛盾,的确是社会的物质生产力"富余"于现存生产关系所致。但是后文已有"到一定发展的阶段"一句,在诠释"社会的物质的生产力"时,就没必要特意强调它是"富余"的社会物质生产力,因此这里有画蛇添足之嫌。最后一处即第九处为"人类历史的前史"。译文的解释是:"从此以后才是人类真正的历史,以前不过发端而已。"⑤马克思的意思是,资本主义社会的结束,是人类真正历史的开端。因此,译文说"从此以后才是人类真正的历史",这一解释是正确的;而说"以前不过发端而已",则是不对的,因为既然马克思连此前的时期是历史时期都不承认,它们又谈何算是"发端"呢?真正历史的开端即资本主义社会的结束。总的来看,关于这些唯物史观的难懂之处,译文的阐释虽然还不够精确,但基本上是正确的。

其三,称唯物史观为经济史观。译文说:"马克思的历史观,已如上述,普

---

①⑤　[日]河上肇:《马克思的唯物史观》,渊泉译,载林代昭、潘国华编:《马克思主义在中国:从影响的传入到传播》(下册),清华大学出版社,1983年,第15页。

②④　《马克思恩格斯选集》(第二卷),人民出版社,1995年,第32页。

③　[日]河上肇:《马克思的唯物史观》,渊泉译,载林代昭、潘国华编:《马克思主义在中国:从影响的传入到传播》(下册),清华大学出版社,1983年,第13页。

通称他为唯物史观,我想称他为经济史观。何以有唯物史观的名称呢? 因为他说明社会上历史的变迁,注重在社会上物质的条件的变化。何以我又想称他为经济史观呢? 因为他说明社会上历史的变迁,注重在社会上经济条件的变化。总而言之,观察社会的变迁,以物质的条件,再适切说起来,以经济的事情为中心,这就是马克思的历史观的特征了。"①译文关于马克思的历史观为何被称为唯物史观的原因, 这是正确的。但是物质条件并非只是经济条件。因此,他将马克思的唯物史观称为经济史观,则是不正确的。如果将唯物史观理解为经济史观,不仅将唯物史观作了狭隘性的理解,而且如此理解势必使唯物史观变成唯物主义机械论的历史观, 从而抹杀唯物史观所内蕴的人的能动性。由此看来,译文认为"以经济的事情为中心""观察社会的变迁""就是马克思的历史观的特征"这一观点,也是不正确的。实则,译文本身也意识到了"经济事情"不能说明一切"社会的事件":"在历史上个个的个人活动,或是在继续维持一种社会组织期间以内的一个社会之中,所发生出来的种种社会的实践,是不能够全以经济的原因去说明的。"②

其四,解释社会变迁及其根本原因。译文阐述了马克思唯物史观所说的社会变迁,并解释了社会变迁的根本原因。译文说:"马克思的史观所谓社会的变迁,依我看来,就是社会组织变迁的意思。至少也是以社会组织变迁,为问题的中心。"③译文以"社会组织"来翻译"社会形态"、社会关系或生产关系。④由此,译文进而认为,"马克思的历史观念,可以称为社会组织进化

---

①③　[日]河上肇:《马克思的唯物史观》,渊泉译,载林代昭、潘国华编:《马克思主义在中国:从影响的传入到传播》(下册),清华大学出版社,1983年,第15页。

②　同上,第16页。

④　参见[日]河上肇:《马克思的唯物史观》,渊泉译,载林代昭、潘国华编:《马克思主义在中国:从影响的传入到传播》(下册),清华大学出版社,1983年,第13、14页。

论"①。从其"我所谓社会组织的变迁,就是社会构造和社会制度的变迁"②一句可知,译文所谓的社会组织即社会构造和社会制度。马克思所说的社会变迁指社会生产关系的质变。因此,译文以"社会构造和社会制度"诠释生产关系或社会关系,实则并不准确,因为生产关系或社会关系是一个社会的现实基础,是社会的经济结构③,笼统地说社会构造和社会制度,会让人误解为社会的法律和政治的上层建筑。而马克思所说的社会形态的变迁,实则指的是社会经济制度的质变。由于不能准确把握马克思所说的社会形态变迁之义,因此,它视马克思的历史观即唯物史观为社会组织进化论的观点也就并不正确,它认为"社会主义的中心问题,在改造社会组织"的说法也并不准确。不过关于社会变迁的根本原因,它的说法则是值得肯定的。它认为"社会上生产东西的力即生产力的变化,是社会组织变动的根本原因"④。如此笼统地解释生产力虽然并不精确,但是问题不在于此,而在于什么是社会变迁的根本原因。它能够认识到是生产力的变化导致了社会形态、生产关系的变化,则无疑是正确的。当然,更准确而具体的说法,则是生产力与生产关系的矛盾导致了社会变迁。接下来,它关于生产力与社会组织——生产关系的辩证关系的说法,则更值得肯定。它说:"社会的生产力,发达到一定的程度的时候,社会的组织也应之而生一种形式出来;社会组织与社会生产力,大体是并行的。但是再进一步说起来,可以分作两期。第一期是社会组织与社会生产力的发达,可以保持调和的时代。在这个时代,一定的社会组织,为助长社会生产力发展的原因。然而社会生产力发展到一定程度的时候,现在的社会

①② 参见[日]河上肇:《马克思的唯物史观》,渊泉译,载林代昭、潘国华编:《马克思主义在中国:从影响的传入到传播》(下册),清华大学出版社,1983年,第16页。

③ 参见《马克思恩格斯选集》(第二卷),人民出版社,1995年,第32页。

④ [日]河上肇:《马克思的唯物史观》,渊泉译,载林代昭、潘国华编:《马克思主义在中国:从影响的传入到传播》(下册),清华大学出版社,1983年,第17页。

组织,反转妨害生产力再发达,这就是到了第二期了。"①除了以"社会组织"来翻译生产关系不太准确和"调和"一词不太精当之外,它关于生产力和生产关系的关系及其"两期"的阐述,皆是非常精当的。对此,恩格斯作过类似的阐述。恩格斯说:"国家权力对于经济发展的反作用可以有三种:它可以沿着同一方向起作用,在这种情况下就会发展得比较快;它可以沿着相反方向起作用,在这种情况下,像现在每个大民族的情况那样,它经过一定的时期都要崩溃;或者是它可以阻止经济发展沿着既定的方向走,而给它规定另外的方向——这种情况归根到底还是归结为前两种情况中的一种。"②译文还进而阐述了社会革命,认为社会革命的条件是从旧制度中产生的。可见它对社会革命的阐述是极为准确的。

其五,社会组织决定意识状态及精神意识的反作用。值得注意的是,译文阐释了社会组织与意识状态即经济基础与上层建筑的辩证关系。它正面阐述完生产力与生产关系的辩证关系之后,认为这一辩证关系的"反面""还是有说明的必要"。"反面就是包含社会组织变动的根本动力,决非个人的思想感情意思。"③它认为,依照马克思的说法,生产力决定生产关系,而生产关系进而决定上层建筑。(译文将生产关系说成仅仅是经济关系当然并不准确)由此,它认为社会组织决定个人的思想情感,而不是相反。"详细说起来,就是组织社会的一般个人之物质的经济的生活状态,倒可以左右个人精神的意识的状态。若是简单说起来,物质的文明因也,精神的文明果也。"④译文大概是想说一个人的社会关系总和决定一个人的精神意识状态而不是相反,只是有点表述不准确。非常值得肯定的是,译文注意到了精神意识的反

---

①③　[日]河上肇:《马克思的唯物史观》,渊泉译,载林代昭、潘国华编:《马克思主义在中国:从影响的传入到传播》(下册),清华大学出版社,1983年,第17页。

②　《马克思恩格斯选集》(第四卷),人民出版社,1995年,第701页。

④　[日]河上肇:《马克思的唯物史观》,渊泉译,载林代昭、潘国华编:《马克思主义在中国:从影响的传入到传播》(下册),清华大学出版社,1983年,第18页。

作用。译文说:"然而一般道德能够改善,社会的经济也可以随之进步。精神的文明本来也可以生反动出来,左右物质的文明,这是马克思也承认的。"①的确,唯物史观不是机械的决定论,它充分肯定人的能动性、肯定精神意识对物质存在的反作用。译文能够认识到经济基础和上层建筑是一种辩证关系,是非常有卓见的。而且它对上层建筑的反作用只是表示谨慎的肯定,并没有予以夸大。在阐述了精神文明对物质文明具有反作用之后,它立即补充道:"但是他认物质的文明为根本的动力而已,这就是经济的史观、唯物史观的特征了。"②在它看来,正是认为物质文明是社会变迁的根本动力,而"经济事情"又是物质文明的中心,因此马克思的历史观才堪称经济的史观、唯物史观,而这也正是马克思历史观的特征。它由此进而认为,"要想改造社会""最快的路径"和"最好的办法"是"组织出一个没有做坏事的必要的社会出来","不然是绝对无效的"。③译文认为,"这是马克思的最重要的意见"④。这一论断是正确的, 因为马克思的全部理论工作的确旨在论证社会主义社会和共产主义社会到来的必然性以及指明通向它们的途径和方法。它进而认为,正因为如此,马克思既反对个人主义经济学,也反对人道主义经济学,而主张社会主义经济学——"以改造社会组织为直接目的"⑤。这样的逻辑推论,也是值得肯定的。

　　无党派爱国人士陈博贤所翻译的《马克思的唯物史观》是中国第一篇比较完整和系统地介绍唯物史观的文章。它直接影响了国人对马克思主义、唯物史观的认知与理解,对唯物史观和马克思主义在中国的传播与发展具有深远影响。尽管陈博贤对唯物史观的介绍与阐释还比较简单粗糙,甚至有不少不正确或不精确的地方,但是平心而论,他基本上还是理解和把握了唯物史观的主要内容和精神实质。正因为如此,现在学界将此文认定为在中国最

---

①②③④⑤　[日]河上肇:《马克思的唯物史观》,渊泉译,载林代昭、潘国华编:《马克思主义在中国:从影响的传入到传播》(下册),清华大学出版社,1983 年,第 18 页。

早介绍唯物史观的一篇文章,肯定其所具有的启蒙价值,而且将之作为马克思主义在中国传播和发展的发端,应该说是公允的。

二、胡汉民对唯物史观的阐释

除了陈博贤这位在中国首传唯物史观的非马克思主义者之外,就唯物史观在中国的传播而言,另一位必须提到的非马克思主义者便是胡汉民。在唯物史观在中国的启蒙传播期,他对唯物史观作了比较完整和系统的阐释。

五四运动时期,胡汉民在孙中山的直接领导下,在上海主编国民党理论刊物《建设》杂志。就唯物史观在中国的传播而言,他在这个时期所撰写的许多研究、阐释和应用唯物史观的文章,皆是很有分量的。他撰写的与唯物史观有关的文章,可以分为两部分:一部分是对唯物史观原理的阐述。这以《唯物史观批评之批评》一文为代表。1919 年 12 月,他在《建设》上发表了以论战的方式撰写的《唯物史观批评之批评》一文。此文节译了《神圣家族》《哲学的贫困》等 8 本马克思的原著以及两封恩格斯晚年关于唯物史观的通信,共 2 万多字。此文是对唯物史观原著的比较完整的节译,它阐述了唯物史观创立和发展的过程,驳斥了欧美资产阶级学者和背离马克思主义的机会主义分子对唯物史观的种种污蔑与非难。胡汉民虽然申明他是站在学理"仲裁"者的立场上,以公允的态度作评判,但事实上,他是站在辩护唯物史观的思想立场上,对批评唯物史观的批评作批评。因此,他的"批评"在客观上无疑有利于唯物史观在中国的传播、发展。一部分是运用唯物史观原理研究哲学史、伦理道德、家庭、家族和妇女解放等领域。这以《中国哲学史之唯物的研究》一文为代表。1919 年 10、11 月,他在《建设》杂志连载《中国哲学史之唯物的研究》一文。此文长达 4 万多字。它是运用唯物史观的原理研究中国哲学史的开端,开辟了中国哲学史研究的新途径,也开启了应用唯物史观研究中国思想文化史的先河。①它堪称应用唯物史观原理的典范之作。胡汉民对唯物史观原理的阐释，主要体现于《唯物史观批评之批评》一文之中，因此本书根据此文来论述他对唯物史观的阐释。

（一）唯物史观的含义、创立者及其价值

胡汉民在《唯物史观批评之批评》的开篇便解释了唯物史观的含义。他说："唯物史观的意义，简单说，就是以经济为中心的历史观。"②如前文所论，唯物史观并非是经济史观，它的理论立足点并非只是经济，而是社会物质生活。因此，他关于唯物史观的定义并不正确。对唯物史观下了这一定义之后，他进而认为，古代哲学、圣西门、蒲鲁东等人的社会主义学说中已经有唯物史观的思想，但是马克思和恩格斯创立了"经济一元论的历史观"，因此，"创设这个学说的名誉，究竟归于马克斯和他友人因格斯"。③也就是说，在他看来，马克思和恩格斯是唯物史观的创造者。这一论断显然是正确的。但是他认为古代哲学和圣西门、蒲鲁东等人的社会主义学说中已经有唯物史观的思想，则是不正确的，因为唯物史观既然是马克思和恩格斯创立的，那么在他们那里，便不可能有唯物史观的思想，顶多只是具有唯物主义的历史观的思想。他先引用考茨基一段话来阐明唯物史观的价值，然后他自己对唯物史观的价值也作了评说："因为这个学说出，而社会学、经济学、历史学、社会主义，同时有绝大的改革。差不多划一个新纪元。许多人拿来比达尔文的进化论，确是有同等的价值。"④他的这一评价是非常正确的。恩格斯曾指出，马克

---

① 参见李其驹、王炯华、张耀先主编：《马克思主义哲学在中国（从清末民初到中华人民共和国成立）》，上海人民出版社，1991年，第84页。

② 胡汉民：《唯物史观与伦理之研究》，黄昌谷编校，民智书局，1926年，第1页。此书的标点符号尚不规范，不仅只有顿号和句号两种标点符号，而且经常标得不恰当。因此，笔者引用时，予以重新标点。

③ 胡汉民：《唯物史观与伦理之研究》，黄昌谷编校，民智书局，1926年，第1页。

④ 同上，第2页。

思的《关于费尔巴哈的提纲》是"包含着新世界观的天才萌芽的第一个文件"①。而恩格斯所指的"新世界观"即唯物史观。这说明,的确如胡汉民所言,唯物史观具有"划一个新纪元"的意义和价值。当然,胡汉民没有认识到唯物史观所划的这个"新纪元"从根本上而言是世界观意义上的。

(二)唯物史观的著作及其创立和发展过程

他和陈博贤一样,也认识到了马克思没有专门撰写唯物史观的著作。他认为,在反驳欧美学者对唯物史观的非难之前,很有必要先将马克思著作中包含唯物史观的主要部分译述出来。在节译完马克思和恩格斯的原著之后,他分别作了简要的评述。他认为,马克思唯物史观"最重要"的著作是《〈政治经济学批判〉序言》,它是"马克斯唯物史观的纲领",马克思后来的著作"都以这个为指导线"。这一论断和陈博贤的看法一样,无疑也是正确的。他认为,马克思在创作《神圣家族》时,急于反驳黑格尔一派学者,还没有批判空想社会主义,"然已是转入于唯物史观新思想之时期"②;马克思创作《哲学的贫困》时,"马克斯自称深究经济史而更加自信";《共产党宣言》"直应用唯物史观之原则,为马克斯生平重要之著作";《雇佣劳动与资本》"说明由奴隶制度变为农奴制度,由农奴制度变为赁银制度的理由,亦即应用唯物史观'社会一切关系依于生产方法之变化而左右'的原则";《路易·波拿巴的五月十八日》"详晰吐露"了马克思"关于社会心理的意见";《资本论》是马克思"最有名的著作,成书亦最后,固然是由唯物史观产生的,但关于理论的引伸,就只有第一卷的附注";《资本论》第三卷的一段"有补足经济学批评序文的要点"。他最后总结道:"我们把以上这几段文字合并研究起来,就可以探得马

---

① 《马克思恩格斯选集》(第四卷),人民出版社,1995年,第213页。

② 胡汉民:《唯物史观与伦理之研究》,黄昌谷编校,民智书局,1926年,第14页。

克斯唯物史观的要领。"①他节译后所作的评述是比较贴切的,而且他的评述,实则也极为准确地阐述了唯物史观的创立与发展过程。

（三）反驳7种非难唯物史观的观点

唯物史观"风靡一时",因此而遭到为数不少的欧美学者的非难。他站在"仲裁裁判"的立场②,为唯物史观作辩护,逐一反驳了种种对唯物史观的非难。胡汉民对唯物史观的阐释主要体现在欧美学者对唯物史观非难的反驳之中。为了简洁起见,于此不一一阐述他对7种非难唯物史观的观点的反驳,只阐述他对其中3种的反驳。

1.反驳士探拉(Stammler,今译施塔姆勒)以法律代经济之说

施塔姆勒从新康德主义哲学出发,认为形式先于内容,社会生活只有在社会形式这一前提下才能得以说明。而法律是社会规范之代表,因此经济需要以法律为前提条件。法律与经济没有逻辑的因果关系,只有形式与内容的关系。因此,他否认经济决定法律的观点。③胡汉民首先引用士忒鲁夫(今译司徒卢威)《马克斯社会发达论》中的话来反驳施塔姆勒,并认为司徒卢威那时"已入社会主义修正派",不过他的话"确能为唯物史观辩护"。④胡汉民认为,"士探拉因为先把一切社会生活纳入外部的规定形式之下,从这个前提,才指出人类协动之外部规定,为社会生活之形式,被外部规定之人类协动,为关系生活之实质。前者是法律,后者是经济,所以说两者没有因果的关系,却不计外部的规定形式从何发生。要说形式定了,才有内容,才有实质,便是倒因为果,与历史事实不对。士探拉反对马克斯的因果论,而仍认经济为社

---

①　胡汉民:《唯物史观与伦理之研究》,黄昌谷编校,民智书局,1926年,第14~15页。

②　胡汉民:《唯物史观与伦理之研究》,黄昌谷编校,民智书局,1926年,第2~3页。

③　参见胡汉民:《唯物史观与伦理之研究》,黄昌谷编校,民智书局,1926年,第16~17页。

④　胡汉民:《唯物史观与伦理之研究》,黄昌谷编校,民智书局,1926年,第17~18页。

会生活的实质。所以驳不倒唯物史观"①。他的反驳击中了施塔姆勒的先验的形式主义论调，因为认为法律优先于经济，的确是一种"倒因为果"之说。这一点可以称为对施塔姆勒法律先于经济说的反驳。第二点是对施塔姆勒法律可独立而经济不可独立说的反驳。施塔姆勒虽然认为"一个规则没有被规定的实质，那规则是空虚的"，但是他"趋重形式的概念"，认为形式的法律可以脱离内容或实质的经济而独立，而经济却不能离开法律。胡汉民认为，"这种议论，究竟没有充分的理由"。因为在他看来，"法律的力量总比不过经济"。②他还举欧洲中世纪法律无法禁止高利贷猖獗的现象来加以佐证。他说："法律随着经济现象走，不能加他以限制。……又且往往有了经济现象的原因，才发生法律的概念。……要没有经济现象的原因，再不会生这种法律的概念。"③由此可见，他不但认为经济可以独立于法律，而且认为经济决定法律，经济是因而法律是果。

2.反驳列拿努（Eugenio Riguano）的"经济行程"说与"阶级斗争"矛盾说

列拿努认为，马克思一面强调阶级斗争，一面主张"经济的行程"有其自然的发展趋势，这显然存在矛盾。④胡汉民认为，马克思虽然"确认社会之生产力为历史的原动力"，又说"从来的历史是阶级斗争的历史"，但是这只是看似"自相矛盾"，实则"他的学说却是一贯联络的"，并不矛盾。⑤根据河上肇对阶级和阶级斗争的阐释，他认为"阶级对立、阶级斗争，都是经济行程自然的变化。故此，在一方可以说社会生产力为历史之原动力；在他一方可以说从来的历史是阶级斗争的历史。阶级斗争即由社会生产力变化而来的"⑥。他又根据马克思在《共产党宣言》和《〈政治经济学批判〉序言》中的话认为，"凡

①　胡汉民：《唯物史观与伦理之研究》，黄昌谷编校，民智书局，1926年，第18~19页。

②　同上，第20页。

③　同上，第21页。

④⑤　参见胡汉民：《唯物史观与伦理之研究》，黄昌谷编校，民智书局，1926年，第35页。

⑥　胡汉民：《唯物史观与伦理之研究》，黄昌谷编校，民智书局，1926年，第36~37页。

是可以成为社会问题的,尚且要于其解决所必要的物质条件已经存在,才能发生。阶级斗争中所谓最后之胜利者,更靠作成于旧社会母胎内、使能解决敌对之必要条件。故此,他无非跟着经济不能免的道路而前进,不能认他有变更经济行程的力量"①。最后,他还认为,阶级斗争是原始"共产制没落"后不能避免的事情,而之所以不能避免,是因为"社会组织"——生产关系"要随着生产力变动而变动";而且阶级斗争的"最后的解决",也是因为"这个原故"。质言之,在他看来,马克思的话"实在没有矛盾"。②

3.反驳沙拉·玛休士(Shailer Mathews)一元论过于单纯说及唯物史观六大缺点说

玛休士嫌写利格曼所列举的唯物史观五种"反对论"还不够,加了一种,即"唯物史观适用于历史过于单纯"。而且他认为,这一"批评"并非只是针对唯物史观,"所有一切人生的一元论的解释,都过于单纯"。为何呢? 他解释道:"解释历史的人,不可不认所有的事实,所有的过程。……历史之解释与历史本身同一复杂。以一个方法说明种种复杂之势力,是断不能够的。"③由此,他列举了唯物史观的六大缺点。④玛休士批评唯物史观的大意,如胡汉民所说,"是不认历史有惟一的法则"。胡汉民认为,"写利格曼的结论承认经济给与理想意志以解决手段之一点,未承认提示以解决问题之一点。故不敢断言精神生活为经济生活之从"。因此,在他看来,写利格曼实则并不认同经济一元论。故而他以考茨基的说法为据来反驳玛休士,而舍弃写利格曼之说。他认为,既然写利格曼说"人类道德为社会之生产物","物质的事情常先于

---

① 胡汉民:《唯物史观与伦理之研究》,黄昌谷编校,民智书局,1926年,第37~38页。

② 同上,第39页。

③ 同上,第48~49页。

④ 这六大缺点是:(一)轻视人类的人格和历史上伟人的价值;(二)情势社会的习惯性与人种的自负心及嫉妒心;(三)情势非经济的热情;(四)轻视艺术、文化的根柢;(五)轻视道德的、宗教的理想;(六)轻视意识的动机的独立。(参见胡汉民:《唯物史观与伦理之研究》,黄昌谷编校,民智书局,1926年,第49页)

伦理的思想","经济在社会占最主要的关系","精神的理想成立于经济事情的范围之内",那么写利格曼就不能反驳考茨基的说法。①他的言下之意是,写利格曼不彻底贯彻经济一元论是不对的。而反驳写利格曼实则也就反驳了玛休士认为唯物史观的经济一元论过于单纯说。此外,胡汉民还反驳了玛休士所谓的唯物史观有六大缺点的说法。他认为,玛休士所说的唯物史观的第一个缺点完全和写利格曼所举唯物史观第一种"反对论"相同,而剩下五点也超不出写利格曼所举唯物史观第四种"反对论"的范围。因此,玛休士所谓的唯物史观有六大缺点,实则可以归结为两个方面:一是唯物史观是"宿命主义",否认自由意志,蔑视历史上伟人的价值;二是唯物史观蔑视历史上伦理的精神的势力。②对于第一个方面,胡汉民引写利格曼的话予以反驳,由此他认为唯物史观"并未把人类的人格性忘了",而且他认为玛休士"注重伟人价值","还是守着十八世纪旧历史家的见解,并且带着神学的臭味"。③对于第二方面,他以引写利格曼的话来反驳。写利格曼关于这一方面的批评写了"极长篇的文字,来替唯物史观辩护"。写利格曼的要旨是:唯物史观绝不蔑视伦理的精神的力量,但是伦理的精神发挥作用要有一定的范围;经济是社会势力中最重要的力量,经济与伦理道德互相影响。然而他的反驳是不彻底的,他承认经济是社会势力中"最后胜负"的决定性力量,却不认为伦理道德从属于经济,由此滑向了二元论。胡汉民的结论是:唯物史观并不蔑视"人类伦理的精神的势力",唯物史观不是"宿命论之一种"。④

(四)反驳其他两种非难唯物史观的观点

在反驳了欧美学者7种非难唯物史观的观点之后,胡汉民还反驳了4

---

① 胡汉民:《唯物史观与伦理之研究》,黄昌谷编校,民智书局,1926年,第56~55页。
② 参见胡汉民:《唯物史观与伦理之研究》,黄昌谷编校,民智书局,1926年,第48~49页。
③ 胡汉民:《唯物史观与伦理之研究》,黄昌谷编校,民智书局,1926年,第50~51页。
④ 同上,第52~54页。

种非难唯物史观的观点。不过值得论及的主要是两种：一是司徒卢威非难马克思的社会革命观；一是所谓恩格斯的自我修正说。①

1.反驳司徒卢威非难马克思的社会革命观

司徒卢威认为，马克思以资产阶级和无产阶级两大阶级对抗的社会革命论"不能尽括社会全体改造的意味"。因此，他要修正马克思的社会革命论，主张还需要"像社会改良之类"的"其他许多方法"。胡汉民认为，这是反对马克思主义的"急激热情的主张"。他进而认为，唯物史观"早认社会革命为自然必致的事情，或激或徐，不问他的方法手段如何。他的成功，总是从来生育于旧社会胎内"。他又引马克思的话说："强力是进化的接生者，使一个由旧社会结孕的新社会产生出来。"可见，他认同马克思主义主张的暴力革命。他最后说："唯物史观并不将社会革命和社会进化划断作两件事。故这个非难，不足深辨。"②

2.反驳所谓恩格斯的自我修正说

胡汉民认为最后一个重要的问题是"关于唯物史观的解释"。他认为，恩格斯晚年于1890年9月致约·布洛赫的信中补充了唯物史观，但恩格斯实则只是承认应重视经济这一主要原则之外的其他参与相互作用的因素③，这并不像西方"一般学者"所说的那样，是恩格斯对自己学说提出了修正，是"创立唯物史观的人已经有绝大进步"。因为恩格斯在1894年1月致瓦·博尔吉乌斯的信中，"还是主张经济的生活占社会生活根本的重要地位"，他"依然是经济一元论的主张者"。④恩格斯指出："根据唯物史观，历史过程中的决定性因素归根到底是现实生活的生产和再生产。无论马克思或我都从

---

① 其他两种：一是因反对社会主义而反对唯物史观。这种论调，正如胡汉民所驳斥的那样："他们带着绅士阀的妒忌心，离了学问研究的范围，我们尽可置之不顾。"二是认为"唯物史观过于夸张"。胡汉民根据写利格曼自己的说法，"以子之矛，攻子之盾"，认为唯物史观"不见得什么夸张"。

② 胡汉民：《唯物史观与伦理之研究》，黄昌谷编校，民智书局，1926年，第56~57页。

③ 参见《马克思恩格斯选集》（第四卷），人民出版社，1995年，第698页。

④ 胡汉民：《唯物史观与伦理之研究》，黄昌谷编校，民智书局，1926年，第59页。

来没有肯定过比这更多的东西。如果有人在这里加以歪曲,说经济因素是唯一决定性的因素,那么他就是把这个命题变成毫无内容的、抽象的、荒诞无稽的空话。"①胡汉民认为,马克思在《资本论》第三卷中说的话和恩格斯在两封书信中所说的话以及考茨基所说的话,意思相同。他们皆认为"社会的生产方法于其变化发生时,总以社会的生产力为根本。……所有社会生产方法的发明,固然有人类思想之功用在内,但此种思想亦先受物质生活之影响"②。也就是说,在他看来,马克思等人肯定人类的思想、伦理等精神对以经济为中心的物质生活有影响,但是从根本上而言,人类的思想、伦理等精神却受制于以经济为中心的物质生活。胡汉民的结论是:"故此,我以为马克斯《资本论》第三卷的话和因格斯书简的话,不过补足《〈经济学批判〉序文》的意思。而唯物史观经济一元论的论据,并不因此动摇。"③

胡汉民对欧美资产阶级学者和机会主义者这些非难唯物史观观点的反驳,不仅给予以有力回击,而且在客观上阐释了唯物史观的主要理论内容。他对唯物史观的理解有不少正确的地方。他研究和应用唯物史观的许多有分量的文章为唯物史观在中国的启蒙传播在学理上做出了重要历史贡献,产生了积极的影响。不过,他的阐释也存在不少不正确的地方。这主要表现在以下两个方面:一是将唯物史观诠释为经济一元论。如前文所述,唯物史观并非经济史观,更非经济一元论。二是将唯物史观诠释为决定论。他自圆其说地弥合了唯物史观存在的决定论与能动论的内在理论张力,将唯物史观诠释为决定论,这看起来是做到了对唯物史观的最为圆满的阐释,但是他的看似"最为圆满"的阐释,却是以放弃深刻性为代价的。④因此,在学理

---

① 《马克思恩格斯选集》(第四卷),人民出版社,1995年,第695~696页。

② 胡汉民:《唯物史观与伦理之研究》,黄昌谷编校,民智书局,1926年,第60页。

③ 同上,第61页。

④ 关于唯物史观的决定论与能动论的内在理论张力的问题,在下一小节论述李大钊对唯物观的阐释时还会详论,故于此从略。

上,他对唯物史观的阐释并非是"站得最高的"。

通过考察陈博贤和胡汉民二人对唯物史观的阐释,可以发现,二人对唯物史观的阐释虽然还存在不少问题,但是他们对唯物史观的阐释,促进了唯物史观乃至马克思主义在中国的传播。在唯物史观在中国的启蒙传播期,除他们二人之外,尚有其他不少先进的非马克思主义者阐释和传播了唯物史观。他们对唯物史观在中国传播和发展的历史功绩不可抹杀,应该得到合理的肯定。由此可见,在唯物史观在中国的启蒙传播期,在中国传播唯物史观的先进人物并非只有马克思主义者,还有不少国民党和无党派理论家。因此,唯物史观在中国启蒙传播的图景,并非是只有马克思主义者努力传播的单一画面,而是一幅各类先进人物共同努力传播的多维画面。当然,贡献最大的毕竟是马克思主义者,而其中又以李大钊为最。

第三节　李大钊对唯物史观的阐释

对唯物史观的传播与阐释主要还是马克思主义者的功劳,而其中又以李大钊的功劳最大。如上文所述,第一个在中国传播唯物史观的人是渊泉即陈博贤而非李大钊。那么,李大钊作为唯物史观传播"第一人"的身份就应该重新定位。他依然是唯物史观传播的"第一人",但是这个"第一人"不是指第一个传播唯物史观的人,而是指对唯物史观的阐释最为系统、学理水准最高的"第一人",而且是真正信仰马克思主义的传播和阐释唯物史观的"第一人"。因此,就马克思主义者对唯物史观阐释的问题,当以他的唯物史观作为论述对象,以求反映唯物史观初传中国所达到的最高水准的历史状貌。

和严复一样,李大钊等马克思主义者选择唯物史观,从根本上而言,也是出于改造中国的现实需要。但是不同于严复传播和建构进化论的是,李大钊在传播和阐释唯物史观之时，唯物史观已为俄国十月革命的实践证明是真理，而且更为重要的是，李大钊等马克思主义者信仰马克思主义，因此他们对唯物史观的传播和阐释，便是一种信仰式的接引，而严复对进化论的传播和建构显然还没有上升到信仰的高度。李大钊传播和阐释唯物史观主要是出于改造现实中国的目的。他真正贯彻了这一理论目的，而且在唯物史观在中国启蒙传播时期，他是为数不多的真正领悟到了马克思主义是一种"改变世界"的理论，而非纯粹的理论的人。因此，他阐释的唯物史观具有独特的理论意蕴。

一、"再造中国"的理论基点

李大钊传播和阐释唯物史观并非只是将之作为一种纯粹的理论来看待，而是将之视为一种改造现实中国的科学方法论。因此，他传播和阐释唯物史观的理论立足点，始终是改造中国。这一点，用他自己早年的话来说就是"再造中国"或"再建中国"。①

自近代以来，中国先进人物肩负着一项沉重而光荣的历史使命，即寻找到一种能够有效改造现实中国，使之摆脱腐败、落后境地而走上独立、富强、民主之路的思想武器，并将之运用到改造现实中国的实践当中，革新现实中国。因此，近现代中国先进人物学习、传播西方思想，决不只是出于单纯的理论目的，其首要地是出于实践目的。李大钊也不例外。日本学者丸山松幸在论及李大钊的思想与实践之间的关系时认为，"伟大思想产生之日，往往是社会危机深重之时"，并认为《新青年》的领导人"思想常常很贴近现实，并试图通过自己的切身体会深刻地批判落后的社会。因此，正如 Schwartz 所说：

---

① 《李大钊全集》(第 5 卷)，人民出版社，2006 年，第 226 页。

中国知识分子与其说是从哲学意义上对自身状况做真理的探讨，勿宁说是直接受现实问题逼迫使然。"①考察李大钊学习、传播、研究、阐释唯物史观的历史活动，可以发现他是一位真正以实践目的为导向的马克思主义理论家。

甲午战争之后，近代中国成了一个彻底的半殖民地半封建国家，是一个列强横行、政府腐败无能、面临被瓜分的国度。身处这样的现实境况之中，少年之时的李大钊便萌生了立志救国的念头。他说："钊感于国势之危迫，急思深研政理，求得挽救民族、振奋国群之良策。"少年李大钊，投考北洋法政专门学校，便是出于这种寻找救国"良策"的实践目的。对于真正的先进人物来说，拯救国家于危难的实践意志的种子一旦种下，势必会生根发芽、日益勃发。李大钊正是如此，他说："钊既入校，习法政诸学及英、日语学，随政治知识之日进，而再建中国之志趣日益滕高。"此后，他由于感到学识不足，决意东渡日本求学深造。得到朋友的资助，他于1913年冬东渡日本，考入日本早稻田大学政治本科。留学日本三年，他的这种拯救国家于危难的实践意志益发勃兴："留东三年，益感再造中国之不可缓。"②此话并非身处囹圄的李大钊的虚言，他留日期间的一些文章可以予以证明。留日期间，他一共撰写了11篇文章，从第一篇《〈自然律与平衡律〉识》到最后一篇的长文《民彝与政治》，他所思所想的皆是国家、民族之大义，未见一丝一毫计较个人得失之思想。他留日写的第二篇文章叫《风俗》，此文洋溢着强烈的关心民族存亡和振兴中华的激情。文章一开头便说："哀莫大于心死，痛莫深于亡群。一群人之心死，则其群必亡。"③他希望国人能够振奋精神，努力救国于危难之境。他说："时至今日，术不能制，力亦弗胜，谋遍洪涛，昌学而已。圣人既不足依，英雄

---

① ［日］丸山松幸：《李大钊的思想及其背景——其思想体系与实践间的关系》，《李大钊研究论文集》，中国李大钊研究会编，人民出版社，1999年，第462页。

② 《李大钊全集》（第5卷），人民出版社，2006年，第226页。

③ 《李大钊全集》（第1卷），人民出版社，2006年，第88页。

亦莫可恃,昌学之责,匹夫而已。国一日未亡,责一日未卸,我尽我责,以求亡国之后,无憾而已。"而他自己,则决心矢志不渝,"拯救国群","虽以不肖之陋,亦将飏厥其匹夫之任以从之"。[1]"虽以不肖之陋,亦将飏厥其匹夫之任以从之"是此文的最后一句。由此可见,此文自始至终贯穿着拯救国难的爱国之情,由此也足见青年李大钊的救国之心是何其强烈。而1915年的《警告全国父老书》,则更是他救国之心、爱国之情的喷薄。他大声疾呼国人知耻而后勇:"往者不可谏,来者可追,愿我国民,从兹勿忘此弥天之耻可耳。泣血陈辞,不知所云。"[2]在1915年8月的《厌世心与自觉心》一文中,在解释什么是"自觉"时,他也将"自觉"与爱国关联起来。他说:"自觉之义,即在改进立国之精神,求一可爱之国家而爱之,不宜因其国家之不足爱,遂致断念于国家而不爱。更不宜以吾民从未享有可爱之国家,遂乃自暴自弃,以侪于无国之民,自居为无建可爱之国之能力者也。夫国家之成,由人创造,宇宙之大,自我主宰,宇宙之间,而容有我,同类之人,而克造国。我则何独不然?吾人苟不自薄,惟有本其自觉力,黾勉奋进,以向所志,何时得达,不遑问也。"[3]在他看来,国人应该自觉地救国于危难。现存之国不"可爱",这正是国人救国并建立新的"可爱"国家之机,而不是放弃爱国之责的理由。

1916年夏,李大钊回国,担任北京《晨钟报》(后改名为《晨报》)编辑。"再造中国"依旧是他的思想主线和思想基调。他回国后写的第一篇文章叫《〈晨钟〉之使命》。在此文中,他将《晨钟》的使命定位为"青春中华之创造",而且此文的副标题便是"青春中华之创造"。[4]不仅如此,他还将《晨钟》的使命与青年的使命关联起来,认为"《晨钟》自身无所谓使命也,而以青年之使命为

---

① 《李大钊全集》(第1卷),人民出版社,2006年,第92页。
② 同上,第119页。"弥天之耻"指日本逼迫袁世凯政府签订丧权辱国的《二十一条》。
③ 同上,第137页。
④ 同上,第167页。

使命"。而青年的使命则正是"青春中华之创造"。由此可见,此时的李大钊已经将拯救国难、建立新中国的希望寄托到了青年的身上。然而尽管他的救国之心极为激切、爱国之情极为强烈,但是在俄国十月革命之前,他并没有找到拯救国家于危难的出路。此前他主张"昌学"救国,但是"昌学"并非根本的救国之方,在不根本改变社会制度的前提下"昌学","昌学"顶多只是一个启蒙国人心灵、丰富国人知识、改变国人精神状态的改良之方。"昌学"之外,他还提出过不少冠名为"主义"的主张。比如,"新中华民族主义""大亚细亚主义"。在 1917 年 2 月 27 日的《新中华民族主义》一文中,他主张"新中华民族主义",期盼"青春中华之再生"。他认为"今日民族之问题,尤非苟活残存之问题,乃更生再造之问题"。他主张"揭新中华民族主义之赤旗",号召少年努力促进"少年中华之投胎复活"。①在 1917 年 4 月 18 日的《大亚细亚主义》一文中,他主张一种不同于日本帝国主义的"大亚细亚主义"。而且在他看来,中华文明是亚洲文明的代表,为了建设一种新的"大亚细亚主义",必须以建设一个新的中国为关键环节。对此,他说:"言大亚细亚主义者,当以中华国家之再造,中华民族之复活为绝大之关键。"②由此可见,他的思想无处不浸淫着志在"再造中国"的爱国主义色调。

此后,他又提出了两种值得注意的关涉国家的理论。其一是"中心势力创造论"。在 1917 年 4 月 23 日的《中心势力创造论》中,他提出了这一理论。他在此文的开头便说:"国家必有中心势力,而后能收统一之效,促进化之机。否则,分崩离析,扰攘溃裂,无在不呈兀臲之象,久而久之,且濒于灭亡之运焉。"③他认为当时中国的三大政治势力即"军权系统"、"温和"政治系统和"激进"政治系统皆不足以担当国家"中心势力",来"支撑此风雨飘摇之国

---

① 《李大钊全集》(第 1 卷),人民出版社,2006 年,第 284 页。
② 《李大钊全集》(第 2 卷),人民出版社,2006 年,第 106 页。
③ 同上,第 120 页。

家"，而且这三种政治势力各自"又皆无中心人物，足以统率此散漫无纪之团体"，从而"致使政象日涣散，人心日离，如孤舟泛于风涛澎湃之重洋，海天无既，茫茫然莫所适归。斯诚政治上之绝大危机也"。①为了挽救这一"绝大危机"，他主张以新的政治势力来代替这些旧的政治势力，造成一种新的政治"中心势力"。"此之势力，必以中级社会为中枢，而拥有国民的势力，其运命乃能永久。"②他将希望寄托在中级社会即中产阶级身上。在军阀专制的近代中国，他这种试图通过专业人士、商人等中产阶级来造成一种新的国家"中心势力"的中心势力论，只不过是一种不切实际的空想。

其二是公意论或民意论。李大钊的公意论主要包含两个方面的思想：一方面，"公意"是民主政治的思想基石；另一方面，全体公民的"自由认可"是"公意"的形成机制。他的这种公意论在 1916 年 5 月 15 日发表的《民彝与政治》一文即初具轮廓。他说："民彝者，民宪之基础也。……顾此适宜之政治，究为何种政治乎？则惟民主义为其精神、代议制度为其形质之政治，易辞表之，即国法与民彝间之联络愈易疏通之政治也。"③与此同时，他又认为"意念自由"是"生民之秉彝"，自由是"代议政治"施行的思想基石，明确强调"立宪政治基于自由之理"。④他的这种公意论集中地体现于 1917 年 10 月 15 日的《暴力与政治》和 1918 年 7 月 1 日的《强力与自由政治》二文中。他说："意志之总计与意志之一致，其间相异之点，洽如单纯集合物与有机体之为别。由是言之，使多数者挟其意志之总计以制少数，使为意志之一致，愚敢断其徒劳而无功，为其与公我之意志全相反也。然则最后执行之效力，不在多数投票之取决，而在普遍意志之发生，非反于少数怀异者之意见以为施，乃基于

---

① 《李大钊全集》（第 2 卷），人民出版社，2006 年，第 120~121 页。

② 同上，第 121 页。

③ 《李大钊选集》，人民出版社，1959 年，第 40 页。

④ 同上，第 50 页。

少数怀异者之 free consent 以为施。即基于普遍意志之一致以为施,必欲以力称之,是为普遍意志所具之势力,非多数意志所凝之强力。"①如只从理论上而言,他的公意论无疑是很理想的,然而在非民主的军阀专制的近代中国,这种设想通过全体人民的"自由认可"以形成公意而建立国家的民主思想,也只能是一种美好的幻想。

考察李大钊思想的发展历程,可以发现,他真正接受马克思主义是在俄国十月革命之后,大约在 1918 年下半年到 1919 年初这一段时间,其标志便是《法俄革命之比较观》《Pan……ism 之失败与 Democracy 之胜利》《庶民的胜利》《Bolshevism 的胜利》《新纪元》《再论问题与主义》等文章的发表,而其转变为马克思主义的标志则是于 1919 年 9 月、11 月发表的《我的马克思主义观》。在他接受马克思主义的过程中,他也找到了一条"再造中国"之路,在思想上不再动摇、迷惘。他高度肯定俄国十月革命,为之欢呼,称之为"世界新文明之曙光"②。他说:"俄国革命,不过是使天下惊秋的一片桐叶罢了。Bolshevism 这个字,虽为俄人所创造,但是他的精神,可是二十世纪全世界人类人人心中共同觉悟的精神。所以,Bolshevism 的胜利,就是二十世纪全世界人类人人心中共同觉悟的新精神的胜利!"③很显然,在他看来,这一条"再造中国"之路便是以俄国十月革命为榜样的无产阶级革命和无产阶级专政之路。因此,他主张建立"平民的劳动家"④即劳动者的政党,实行"平民专政"⑤即无产阶级专政,"建设一个人民的政府"⑥,并认为中国民众欢迎"劳农政府"⑦。

---

① 《李大钊全集》(第 2 卷),人民出版社,2006 年,第 206 页。
② 同上,第 228 页。
③ 《李大钊选集》,人民出版社,1959 年,第 118 页。
④ 《李大钊全集》(第 3 卷),人民出版社,2006 年,第 271 页。
⑤ 同上,第 273 页。
⑥ 《李大钊选集》,人民出版社,1959 年,第 401 页。
⑦ 《李大钊全集》(第 4 卷),人民出版社,2006 年,第 346 页。

马克思主义哲学是一种现代实践哲学,它以"改变世界"为其理论旨归。这一点,其创始人马克思在《关于费尔巴哈的提纲》中予以明确阐明:"哲学家们只是用不同的方式解释世界,问题在于改变世界。"①马克思主义的这一理论特质,李大钊已经初步领悟到了。他在《我的马克思主义观》一文中,认为马克思主义是"为世界改造原动的学说"②。1924年5月1日《这一周》一文谈到纪念马克思诞辰之时,李大钊说:"应该细细的研考马克思的唯物史观,怎样用于中国今日的政治经济情形。详细一点说,就是依马克思的唯物史观以研究怎样成了中国今日政治经济的情状,我们应该怎样去作民族独立的运动,把中国从列强压迫之下救济出来。"③而且他认为唯物史观如能引导国人"达于民主独立的境界,那么马克思的学说真是拯救中国的导星"④。这说明李大钊已经认识到马克思主义是"改变世界"的学说,而非只是"解释世界"的学说。在他看来,唯物史观或马克思主义可以作为灾难深重的中国摆脱帝国主义压迫、寻得民族解放与独立的指南针。

考察李大钊的整个思想历程及其人生轨迹,可以发现,他的一言一行几乎始终以建设一个独立富强的新中国为中心,言行之间始终激荡着高昂的爱国主义精神。他说:"钊自束发受书,即矢志努力于民族解放之事业,实践其所信,励行其所知,为功为罪,所不暇计。"⑤这也是他在《狱中自述》中的话。对他的整个人生和思想境况有所了解之后,再来品读《狱中自述》中的那些立志救国之语,不能不让人感到这些话可谓发自肺腑,感人至深。他以一生的事迹诠释了什么是忠贞不渝的爱国主义情怀。而他的思想历程及其人生轨迹也表明,在他那里,唯物史观首要地是作为一种用来改造现实中国的

①　《马克思恩格斯选集》(第一卷),人民出版社,1995年,第57页。

②　《李大钊选集》,人民出版社,1959年,第173页。

③　《李大钊全集》(第4卷),人民出版社,2006年,第397页。

④　同上,第398页。

⑤　《李大钊全集》(第5卷),人民出版社,2006年,第226页。

方法论,而不是一种纯粹的理论。他学习、诠释和运用唯物史观的理论立足点,始终是改造中国,是"再造中国"——创造一个新的中国,一个独立、自由、民主、富强的新中国。在相当大的程度上可以说,他的思想和一生导引了后来的中国马克思主义者为完成这一历史使命而努力奋斗,为他们指明了前进的方向。

质言之,他阐释的唯物史观具有指向改造现实中国的实践特性,始终立足改造中国的现实目的。"再造中国"是李大钊唯物史观的理论立足点。而这种实践意志显明的理论立场,使他在对唯物史观的阐释上,特别强调人的主观能动性和自由意志,并由此而使他对唯物史观作出了意蕴独特的阐释。

二、唯物史观的理论要旨

在李大钊看来,马克思的学说可以分为三大部分:"一为关于过去的理论,就是他的历史论,也称社会组织进化论;二为关于现在的理论,就是他的经济论,也称资本主义的经济论;三为关于将来的理论,就是他的政策论,也称社会主义运动论,就是社会民主主义。"①他认为,唯物史观就是其中的历史论,也可以称为社会组织进化论。李大钊对唯物史观的阐释,主要体现在《我的马克思主义观》一文中。

李大钊的《我的马克思主义观》,"可以说是中国比较全面地介绍马克思主义学说的第一篇文章"。它的发表,标志着李大钊由激进革命民主主义者转变为马克思主义者,也标志着李大钊对唯物史观阐释的成熟。此后,他发表了一系列文章,对唯物史观作了进一步的阐发。其中比较重要的有:《物质变动与道德变动》《马克思的历史哲学》《由经济上解释中国近代思想变动的

---

① 《李大钊全集》(第3卷),人民出版社,2006年,第18页。

原因》《由纵的组织向横的组织》《唯物史观在现代史学上的价值》《原人社会于文字书契上之唯物的反映》《马克思的经济学说》《马克思的历史哲学与理恺尔的历史哲学》《史学要论》。但是在学理上，它们基本上没有超越《我的马克思主义观》。通观李大钊的思想轨迹，就其对唯物史观的阐释而言，李大钊所阐释的唯物史观具有两大理论要旨：一个方面是关于历史发展的动力及其规律的理论，即历史发展观；另一方面是关于人的活动即阶级斗争的作用，即阶级斗争学说。①

（一）关于历史发展观

他认为唯物史观也可以称为"历史的唯物主义"。他和胡汉民一样，将唯物史观与达尔文的生物进化论相提并论。在他看来，与以往重视社会的"外部的社会构造"的历史家与历史哲学家相反，历史的唯物论者重视社会的"内部最深的构造"。②在他看来，唯物史观并非首创于马克思，而是首创于孔道西（今译孔多塞）。他说："自孔道西（Condorcet）依着器械论的典型，想把历史作成一科学，而期发见出一普遍的力，把那变幻无极的历史现象，一以贯之，已竟开了唯物史观的端绪。故孔道西算是唯物史观的开创者。"③在他看来，继孔多塞而对唯物史观加以发挥的有桑西门（今译圣西门）、梯叶里（Thirrry）、米涅（Mignet）、基佐（Guizot）和蒲鲁东等人。④虽然他将马克思的唯物史观与上述这些人的历史观皆归并为唯物主义历史观的范畴，但是更为重要的是，他认为马克思的唯物史观具有特殊性，并不与他们完全相同。在一般意义上，"历史的唯物论者观察社会现象，以经济现象为最重要，因为历

---

① 参见王南湜：《中国哲学精神重建之路：马克思主义哲学中国化探讨》，北京师范大学出版社，2012年，第104、106页。

② 《李大钊全集》（第3卷），人民出版社，2006年，第19页。

③ 同上，第20页。

④ 参见《李大钊全集》（第3卷），人民出版社，2006年，第21页。

史上物质的要件中,变化发达最甚的,算是经济现象。故经济的要件是历史上惟一的物质的要件。自己不能变化的,也不能使别的现象变化"①。换言之,这一"唯物史观的要领"是说,"在认经济的构造对于其他社会学上的现象,是最重要的;更认经济现象的进路,是有不可抗性的"②。

马克思的唯物史观有不同于上述历史唯物论者历史观的地方。他在引述了河上肇所译的《哲学的贫困》《共产党宣言》和《〈政治经济学批判〉序言》中的几段话之后,指出了马克思唯物史观的特殊性所在。"马克思的唯物史观有二要点:其一是关于人类文化的经验的说明;其二即社会组织进化论。"③

1. "关于人类文化的经验的说明"

在李大钊看来,社会可以比喻为一座大的"建筑":"喻之建筑,社会亦有基址(Basisi)与上层(Uberbau)。基址是经济的基础,即经济关系,马氏称之为物质的或人类的社会的存在。上层是法制、政治、宗教、艺术、哲学等,马氏称之为观念的形态,或人类的意识。"④"社会构造"就是由"基址"的"经济关系"和"上层"的"观念的形态""相合而成"的。⑤二者表现为决定和被决定的关系。李大钊对此解释道:"人类社会关系的总和,构成社会经济的构造。这是社会的基础构造。一切社会上政治的、法制的、伦理的、哲学的,简单说,凡是精神上的构造,都是随着经济的构造变化而变化。我们可以称这些精神的构造为表面构造。表面构造常常视基础构造为转移,而基础构造的变动,乃以其内部促他自己变化的最高动因, 就是生产力为主动;属于人类意识的东西,丝毫不能加以影响,他却可以决定人类的精神、意识、主义、思想,使他们

① 《李大钊全集》(第3卷),人民出版社,2006年,第20页。

② 同上,第21页。

③ 同上,第27页。

④ 《李大钊全集》(第4卷),人民出版社,2006年,第328页。

⑤ 同上,第338页。

必须适应他的行程。"①由于马克思发现了经济关系即经济基础决定观念的形态即上层建筑的这一原理，真正合理地解释了历史现象及其规律，从而他对历史的看法也就本质地与此前的一切历史学家对历史的看法区别开来了。"从来的历史家欲单从上层说明社会的变革即历史而不顾基址，那样的方法，不能真正理解历史。上层的变革，全靠经济基础的变动，故历史非从经济关系上说明不可。"②李大钊的上述阐释，虽然用语还不够确当，并有忽视上层建筑的反作用的非辩证的成分，但是他毕竟抓住了马克思唯物史观的根本之点，即社会存在决定社会意识、经济基础决定上层建筑。而正是把握到了这一点，才使他将马克思的唯物史观与一切唯心史观和此前的机械唯物主义的历史观区别开来，领悟到了唯物史观的理论特质。③

社会存在决定社会意识、经济基础决定上层建筑是唯物史观的根本理论要点。这一点，李大钊已经基本准确地把握到了。现在的问题是，李大钊为何将唯物史观的这一点称为"关于人类文化的经验的说明"？这与他对历史与社会的内涵及其关系的界定有关。根据马克思的唯物史观，他认为历史与社会是同质异观、一体两面的东西："历史与社会，同其内容，同其实质，只是观察的方面不同罢了。"二者的内容皆是"人类的生活并为其产物的文化"。④纵观乃是历史，横观则为社会；历史的任何一个横断面皆是社会，而社会的前后相续则为历史。而且他认为"历史是有生命的，是全人类的生活"。因此，他批评福里曼（Freeman，今译弗里曼）"过去的政治就是历史，历史就是政治"是狭隘地理解历史的观点。⑤在接受了马克思的唯物史观之后，他便一直如此看待历史与社会，视二者是"同质而异观"的东西。在此前《马克思的历史

① 《李大钊全集》（第3卷），人民出版社，2006年，第27页。

② 《李大钊全集》（第4卷），人民出版社，2006年，第328页。

③ 参见王玉平：《马克思主义哲学在中国的理论嬗变》，中国社会科学出版社，2005年，第65页。

④ 《李大钊全集》（第4卷），人民出版社，2006年，第327页。

⑤ 参见《李大钊全集》（第4卷），人民出版社，2006年，第358页。

哲学与理恺尔的历史哲学》一文中,他主张需根据马克思的历史观即唯物史观来阐明"历史"和"社会"的概念。他认为马克思的历史观"关联历史和社会"。"原来纵观人间的过去便是历史,横观人间的现在便是社会,所以可以把历史和历史学与社会和社会学相对而比论。"①在同一时期的《史观》一文中,他说:"吾兹所云,乃与'社会'同质而异观的历史。同一吾人所托以生存的社会,纵以观之,则为历史,横以观之,则为社会。横观则收之于现在,纵观则放之于往古。此之历史,即是社会的时间的性象。"②因此,他认为历史观也可以说是一种社会观。历史与社会的关系既然如此——"同质而异观",那么对历史的说明便可以通过考察其"横断面"即"社会"而得到说明。而社会与历史的内容是一样的,皆为"人类的生活极其产物的文化",那么对历史的说明也就是对人类文化的经验说明。而且从历史的"横断面"即"社会"来说明历史,实则就是从现实生活着手来说明历史。③而在某种意义上,现实生活等于社会存在,从而"关于人类文化的经验说明"也就架通了唯物史观的社会存在决定社会意识、经济基础决定上层建筑这一层面的意思。值得一提的是,这种以现实生活作为理论出发点的理论立场,正是实践哲学的理论立场。李大钊的这一理论立场,使之"无意中"把握到了本质上是现代实践哲学的马克思主义哲学的精神实质。

2. "社会组织进化论"

李大钊所说的"社会组织进化论"就是关于社会发展动力及其规律的学说。在李大钊看来,这一学说的主要内容就是生产力决定生产关系、生产关系随生产力的变动而变化。如果说社会存在决定社会意识是唯物史观的一般原理,那么生产力决定生产关系则是唯物史观的具体原理。关于这一原

---

① 《李大钊全集》(第 4 卷),人民出版社,2006 年,第 400 页。

② 同上,第 252 页。

③ 参见王玉平:《马克思主义哲学在中国的理论嬗变》,中国社会科学出版社,2005 年,第 64 页。

理,李大钊解释道:"生产力与社会组织有密切的关系。生产力一有变动,社会组织必须随着它变动。"①他认为社会组织即生产关系和"布帛菽粟一样,是人类依生产力产出的产物"②。他也像马克思在《哲学的贫困》中那样说道:"手臼产出封建诸侯的社会,蒸汽制粉机产出产业的资本家的社会。"③社会变迁和革命的根本原因就在于,"生产力在那里发展的社会组织,当初虽然助长生产力的发展,后来发展的力是[量]到那社会组织不能适应的程度,那社会组织不但不能助他,反倒束缚他、妨碍他了。而这生产力虽在那束缚他、妨碍他的社会组织中,仍是向前发展不已。发展的力量愈大,与那不能适应他的社会组织间的冲突愈迫,结局这旧社会组织非至崩坏不可。这就是社会革命。新的继起,将来到了不能与生产力相应的时候,他的崩坏亦复如是"④。根据《〈政治经济学批判〉序言》,他认为生产力的发展改变生产关系即社会组织是社会发展的一种自然趋势,非人力所能为:"可是这个生产力,非到在他所活动的社会组织里,发展到无可再容的程度,那社会组织是万万不能打破。而这在旧社会组织内,成长他那生存条件的新社会组织,非到自然脱离母胎,有了独立生存的运命,也是万万不能发生。恰如孵卵的情形一样,人为的助长,打破卵壳的行动,是万万无效的,是万万不可能的。"⑤在李大钊的上述阐述中,他已经注意到了生产关系、上层建筑的反作用,但是却"否定"了人的主观能动性的作用,因而具有机械唯物论的倾向。当然,在根本点上,他还是比较准确地阐释了生产力决定生产关系这一唯物史观的具体原理。

在历史行程上,在接受唯物史观之前,在相当大的程度上,李大钊肯定历史行程无进步性的历史循环论;而在接受唯物史观之后,他则主张一种历史循环进步论。在发表于 1917 年 1 月 30 日的《青春》一文中,他说:"青年锐进之子,尘尘刹刹,立于旋转簸扬循环无端之大洪流中,宜有江流不转之精

①②③④ 《李大钊全集》(第 3 卷),人民出版社,2006 年,第 27 页。
⑤ 同上,第 27~28 页。

神,屹然独立之气魄,冲荡其潮流,抵拒其势力,以其不变应其变,以其同操其异,以其周执其易,以其无持其有,以其绝对统其相对,以其空驭其色,以其平等律其差别……"①于此,他肯定"循环""不变""同""周""无""绝对""空""平等",思想中掺杂道家和佛家的思想元素。虽然出于"汲汲孕育青春中国之再生""青春中国之投胎复活"②之爱国目的,试图倡导一种青春无尽、"回天再造"③的精神,但是就历史观而言,他所流露出来的历史观无疑是一种历史循环论。在稍后的《俄国大革命之影响》一文中,他在历史观上也表现出循环论的倾向。他说:"今吾更将依俄国革命成功之影响,以厚我共和政治之势力。此因果之定律,报偿之原则,循环往复,若兹其巧,或即异日中、俄两国邦交日笃之机缘欤?"④甚至在初步接受马克思主义之时,在历史观上,他还信持循环论。在《法俄革命之比较观》一文中,他说:"由文明史观之,一国文明,有其畅盛之期,即有其衰歇之运。……德之文明,方今如日中天,具支配世界之势力,言其运命,亦可谓已臻极盛,过此以往,则当入盛极而衰之运矣。"⑤这是在中国传统社会后期占统治地位的、典型的一盛一衰或一治一乱的历史循环论。

在接受了唯物史观之后,在历史观上,他认为历史的历程是进步的,不再只是循环而无进步,但是他认为历史的历程是循环地向前发展。在1922年1月8日的《今与古》一文中,虽然他还认为社会进化是循环的,"历史的演进常是一盛一衰,一治一乱,一起一落",但是他认为历史的这种循环演进中"已经含着进步,如螺旋式的循环"。⑥1923年4月15日,他在上海大学作

---

① 《李大钊选集》,人民出版社,1959年,第67页。

② 同上,第71页。

③ 同上,第67页。

④ 同上,第82页。

⑤ 同上,第102页。

⑥ 《李大钊全集》(第4卷),人民出版社,2006年,第11页。

题为"演化与进步"的演讲时,则明确地说:"人类是有进步的,不是循环而无进步的。"①更值得肯定的是,他强调了人的主观能动性对历史进步的作用。他说:"演化是天然的公例,而进步却靠人去做的。……所以无论如何,应当上前进去,用了我们底全力,去创造一种快乐的世界。"②在后来1924年5月的《史学要论》中,他说:"历史的进路,纵然有时一盛一衰、一衰一盛的作螺旋状的运动,但此亦是循环着前进的、上升的,不是循环着停滞的,亦不是循环着逆反的、退落的,这样子给我们以一个进步的世界观。"③李大钊的历史观最终定型于此。可以发现,他虽然认为历史的行程是循环的,但是其循环是一种具有进步性的循环,而且是螺旋式的进步性循环。这样的历史观可以称为历史循环进步论。他的这种历史循环进步论超迈了认为历史只是循环而无进步的传统历史循环论,在实质上,就是历史辩证发展论。

(二)关于阶级斗争学说

在李大钊看来,阶级斗争学说即他所说的"阶级竞争说"与唯物史观密切相关。④李大钊认为,马克思以"物质的生产力"作为社会组织变迁的"最高动因"⑤,"然后根据这个确定的原理,以观察现在的经济状态,就把资本主义的经济组织,为分析的、解剖的研究,预言现在资本主义的组织不久必移入社会主义的组织,是必然的运命;然后更根据这个豫见,断定实现社会主义的手段、方法仍在最后的阶级竞争"⑥。正是在这个意义上,他认为"阶级竞争恰如一条金线"⑦,将马克思学说的三个部分即唯物史观、资本主义经济论和社会主义运动论"从根本上联络起来"⑧。他肯定马克思关于以往的历史都是

---

①② 《李大钊全集》(第4卷),人民出版社,2006年,第157页。

③ 同上,第444~445页。

④ 参见《李大钊全集》(第3卷),人民出版社,2006年,第28~29页。

⑤ 《李大钊全集》(第3卷),人民出版社,2006年,第21页。

⑥⑦⑧ 同上,第19页。

阶级斗争的历史的观点，并认为《资本论》就是根据阶级斗争学说而立论的。他进而指出，"关于实际运动的手段"，马克思"也是主张除了诉于最后的阶级竞争，没有第二再好的方法"。①由此可见，在李大钊看来，阶级斗争是实现社会革命的根本方法。正因为如此，他认为历史上的诸种"政治变动"，根据马克思的唯物史观来解释，"其根本原因都在殊异经济阶级间的竞争"②。质言之，"历史的唯物论者，既把种种社会现象不同的原因，总约为经济的原因，更依社会学上竞争的法则，认许多组成历史明显的社会事实，只是那直接，间接，或多，或少，各殊异阶级间团体竞争所表现的结果。他们所以牵入这竞争中的原故，全由于他们自己特殊经济上的动机"③。他认为阶级竞争是社会革命的根本方法，这是正确的；但是将之说成是社会革命的根本原因，则是不正确的。社会革命的根本原因是生产力与生产关系的矛盾运动，而非阶级斗争。

此外，他认为马克思的阶级斗争学说是依照"社会学上的竞争的法则"而来，这也是不正确的。在后来的《马克思的经济学说》一文中，他才正确地解释了阶级斗争的根源。他解释了现代社会阶级斗争的经济根源和经济机制。他认为"马克思的经济学说很深奥"，并根据他自己的理解，认为马克思的经济学说有"两大原理"："第一，在现代资本主义的经济组织下，资本家把劳动的结果怎么劫去"；"第二，现代经济组织之趋势"。④关于第一个方面，李大钊简要地阐述了马克思的价值内涵和剩余价值学说，阐明了资本家如何剥夺工人的剩余价值。关于第二方面，他阐述了"资本集中"的趋势。这一趋势使得现代资本主义社会形成了两大阶级即"有产阶级"和"无产阶级"。而资本的集中使得"劳动者得着集合的机会"，无产阶级从而具有"阶级自觉"，

---

① 《李大钊全集》(第 3 卷)，人民出版社，2006 年，第 19 页。

② 同上，第 29 页。

③ 同上，第 28 页。

④ 《李大钊全集》(第 4 卷)，人民出版社，2006 年，第 42 页。

认识到应该"联络起来和资本家作战,和资本家竞争"。如是一来,"在资本主义发达中,产生了一种新势力。这种新势力,就是'社会主义'"。社会主义之发生和社会主义之打破资本主义皆是现代资本主义社会发展的必然趋势,是"自然"的,而"'社会主义'去打破资本主义",就是"革命",是"革命的现象"。①

肯定人民群众的历史主体地位,认同人民群众是历史的创造者,是唯物史观的一个重要理论要素。这一点,李大钊无疑也认识到了。他认为,马克思的新历史观有别于英雄史观、圣贤史观等旧历史观,它"教吾人以社会生活的动因,不在'赫赫''皇矣'的天神,不在'天亶''天纵'的圣哲,乃在社会的生存的本身"②。人民群众之所以是历史的创造主体,就在于人民群众是劳动、实践的主体,而历史正是劳动、实践的结果。他说:"一个智识的发见,技术的发明,乃至把是等发见发明致之于实用,都是像我们一样的社会上的人人劳作的结果。这种生活技术的进步,变动了社会的生活,改进了历史的阶段。"③他进而认为,这种新历史观"导引我们在历史中发见了我们的世界,发见了我们的自己,使我们自己自觉我们自己的权威,知道过去的历史,就是我们这样的人人共同造出来的,现在乃至将来的历史,亦还是如此"④。质言之,在李大钊看来,马克思的新历史观是一种群众史观,充分肯定了人民群众是历史的创造者、是历史活动的主体。

李大钊所理解的唯物史观的理论要旨包括历史发展观和阶级斗争学说。此外,他根据马克思的唯物史观,充分肯定了人民群众的历史主体地位,认为人民群众是历史的创造者。在论述李大钊对唯物史观理论要旨的阐释时,可以发现:在他看来,一方面历史是生产力发展的结果,历史发展的根本动因是生产力;而另一方面,历史的发展又是阶级斗争的结果。这表明,他已经意识了到这二者之间存在着矛盾,而这便是唯物史观的内在张力。

① 《李大钊全集》(第4卷),人民出版社,2006年,第46页。
②③④ 同上,第445页。

三、"点而不破"的阐释立场

唯物史观或历史唯物主义在理论上自身存在着一种内在张力，这一内在张力就是：它一方面以物质的生产力为社会发展的最高动因，另一方面又以阶级斗争为社会发展的根本动力。这显然存在着矛盾。这一内在张力也就是历史必然性与阶级斗争或决定论与能动论的矛盾。对于这一内在张力，李大钊已经清楚地认识到，并作出了自己的理解与阐释。

李大钊认为，马克思"一方既确认历史——马氏主张无变化即无历史——的原动力为生产力；一方又说从来的历史都是阶级竞争的历史，就是说阶级竞争是历史的终极法则，造成历史的就是阶级竞争。一方否认阶级的活动，无论是直接在经济现象本身上的活动，是间接由财产法或一般法制上的限制，常可以有些决定经济行程的效力；一方又说阶级竞争的活动，可以产出历史上根本的事实，决定社会进化全体的方向"①。这就是唯物史观的内在理论张力。李大钊认为，马克思学说"受人非难的地方很多，这唯物史观与阶级竞争说的矛盾冲突，算是一个最重要点"②。

对唯物史观的这一内在理论张力，李大钊的理解与人们通常的解释不同，其独特性在于："他没有去刻意地否认或者以某种方式加以消解。因为他看到了问题的实质在于这一问题涉及理论解释与实际行动之间的张力问题，并不能用一种单纯的理论方式予以消解。"③首先，李大钊承认 Eugenio Rignano 反驳马克思唯物史观的一段话"可谓中了要扼"④。不过他认为，"这

---

① 《李大钊全集》（第 3 卷），人民出版社，2006 年，第 30~31 页。

② 同上，第 30 页。

③ 王南湜：《中国哲学精神重建之路：马克思主义哲学中国化探讨》，北京师范大学出版社，2012 年，第 112~113 页。

④ 《李大钊全集》（第 3 卷），人民出版社，2006 年，第 31 页。

个明显的矛盾,在马氏学说中,也有自圆的说法"①。在他看来,马克思是如此自圆其说的:"自从土地共有制崩坏以来,经济构造都建立在阶级对立之上。生产力一有变动,这社会关系也跟着变动。可是社会关系的变动,就有赖于当时在经济上占不利地位的阶级的活动。"②李大钊认为,马克思这一说法实质上是"把阶级的活动归在经济行程自然的变化以内"③。他对这一说法的评断是:此说虽然可以在逻辑上做到自圆其说,但是"终觉有些牵强矛盾的地方"④。这意味着,在他看来,唯物史观的这一内在理论张力始终是存在的,难以在理论上予以弥合。

其次,唯物史观绝不是坐等历史必然性自行发生的命定论,它也肯定人的主观能动性。李大钊无疑熟知第二国际的机械决定论或命定论的危机,因此他知道单纯的理论上的自圆其说并不能够解决实际问题。⑤他说:"有人说,历史的唯物论者以经济行程的进路为必然的、不能免的,给他加上了一种定命的彩色,后来马克思派的社会党,因为信了这个定命说,除去等着集产制自然成熟以外,什么提议也没有,什么活动也没有,以致现代各国社会党都遇见很大的危机。"⑥他认为,"这固然可以说是马氏唯物史观的流弊"⑦,但是马克思并不教人信从命定论,因为马克思和恩格斯"合布《共产者宣言》,大家才知道社会主义的实现,离开人民本身,是万万作不到的,这是马克思主义一个绝大的功绩"⑧。在《我的马克思主义观》一文之前,李大钊在《再论问题与主义》一文中便充分注意到了阶级斗争这种能动性活动对实现"经济问题的解决"这一"根本解决"的积极作用。他肯定"经济问题"的"根本解决",但是同时提醒人们不要忘了阶级斗争。他说:"专取这唯物史观(又称历

---

① ② ③ ④ 《李大钊全集》(第3卷),人民出版社,2006年,第31页。

⑤ 参见王南湜:《中国哲学精神重建之路:马克思主义哲学中国化探讨》,北京师范大学出版社,2012年,第113页。

⑥ ⑦ ⑧ 《李大钊全集》(第3卷),人民出版社,2006年,第32页。

史的唯物主义)的第一说,只信这经济的变动是必然的,是不能免的,而于他的第二说,就是阶级竞争说,了不注意,丝毫不去用这个学理作工具,为工人联合的实际运动,那经济的革命,恐怕永远不能实现,就能实现,也不知迟了多少时期。"①由此可见,他主张通过阶级斗争这一切实的能动性活动来促进或加速社会主义的实现,而不是坐等"集产制必然的降临的福音"②。一年之后,他在《唯物史观在现代史学上的价值》一文中,再度否定唯物史观是命定论的观点,肯定人的有目的性的活动的作用。他说:"有些人误解了唯物史观,以为社会的进步只靠物质上自然的变动,勿须人类的活动,而坐待新境遇的到来。因而一般批评唯物史观的人,亦有以此为口实,便说这种定命(听天由命的)人生观,是唯物史观给下(的)影响。这都是大错特错,唯物史观及于人生的影响乃适居其反。"③他认为人们应该明白唯物史观的"真意义","用以得一种新人生的了解",具备一种新人生观。"我们要晓得一切过去的历史,都是靠我们本身具有的人力创造出来,不是那个伟人、圣人给我们造的,亦不是上帝赐予我们。将来的历史,亦还是如此。现在已是我们世界的平民的时代了,我们应该自觉我们的势力,快赶[赶快]联合起来,应我们生活上的需要,创造一种世界的平民的新历史。"④很显然,在李大钊看来,唯物史观绝不是什么命定论,而是一种积极鼓励和充分肯定人们发挥自身能动性去改变世界的一种新的历史观、人生观。

最后,决定论与能动论各有其实践效用。分析和归纳李大钊阐释唯物史观的文本,可以得出他认为唯物史观阐释中的决定论与能动论各有其实践效用的结论。唯物史观是马克思主义的理论基石,它也是科学社会主义的理

---

① 《李大钊全集》(第3卷),人民出版社,2006年,第6~7页。
② 同上,第7页。
③ 同上,第221页。
④ 同上,第221~222页。

论基础，唯物史观的决定论的观念能够使人们坚信社会主义之到来是人类社会发展的一个必然现象。对此，李大钊说："也可以拿这社会主义有必然性的说，坚人对于社会主义的信仰，信他必然发生，于宣传社会主义上，的确有如耶教福音经典的效力。"①相较于唯物史观的决定论的观念所带来的实践效用，其能动论的观念的实践效用无疑要更为直接和显明。如上所述，唯物史观的能动论观念给人们带来一种新的历史观和人生观，坚信世界是可以改变的，也坚信历史是人民群众创造的。在《我的马克思主义观》中，李大钊说："历史的唯物论者既承认一阶级的团体活动，可以改造经济组织，那么一阶级的团体活动，虽未至能改造经济的程度，而有时亦未尝没有变更经济行程趋势的力量。"②他认为，一个显著的例子就是英国工联（Trade Unions）的活动，它"屡见成功，居然能够屈服经济行程的趋势"③。在此后的《艰难的国运与雄健的国民》一文中，他高度肯定了"雄健"的民族精神对于"建造国家"的巨大作用。他说："历史的道路，不全是坦平的，有时走到艰难险阻的境界。这是全靠雄健的精神才能够冲过去的。"而且他乐观地认为，"艰难境界"不能阻抑中华民族"生命的前进"，"要知在艰难的国运中建造国家，亦是人生最有趣味的事"。④

　　基于上述对唯物史观的理解，李大钊认为马克思的唯物史观存在"偏蔽"，需要"救正"。基于对马克思关于阶级斗争的历史只是人类的史前史的理解与推论，他认为"真正的历史，就是互助的历史，没有阶级竞争的历史"。既然如此，那么"近来哲学上"出现的"一种新理想主义"，以及"各国社会主义者，也都有注重于伦理的运动、人道的运动的倾向"，便"可以修正马氏的唯物论，而救其偏蔽"，"这也未必不是社会改造的曙光，人类真正历史的前

---

①②③　《李大钊全集》（第 3 卷），人民出版社，2006 年，第 32 页。
④　《李大钊选集》，人民出版社，1959 年，第 497~498 页。

兆"。①可以发现,他之所以强调人的主观能动性的活动,肯定互助和"人道的运动",重视"伦理的运动",是出于"社会改造"的需要。他认为阶级斗争的社会是人类历史的"过渡时代",而"当这过渡时代,伦理的感化,人道的运动,应该倍加努力,以图划除人类在前史中所受的恶习染,所养的恶性质,不可单靠物质的变更"。由此他指出,马克思学说在阶级社会中不重视人的道德、精神这一面的改造,是其"应加纠正的地方"。因此,他提出了一个纠正的方案:"我们主张以人道主义改造人类精神,同时以社会主义改造经济组织。不改造经济组织,单求改造人类精神,必致没有效果。不改造人类精神,单求改造经济组织,也怕不能成功。我们主张物心两面的改造,灵肉一致的改造。"②

关于李大钊的"物心两面的改造"论,下文再予以简要评价。于此先探讨另一个问题,这个问题就是:李大钊"点出"了唯物史观的内在矛盾或张力,却没有像陈独秀或胡汉民那样设法解决,使之能自圆其说,这是否意味着陈独秀或胡汉民在学理上比李大钊阐述得更为准确呢? 事实上,并非如此。陈独秀和胡汉民的解决方案,皆是将阶级斗争纳入历史必然性即"经济行程自然的变化"之中,来消解矛盾,以保证唯物史观是一元决定论。就唯物史观而言,不少学者认为胡汉民在学理上站得最高,比李大钊阐述得更为准确。因此,这里不妨将李大钊和胡汉民对唯物史观的阐释作一个对比和评判。

李大钊承认 Eugenio Rignano 反驳马克思唯物史观的一段话"可谓中了要扼",而胡汉民却对 Eugenio Rignano(胡汉民译为"列拿努")的反驳断然予以否认。他在《唯物史观批评之批评》中反驳 Eugenio Rignano 道:"这因为马克斯在《经济学批评》等著作上,既确认社会之生产力为历史的原动力。而在《共产党宣言》上又说从来的历史是阶级斗争的历史。一眼看去,狠像自相矛盾。然而仔细考求,他的学说却是一贯联络的。……阶级对立、阶级斗争,都

---

① 《李大钊全集》(第3卷),人民出版社,2006年,第34页。
② 同上,第35页。

是经济行程自然的变化。故此,在一方可以说社会生产力为历史之原动力,在他一方可以说从来的历史,是阶级斗争的历史。阶级斗争,即由社会生产力变化而来。……马克斯把一个经济行程,说得一丝不乱。凡是可以成为社会问题的,尚且要于其解决所必要的物质条件已经存在,才能发生。阶级斗争中所谓最后之胜利者,更靠作成于旧社会母胎内、使能解决敌对之必要条件。故此,他无非跟着经济不能免的道路而前进,不能认他有变更经济行程的力量。……要之,阶级斗争为共产制没落以后不能免之事实。其所以不能免,是因为社会组织要随着生产力变动而变动的原故。阶级斗争最后的解决,也是因这个原故。马克斯的话,实在没有矛盾。"①如前所述,李大钊认为马克思学说对"这个明显的矛盾","也有自圆的说法"。但是他认为马克思学说的这一"自圆的说法"实质上是"把阶级的活动归在经济行程自然的变化以内"。他认为此说虽然可以在逻辑上做到自圆其说,但是"终觉有些牵强矛盾的地方"。②这说明胡汉民对唯物史观的阐释比李大钊更深刻和更正确,或者在学理上站得更高吗? 未必如此。李大钊认为,在历史必然性与阶级斗争二者之间,并非只能二者择一,因为在他看来,这二者皆是改造社会所需要的。正如李大钊所指出的那样,胡汉民解决"这个明显矛盾"的方法实质上是"把阶级的活动归在经济行程自然的变化以内",是把阶级斗争归结到历史必然性之中。而如此一来,阶级斗争就不再是能动的活动,成了一种为历史必然性所决定的机械的活动。"这种解决方式如果展开的话,其实也就是卢卡奇借助于黑格尔辩证法所行之事。"在这种方式中,"卢卡奇最终将能动的阶级意识归结为了某种历史的必然性,虽然从理论上似乎解决了矛盾,但实际上依然消解了无产阶级意识的能动性。显然,如此理解的阶级竞争并不是

---

① 胡汉民:《唯物史观与伦理之研究》,黄昌谷编校,民智书局,1926 年,第 35~39 页;胡汉民:《中国哲学史之唯物的研究》,中国文化服务社,1940 年,第 84~86 页。

② 《李大钊全集》(第 3 卷),人民出版社,2006 年,第 31 页。

李大钊所想要的。在这种情况下,李大钊对这种解决方式持一种有保留的看法,认为虽然可以自圆,但若从改变世界的实践所要求的能动性来看,则终觉有不妥之处。故他宁可让这种矛盾存在着,而不愿用某种方式将其在词语上消解"。李大钊对唯物史观的这一内在张力持一种"存疑"的有保留的看法,"恐怕是李大钊更为深刻的地方"。①质言之,胡汉民对唯物史观的自圆其说的阐释,消解掉其存在的内在张力,以保证唯物史观为一元决定论,求得理论上的完满,但是这却是以牺牲唯物史观的理论特质、理论的深刻性为代价的;李大钊对唯物史观的这一内在张力"点而不破",却恰恰体现了他对唯物史观理解的深刻性,从而把握到了马克思主义哲学这种现代实践哲学的精神实质。

　　紧接而来的一个问题是:李大钊对唯物史观的这一内在张力为何持"点而不破"的立场呢? 首要的或根本的原因,无疑是出于改造现实中国的实践需要。从严复开始,甚或还可以上推到龚自珍那里,中国近现代哲学为何那样推崇人的自由意志、主观能动性,其根本原因就在于中国在物质文明上远远落后于西方列强,而中国要追赶西方列强,摆脱落后挨打、任人宰割的凄惨境况,唯有倍加重视和推崇人的主观精神,高度强调自由意志、主观能动性对于改变现实的巨大作用。李大钊的哲学也不例外。正是出于改造中国现实社会的实践目的,他才对唯物史观的这一内在张力持保留态度,以便保证阶级斗争等能够充分体现人的自由意志、主观能动性的活动在理论上的合法性,而不是为了理论逻辑上的自圆其说,损害能动的活动在理论上的合理依据。其次,李大钊基于其早年推崇"自由意志之理"的青春哲学,对唯物史观作了这种独特的理解。他对阶级斗争等能动的活动的看重,从理论上而言,在相当大的程度上,是他在其早期青春哲学理念的基础上对唯物史观的

---

　　①　王南湜:《中国哲学精神重建之路:马克思主义哲学中国化探讨》,北京师范大学出版社,2012 年,第 114~115 页。

独特理解。在某种意义上,这种理解可以视为其早期哲学的一种马克思主义延伸。[①]在 1915 年 8 月 10 日的《厌世心与自觉心》一文中,他说:"中国至于今日,诚已濒于绝境,但一息尚存,断不许吾人以绝望自灭。……故吾人不得自画于消极之宿命说(Determinus),以尼精神之奋进。须本自由意志之理(Theory of will),进而努力,发展向上,以易其境,俾得适于所志,则 Henri Bergson 氏之'创造进化论'(Greative Evolution)尚矣。"[②]这时的他,还在留日,而出于救国的实践目的,他推崇柏格森重视"自由意志"的生命哲学。由此可以发现,李大钊之所以重视"自由意志之理",其根本原因就在于"再造中国"。此前,在《政治对抗力之养成》一文中,他既已主张"自重其主观之意志"[③];此后,在《民彝与政治》一文中,他依然肯定"意念自由之重"[④]。因此,从理论上来探究,李大钊早年重视"自由意志之理"的青春哲学,的确影响到了他对唯物史观尤其是唯物史观这一内在张力的阐释。不过根据李大钊的思想来看,这一点是从属于他自始至终所主张的"再造中国"这一实践活动的,而这恰恰体现了理论从属于实践的实践哲学的精神实质。

对于唯物史观的这一内在张力,李大钊如是阐释,是具有现实根据和理论上的合理性的。首先,事物本身皆是矛盾体。事物也皆是通过矛盾运动而产生、变化和发展的。因此,唯物史观的这一决定论与能动论的内在张力问题,实则对于现实或实践来说,并不是一个问题,它只是理论的问题。那么,李大钊在理论上对这一内在张力"点而不破",持保留态度,恰恰是符合现实实践需要的,体现出的是实践哲学的精神特质。

---

① 参见王南湜:《中国哲学精神重建之路:马克思主义哲学中国化探讨》,北京师范大学出版社,2012 年,第 115 页。

② 《李大钊选集》,人民出版社,1959 年,第 31 页。

③ 《李大钊全集》(第 1 卷),人民出版社,2006 年,第 106 页。

④ 同上,第 150 页。

其次,实践是多层次、多视角的,而理论则是单一视角的。实践可以作多视角的解释,是一个开放的体系,但是理论必须自我完善,只可能是一个单一视角的体系。①正因为理论是单一视角的自我封闭的体系,决定论与能动论这两种视角才会在唯物史观这一理论体系中构成了矛盾。但是对于实践而言,这一矛盾,却正是实践本质的体现,也是为实践所需要的,而且也能够在实践中予以化解。因此,李大钊"点而不破"的选择是明智的,因为在理论上,这一矛盾或内在张力是无法自圆其说的,只能通过实践来解决。

再次,人和社会皆是物质与精神二元一体的结构体,因此强调个人乃至整个社会成员的主体道德的提升,在现实和理论上皆具有合理性。这就是李大钊的"物心两面改造"论合理性之所在。"物心两面改造"论往往被简单而粗暴地论断为心物二元论、唯心主义的残余,实则这正是李大钊哲学深刻的地方所在。它不但不是心物二元论、唯心主义,恰恰相反,它是对唯物史观的丰富和发展。纵使从马克思主义立场而言,他的"物心两面改造"论也是具有马克思主义的理论根据的。恩格斯晚年在关于唯物史观的五封通信中指出,作为上层建筑的社会意识具有其自身的发展规律,具有相对独立性,而且它还能够反作用于社会存在。恩格斯说:"因为我们否认在历史中起作用的各种意识形态领域有独立的历史发展,所以我们也否认它们对历史有任何影响。这是由于通常把原因和结果非辩证地看作僵硬对立的两极,完全忘记了相互作用。"②因此,人类精神和社会的改造不可能完全只靠物质和经济的改造就能自然而然地实现,它有自己独特的改造规律,还必须倚重于精神和道德的改造,也就是说,是物质与精神双重改造的结果。由此可见,李大钊的"物心两面改造"论符合恩格斯晚年关于唯物史观所提出的理论主张,具有合理性。

---

① 参见王南湜:《改变世界的哲学何以可能》(下),《学术月刊》,2012 年第 2 期。

② 《马克思恩格斯选集》(第四卷),人民出版社,1995 年,第 728 页。

最后,在现实上,生产力的发展与生产关系的变革,都需要人的能动作用的参与。唯物史观的理论出发点是实践,因此它不可能去否定人的能动性的作用。由此可见,唯物史观所说的决定论,是独立于个人的能动活动的决定论,从个人看来,社会的发展如同自然现象,个人无能为力,但它却承认团体性的主体如组织、协会,尤其是阶级如无产阶级的能动性的活动的作用,承认团体性的主体能够改变世界。如果否定了人的能动性,说马克思主义哲学是改变世界的哲学,就是一句前后矛盾的空话。质言之,李大钊对唯物史观的决定论与能动论的这一内在张力"点而不破",是一种明智选择,是其理解和阐释唯物史观深刻性的体现,初步把握到了唯物史观本质上是现代实践哲学的精神实质。

质言之,以《我的马克思主义观》为标志,李大钊转变成为一位成熟的马克思主义者,他也对马克思主义尤其是唯物史观作了比较准确而系统的阐述。在马克思主义启蒙传播期,相较而言,他对唯物史观的阐述是最完整、最系统的,在学理上是最为准确、站得最高的。这正如郭湛波先生所评价的那样:"李先生是研究历史最有成绩的人,也是唯物史观最彻底最先倡导的人;今日中国辩证法,唯物论,唯物史观的思潮这样澎湃,可说都是先生立其基,导其先河;先生可为先知先觉,其思想之影响及重要可以知矣。"[1]他甚至认为,"李守常先生在中国近五十年思想史上贡献,非他人所可比及"[2]。然而这并不意味着李大钊对唯物史观的阐释就是完全正确的,也不意味着他此后的思想皆是马克思主义的。毋庸讳言,他对唯物史观的阐释还存在着一些狭隘理解和形而上学的成分。他转变为马克思主义者之后,其唯物史观虽然已经基本成熟,但是在历史观上,他并非能够始终一致地坚持唯物史观的立场。但是瑕不掩瑜,他对马克思主义尤其是唯物史观的阐释,在基本点上是

---

[1]　郭湛波:《近五十年中国思想史》,山东人民出版社,1997年,第117页。

[2]　同上,第111页。

正确的,值得肯定。而且在马克思主义启蒙传播期,他也许是为数极少的把握到马克思主义哲学在本质上是现代实践哲学这一精神实质的中国早期马克思主义者。

第四节　中国人初释的唯物史观的理论特征

由于传播马克思主义的主要是留日知识分子以及懂俄语的人才在当时还极为稀缺等原因,国人最初接受的马克思主义,并非来自俄国,而主要来自日本。而且当时中国先进人物所能掌握的马克思主义经典作家原著的第一手资料极为贫乏。这一切都意味着,中国人最初所传播和阐释的马克思主义尤其是唯物史观,主要是来自二手资料,通过日本中转而来的。①如是以来,中国人最初所阐释的唯物史观也就难以做到符合马克思、恩格斯所阐发的唯物史观的原貌。在这样的历史境遇中,中国人最初阐释的唯物史观也就不能不具有其特有的理论特征。而且在马克思主义初传中国之时,国人并没有明确的"马克思主义哲学"的概念。马克思主义是作为一种社会主义理论被介绍进来的,而且国人接触到的马克思主义主要是唯物史观。因此,就当时的理解而言,唯物史观被认为就是马克思主义,就是社会主义学说。更为主要的是,中国早期马克思主义传播者是在狭义上理解唯物史观,唯物史观仅仅被理解为关于社会历史领域的理论和改造社会的一种科学方法论。②正因为如此,中国人最初阐释的唯物史观所具有的理论特征,主要表现在以下四个方面:其一,唯物史观即"经济史观";其二,唯物史观是"社会组织进化

---

① 参见刘岳兵:《"日本马克思主义":民国时期中国学界回望》,《读书》,2012 年第 1 期。

② 参见王玉平:《马克思主义哲学在中国的理论嬗变》,中国社会科学出版社,2005 年,第 39~40 页。

论";其三,唯物史观是科学社会主义的"根底";其四,唯物史观的核心乃"阶级竞争"。

一、唯物史观即"经济史观"

中国人最初所阐释的唯物史观最为显著的理论特征,大概要数将唯物史观作为"经济史观"来理解。在他们看来,唯物史观就是"经济史观"。第一个传播唯物史观的陈博贤,在其翻译的河上肇的《马克思的唯物史观》中便如此来理解唯物史观:"马克思的历史观,已如上述,普通称他为唯物史观,我想称他为经济史观。何以有唯物史观的名称呢?因为他说明社会上历史的变迁,注重在社会上物质的条件的变化。何以我又想称他为经济史观?因为他说明社会上历史的变迁,注重在社会上经济条件的变化。总而言之,观察社会的变迁,以物质的条件,再切适说起来,以经济的事情为中心,这就是马克思的历史观的特征了。"①值得一提的是,陈博贤认为,《共产党宣言》第一节"资产者与无产者""是应用经济的史观,来说明批评现代的社会"②——资本主义社会。胡汉民在《唯物史观批评之批评》的开篇解释唯物史观的含义时便说:"唯物史观的意义,简单说,就是以经济为中心的历史观。"他在对唯物史观的阐释中,基本上将唯物史观诠释为一种"经济一元论的历史观"。③在唯物史观在中国传播的启蒙期,不仅非马克思主义者如此诠释唯物史观,马克思主义者也是如此诠释的。李大钊认为,"唯物史观"这一概念自马克思、恩格斯在《共产党宣言》中使用之后,此后在学者中间通用的有"四种名称",即(1)"历史之唯物的概念"(The Materialistic Conception of History)、(2)"历

① [日]河上肇:《马克思的唯物史观》,渊泉译,载林代昭、潘国华编:《马克思主义在中国:从影响的传入到传播》(下册),清华大学出版社,1983年,第15页。

② 同上,第10页。

③ 胡汉民:《唯物史观与伦理之研究》,黄昌谷编校,民智书局,1926年,第1页。

史的唯物主义"(Historical Materialism)、(3)"历史之经济的解释"(The Economic Interpretation of Histories)和(4)"经济的决定论"(Economic Determinism)。李大钊认为,(1)、(2)两种概念"泛称物质",比马克思的"历史之经济的解释"的含义要广泛,因此"殊与此说的真相不甚相符"。第(4)个概念,在他看来,又有"倾于命定论、宿命论之嫌,恐怕很有流弊"。因此,他中意的是第(3)个概念即"历史之经济的解释"。[①]以"历史之经济的解释"来称呼唯物史观,也就是认为唯物史观是"经济史观"。他说:"比较起来,还是'经济史观'一辞妥当些。Seligman 曾有此主张,我亦认为合理,只以'唯物史观'一语,年来在论坛上流用较熟,故仍之不易。"[②]由此可见,在李大钊看来,"经济史观"这一概念比"唯物史观"这一概念还要更加符合马克思历史观的本意。他还解释了为何人们将唯物史观称为"经济史观":"历史的唯物论者,于那些经济以外的一切物质条件,也认他于人类社会有意义,有影响。不过因为他的影响甚微,而且随着人类的进化日益减退,结局只把他们看作经济的要件的支流罢了。因为这个缘故,有许多人主张改称唯物史观为经济史观。"[③]

二、唯物史观是"社会组织进化论"

与将唯物史观阐释为经济史观密切相关的是,国人在最初阐释唯物史观时,将之视为"社会组织进化论",而且这也是非马克思主义者和马克思主义者共同的理论立场。陈博贤在其翻译的《马克思的唯物史观》中解释了唯物史观何以称为"社会组织进化论"。其理由是:"马克思的史观所谓社会的变迁""就是社会组织变迁的意思。至少也是以社会组织变迁,为问题的中

---

①② 《李大钊全集》(第3卷),人民出版社,2006年,第216页。

③ 同上,第20页。

心。"①他进而解释了马克思为何以社会组织的进化为问题的中心。其理由是："社会主义的中心问题，在改造社会组织。马克思的研究，当然也在这一点。他研究历史，全是因为要解决这个问题的，所以他特有的历史观，不外一个社会组织变迁观，这是自然的道理。"②在他看来，社会组织的变迁就是社会制度的质变，而马克思所主张的社会组织进化论的独特之处在于，它认为"社会组织的变迁，所由来的根本原因，在经济事情的变动"③。由此可见，在陈博贤看来，马克思的"社会组织进化论"也就是"经济的史观"——经济史观。他认为马克思"把社会组织变动的原因，都归纳于社会生产力的变动。所以马克思的经济史观，毕竟是关于社会组织与社会生产力的一个学说"④。李大钊也将唯物史观阐释为"社会组织进化论"。他明确地将社会组织进化的"根本原因"归结为生产力与生产关系的矛盾运动。⑤在这一点上，陈独秀和李大钊的观点基本上是一致的。陈独秀认为唯物史观有两个"要旨"，其二就是"说明社会制度之变动"。这一"要旨"的"大意是说：社会的生产力和社会制度有密切的关系，生产力有变动，社会制度也要跟着变动，……但是一个社会制度，非到了生产力在其制度内更无发展之余地时，决不会崩坏。新制度之物质的生存条件，在旧制度的母胎内未完全成立以前，决不能产生，至少也须在成立过程中才能产生"。⑥值得一提和肯定的是，在这一点上，胡汉民基本上与李大钊和陈独秀等马克思主义者保持在同一理论水准上。他也认为"社会组织要随着生产力变动而变动"⑦。将唯物史观诠释为"社会组织进化论"，其中的"进化"一词，无疑与此前的进化论有内在的理论关联。在相

---

① ［日］河上肇：《马克思的唯物史观》，渊泉译，载林代昭、潘国华编：《马克思主义在中国：从影响的传入到传播》（下册），清华大学出版社，1983 年，第 15 页。

②③ 同上，第 16 页。

④ 同上，第 17 页。

⑤ 参见《李大钊全集》（第 3 卷），人民出版社，2006 年，第 27~28 页。

⑥ 《陈独秀文章选编》（中），生活·读书·新知三联书店，1984 年，第 193~194 页。

⑦ 胡汉民：《唯物史观与伦理之研究》，黄昌谷编校，民智书局，1926 年，第 39 页。

当大的程度上,可以说,这个词就是直接从进化论那里"拿来"的。但是中国人在唯物史观意义上所理解的"进化"与进化论所说的"进化"在实质上还是有区别的:二者本质不同的区别就在于唯物史观意义上的"进化"方式是生产力与生产关系的矛盾运动,而进化论所说的"进化"则不涉及这一含义,其"进化"方式是竞争,具体则表现为改良和革命。因此,虽然国人在阐释唯物史观时借用了此前进化论的"进化"这一概念,但是内容和本质已经不同。

三、唯物史观是科学社会主义的"根底"

唯物史观是科学社会主义的"根底",也就是说,唯物史观是科学社会主义的理论基础。中国人在初释唯物史观之时,便准确地把握到了马克思主义的这一理论要点。陈博贤在其翻译的《我的马克思主义观》中说:"马克思的社会主义,在学问上,有两大根底。其一是历史观,其一是经济论。现在我要谈的,是他的历史观,普通所谓'唯物史观'就是了。"①他率先揭橥了唯物史观是马克思社会主义或科学社会主义的理论"根底"。他的这一观点,此后国人在阐释唯物史观和科学社会主义时,予以了继承和发扬。李大钊认为,马克思学说或社会主义理论可以分为历史论、经济论和政策论三个部分,其中历史论即唯物史观是最根本的。他说:"离了他的特有的史观,去考他的社会主义,简直的是不可能。因为他根据他的史观,确定社会组织是由如何的根本原因变化而来的;然后根据这个确定的原理,以观察现在的经济状态,就把资本主义的经济组织,为分析的、解剖的研究,豫言现在资本主义的组织不久移入社会主义的组织,是必然的运命;然后更根据这个豫见,断定实现社会主义的手

---

① ［日］河上肇:《马克思的唯物史观》,渊泉译,载林代昭、潘国华编:《马克思主义在中国:从影响的传入到传播》(下册),清华大学出版社,1983 年,第 8 页。

段、方法仍在最后的阶级竞争。"①可以肯定,在李大钊看来,只有唯物史观才能够合理地说明社会主义的前因后果以及实现社会主义的手段与方法。因此,他无疑也认为唯物史观是科学社会主义的"根底"——理论基础。陈独秀虽然没有明确地说唯物史观是马克思社会主义或科学社会主义的"根底"的话,但是他无疑具有这一方面的思想。在《社会主义批评——在广州公立法政学校演词》中,他认为"近代所讲的社会主义"——马克思社会主义或科学社会主义与"理想的""古代所讲的社会主义"不同。何以不同呢? 他认为,科学社会主义的"宗旨固然也是救济无产阶级底苦恼,但是他的方法却不是理想的简单的均富论,乃是由科学的方法证明出来现社会不安底原因,完全是社会经济制度——即生产和分配方法——发生了自然的危机,要救济他的危机,先要认明现社会底经济的事实……,在这个事实的基础上面,来设法改造生产和分配底方法"②。他于此提到的科学社会主义的方法正是唯物史观的方法,而科学社会主义正是凭借这一方法而成为科学理论,从而与空想社会主义划开界限。这一点,陈独秀在此后的《马克思学说》一文中说得更为明确:"马克思社会主义所以称为科学的不是空想的,正因为他能以唯物史观的见解,说明资本主义的生产方法和资本主义的社会制度所以成立所以发达所以崩坏,都是经济发展之自然结果,是能够在客观上说明必然的因果,不是在主观上主张当然的理想,这是马克思社会主义和别家空想的社会主义不同之要点。"③

四、唯物史观的核心乃"阶级竞争"

将唯物史观与阶级斗争学说相提并论,在唯物史观在中国启蒙传播期,

---

① 《李大钊全集》(第 3 卷),人民出版社,2006 年,第 18~19 页。
② 《陈独秀文章选编》(中),生活·读书·新知三联书店,1984 年,第 85 页。
③ 同上,第 194 页。

可谓是马克思主义阐释者们的一种共识。国民党元老马君武认为，马克思的历史观就是以"阶级竞争"——阶级斗争来解释历史："马克司者，以唯物论解释历史学之人也。马氏尝谓阶级竞争为历史之钥。"①国民党的另一位元老和先烈朱执信也如此看待马克思的历史观。他说："马尔克之意，以为阶级争斗，自历史来，其胜若败必有所基。……今日吾辈所处社会方若是，于此而不探之其本原以求正焉，则掠夺不去，压制不息，阶级之争，不变犹昔，则中阶级社会与下阶级社会改善调和之方，其又将于何而得求之也。"②与非马克思主义者相较，马克思主义者更是将阶级斗争看作唯物史观的核心之点、改造社会的根本方法。李大钊认为马克思学说或社会主义理论可以分为历史论、经济论和政策论三个部分，其中历史论即唯物史观是最根本的，而历史论中的"阶级竞争"则是这三个部分的核心："他这三部分理论，都有不可分的关系，而阶级竞争恰如一条金线，把这三大原理从根本上联络起来。"③陈独秀虽然没有像李大钊那样明确地将阶级斗争视为马克思学说的核心，但是他也将阶级斗争学说与唯物史观相提并论。他认为《共产党宣言》是"马克思社会主义最重要的书，这书底精髓，正是根据唯物史观来说明阶级争斗的"④。他进而认为马克思在《共产党宣言》中以唯物史观说明阶级斗争的"要义有二"，其中一个要义就是"一切过去社会底历史都是阶级争斗底历史"⑤。尽管非马克思主义者和马克思主义者皆从阶级斗争的视角来阐释唯物史观，将二者等而视之，但是他们对待阶级斗争的思想立场却并不一致：李大钊、陈独秀等中国马克思主义者将阶级斗争视为改造中国社会的方法，也相信它

①　林代昭、潘国华编：《马克思主义在中国：从影响的传入到传播》(上册)，清华大学出版社，1983年，第76页。

②　同上，第127页。

③　《李大钊全集》(第3卷)，人民出版社，2006年，第19页。

④⑤　《陈独秀文章选编》(中)，生活·读书·新知三联书店，1984年，第195页。

的真理性和实用性；而非马克思主义者则缺乏这种理论信仰上的真诚。不只是在这一点上，而且在对待整个马克思主义的态度上，非马克思主义者与马克思主义者的态度也有这种截然不同之处。周纵策先生认为"戴季陶和胡汉民对马克思主义的态度是与李大钊不同的，前两人强调这一理论的民族主义的涵意，而李追随的是阶级斗争，这个因素导致了他们后来的分裂"①。根据历史实情，周先生此说不仅适用于戴季陶和胡汉民与李大钊对待马克思主义的态度之分歧，而且适用于整个中国非马克思主义者与中国马克思主义者对待马克思主义的态度之差异。历史地看，看不看重并践不践行阶级斗争，堪称中国马克思主义者与中国非马克思主义者对待马克思主义的分水岭，换言之，二者正是由此而分道扬镳的。

从中国人初释的唯物史观的理论特征可以看出，中国人在初释唯物史观时还存在着一些理论缺陷，其中最为根本的理论缺陷便是他们还没有认识到唯物史观在本质上是现代实践哲学，其思维方式是不同于理论哲学的实践哲学。不过，历史主义地来看，对李大钊等这些初释唯物史观的先贤，在学理上不可太过于苛求。由于特殊的历史条件，中国先进人物"并非是出于理论兴趣而关注马克思主义的，而主要是出于实践兴趣而找到马克思主义的，他们甫一找到这一利器便立刻投入使用，而未给自己留下多少在思想中先行操练的时间"②。因此，中国人初释唯物史观时，存在着"理论准备不足"的问题。③此外，中国人在初释唯物史观时所掌握的唯物史观原典是极为有限的。这一点，李大钊有清醒的认识。他在《我的马克思主义观》一文第一节结尾中说："我们把这些零碎的资料，稍加整理，乘本志出'马克思研究号'的

---

① 周纵策：《五四运动：现代中国的思想革命》，江苏人民出版社，1996年，第411页。

② 王南湜：《中国哲学精神重建之路：马克思主义哲学中国化探讨》，北京师范大学出版社，2012年，第106页。

③ 参见王南湜：《中国哲学精神重建之路：马克思主义哲学中国化探讨》，北京师范大学出版社，2012年，第106~109页。

机会,把他转介绍于读者,……万一因为作者的知能浅陋,有误解马氏学说的地方,亲爱的读者肯赐以指正,那是作者所最希望的。"①这大概不仅仅是一种必要的"自谦之词",也是其掌握的资料的确有限的一种"实话实说"。因此,公允地说,在掌握的资料极为贫乏而有限的情况下,李大钊等人对唯物史观的阐释在学理上能够做到基本正确,达到如此的高度,已经实属难为可贵了。

---

① 《李大钊选集》,人民出版社,1959 年,第 173~174 页。

结 语

　　鸦片战争之后，在中国近现代社会，一个时代课题被逐步提上日程。这个时代课题就是"中国向何处去"。这一时代课题决定了中国近现代乃至当代哲学的基本发展趋势和基本理论内容。近代以来的中国哲学，在相当大的程度上，都可以说是对这一时代课题的反映与回应。自龚自珍、魏源始，中国近现代的无数先哲便一直围绕这一时代课题在苦苦寻思。

　　龚自珍、魏源一般被视为中国近代哲学的开风气之先者，但是真正拉开中国近代哲学帷幕的是严复。他是通过引介和重构西方进化论、为国人提供了一种新的世界观而拉开这一帷幕的。他的"天演"进化论奠定了中国式进化论的基本理论范式，其天人相合相分的逻辑结构基本上为中国式进化论所遵循。革命派进化论的逻辑虽然更加突出人的主观能动性和自我的独立性，但是其逻辑也是在严复"天演"进化论逻辑结构上的进一步深化——将人道从天道中彻底地独立出来，强调人道完全不同于天道，有其自身的进化规律。严复"天演"进化论定下的渐进进化的理论基调，基本上为改良派的进化论所恪守。革命派抛却渐进进化的改良主义理路，使进化论"革命"化了，从而使渐进性进化论质变为激进性进化论，进化论从主张无突变、无飞跃到主张有突变、有飞跃。但革命派对进化论的这一理论改造，无疑也是基于严复所开创的改良主义进化论之上的。质言之，应该首肯甚或凸显严复开创新世界观——进化论的历史功绩。

严复、康有为、梁启超、谭嗣同等人以渐进性进化论作为变法运动的理论武器，历史地看，这样的理论选择，既符合他们自身的境况，也符合当时的中国历史情势。但是当中国历史已经走向了革命之时，他们却依然恪守渐进进化的改良主义立场，这就是落后于时代的表现了，因而就从历史潮流的前头掉到了历史潮流的后头，那么他们被历史潮流所抛弃，也就在所难免了。改良主义进化论之后，继起的是"革命"化的革命民主主义进化论。革命派以这种"革命"化的激进性进化论作为其革命实践活动的指导思想，推翻了两千多年的君主专制制度。这说明他们对进化论的"革命"化的理论改进是成功的，是具有历史合理性的。但是由于革命派自身势力的弱小和天生的软弱性，辛亥革命带给中国的不是民主共和欣欣向荣的景象，而是军阀混战、民生更加凋敝的乱世。国人由此便开始反思一直以"竞争"为进化法则的进化论。革命派的领袖孙中山在辛亥革命之后不久便开始主张"互助"而反对弱肉强食的"竞争"法则。克鲁泡特金的互助论正是在国人开始反思进化论的"竞争"法则的时代背景下传入并在中国兴起的。但由于近代中国是一个备受西方列强以及东洋日本欺凌的国度，这一基本历史境况致使国人只是怀疑"竞争"，而从未敢放弃"竞争"。因此，互助论在中国并没有完全取代此前的进化论，而是与此前的进化论发生了融合，生发出来的是"竞争"与"互助"并重的中国式进化论。传播互助论的主要是无政府主义者。这一群人在中国倡导、践行的无政府主义运动，具有非常大的空想性。通而观之，其实践活动自始至终近乎闹剧。因此，互助论和无政府主义不可能帮国人找到真正的出路。陈独秀发起的新文化运动将"炮口"对准了以孔子为代表的传统文化，以资本主义文化的精华——民主和科学思想来反思和批判中国传统文化，在中国开展了一场轰轰烈烈的启蒙运动。但是它也只是启蒙运动，和此前的思想运动一样，并没有能够使中国现实发生改观。新文化运动过后，中国依然是一个半殖民地半封建社会的国度。在思想启蒙上，新文化运动无疑是相当成功的；但是在革新中国上，它却同样可谓是失败的。恰逢其时，俄国十月革命在新文化运动期间爆发，而五四运动的爆发，直接将中国无产阶级推上了历史舞台。陈独秀、李大钊、毛泽东等一部分中国先进人物在此期间纷纷转变思想立场，信奉了马克思主义。唯物史观便在这样的历史背景之下应运而兴了。

进化论转变到唯物史观的因素无疑很多，但是首要的因素则是中国近现代社会现实实践尤其是政治实践的需要。就其理论因素而言，则主要表现在如下三个方面：其一，二者皆内蕴着历史观上的决定论和能动论的内在理论张力，这可谓二者的逻辑同构性；其二，二者在世界观和历史观等方面存在着理论内容的共性，这可谓二者的内在理论共通性；其三，唯物史观在世界观和历史观等方面超越了进化论，这可谓唯物史观的合理性。此外应该提及的是，从进化论到唯物史观的转变，实质上便是从理论哲学到实践哲学的思维方式的转换。

由于近现代中国落后于西方列强乃至东洋日本的这一基本历史境况，唯物史观和此前的进化论一样，中国人在初释它时，也主要是将之作为一种科学的方法论来阐释的。中国人的确将之视为一种科学的社会主义理论，但是他们的理论视域却是方法论——认为它是一种比进化论更为科学、更为合理、更能有效改变中国现实社会的方法论。李大钊对唯物史观的阐释代表了当时国人对唯物史观阐释的最高理论水准。尤其值得肯定的是，他意识到了唯物史观的内在理论张力即决定论与能动论的矛盾，但是他并没有像陈独秀、胡汉民等人那样想办法自圆其说，而是选择了存疑的立场，对之"点而不破"。这恰恰是他高明的地方所在。因为这是实践智慧的体现，契合了马克思主义哲学的精神实质。

李大钊之后，马克思主义哲学在中国的传播进入了第二时期。这个时期可以称为马克思主义哲学在中国的系统化或体系化时期。在这个时期，中国共产党人开始依照苏联教科书模式来阐释马克思主义哲学。瞿秋白开其先河，李达和艾思奇取得的成绩最大。①他们建构起来的马克思主义哲学是实体性的理论哲学，既有利也有弊。在当时的历史境况中，教科书体系哲学发挥了巨大启蒙作用。它的首要价值便是通过将马克思主义哲学诠释为一种决定论，通过合理的解释世界而掌握了群众，鼓动无数群众踊跃参加了革新旧中国的革命实践。但是被诠释为辩证唯物主义的马克思主义哲学却从根本上改变了唯物史观的论证方式，使得马克思基于科学的客观性与实践的能动性的双重逻辑的论证变成了基于科学的决定论式的单一逻辑的论证，从而也就使教科书体系哲学埋下了后来在中国不适的"种子"。②毛泽东与他们走的是一条不同的道路。他将马克思主义哲学基本原理运用于中国革命的实践之中，从实践中发展出了自己的哲学。从《反对本本主义》开始，毛泽东在理论上就初步领悟到了马克思主义哲学的真精神，认识到马克思主义哲学是一种现代实践哲学。从此，他所走的一条哲学之路便是实践哲学之路。在这条哲学之路上，他取得了以《实践论》和《矛盾论》这"两论"为代表的丰硕果实，从而也就真正实现了马克思主义哲学的中国化。

在从进化论到唯物史观的理论演进与转变这一思想历程中，中国先进人物秉承了自先秦以来中国先哲以天下为己任的积极有为的优秀传统，一直努力在为解决中国的问题寻找出路。他们基本上完成了中国哲学从传统

---

① 参见王南湜：《中国哲学精神重建之路：马克思主义哲学中国化探讨》，北京师范大学出版社，2012年，第116~146页。

② 参见王南湜：《重估哲学教科书体系的意义——从启蒙理性科学主义被纳入之后果视角的考察》，《学习与探索》，2014年第3期。

到现代的转型。这些都是值得肯定的地方。但是就理论教训而言,这一思想历程中值得注重的理论缺陷主要有三个方面,其中首要的便是实践哲学思维方式的始终缺失。这一理论缺失可谓这一思想历程的一个根本性的理论缺陷,而且它逻辑地导致了其他两个方面的理论缺陷即世界观与真理观的"貌合神离"和理论与方法的"欲合终分"。总结从进化论到唯物史观在中国的理论演进与转变的理论缺陷,不仅仅在于指出其理论缺陷,更重要的是通过反思这些理论缺陷揭示中国当代哲学的发展趋势。从中国近现代以来的历史情况与理论发展情况来看,中国当代哲学的发展趋势在以下三个方面值得着重强调。

其一,中西哲学的融合必须立足现实实践。检视和反思自近代以来的中西理论冲突与融合的实情,可以得出一个结论:中西理论要在中国融合而结出果实,必须立足现实实践。毛泽东哲学之前的中西哲学融合,之所以不能结出硕果,就在于其融合只是理论与理论之间的融合,而没有真正基于中国的现实实践进行中西理论的融合与创新。这就好比油与水的融合,其结果所得也就只能是"油浮水上",而不能做到"水乳交融"。

其二,实践哲学是中国当代哲学发展的必然趋势。检视与反思从进化论到唯物史观的理论演进与转变这一思想历程,可以认识到其根本理论缺陷就在于实践哲学思维方式的缺失。一代又一代中国先进人物以这种本质上是理论哲学的哲学指导改造中国的实践活动,结果皆失败了,而其后的毛泽东实践哲学却取得了改造中国的成功。由此,理应得出一个结论:实践哲学是中国现代及其当代哲学发展的必然趋势。可惜的是,新中国成立后,中国哲学的发展又重蹈了理论哲学的覆辙。首先是苏联教科书模式笼罩下的实体性哲学。其次,20世纪80年代随着改革开放的推进,中国哲学界开始反思以苏联教科书模式为理论范式的实体性哲学,由于主体性意识得到重视,结果,主体性哲学一度成了哲学的主流。然而不管是实体性哲学抑或主体性哲学,其理论出发点都是理论观念,而非现实实践,因此它们都属于理论哲学而非实践哲学。20世纪90年代,实践哲学开始在中国兴起。学界逐步认识到马克思主义哲学在本质上是现代实践哲学,其哲学革命的实质是思维方式的革命,而其思维方式是实践哲学,根本不同于西方古代的实体性理论哲学和西方近代的主体性理论哲学,并认识到中国当代哲学的出路在于回归实践哲学的理路,即以毛泽东实践哲学为哲学创新的理论典范。可以断言,中国当代哲学的主流是实践哲学。新中国成立之后哲学发展的理论得失也表明,实践哲学是中国当代哲学发展的必然趋势。质言之,中国当代哲学发展的出路在于回归实践哲学,以毛泽东实践哲学这一马克思主义哲学中国化之成功典范为榜样,基于中国的现实实践,创造出中国当代的新实践哲学。

其三,哲学创新是中国当代哲学发展的精魂。当代中国哲学要发展,必须倚重于理论创新,而不能只是停留于经典阐释与介绍外来哲学。因为只有理论创新,才能真正获得中国当代哲学的发展。因此,理论创新堪称中国当代哲学发展的精魂。哲学是对人类现实生活问题的反思,并对现实问题提出理论上的解决方案。人类现实生活的基本问题是现实与理想或者必然与自由的矛盾或对立问题。因此,哲学的创新就在于对这一矛盾或对立的解决提供理论智慧,尤其是实践智慧。为了避免重蹈理论哲学思维方式的覆辙,中国当代哲学创新必须以实践哲学作为理论创新的理论范式,立足于中国的现实实践,创造出能够解决中国现实生活问题以及能够满足中国人精神需求的中国当代哲学。中国的现实必然不同于西方的现实,不同于任何别的地域或国家的现实,而且中国的文化传统也不同于西方的传统文化,不同于别的地域或国家的传统文化,具有中国的特性。这些特性正是中国的哲学工作者进行哲学创新的理论前提,必须予以注意和注重。

在黑格尔看来,哲学的发展就是"思想"的自我运动。他认为,近代哲学的基本问题就在于解决思维与存在的统一。如果思维与存在实现了统一,也就是"思想"实现了哲学意义上或本质性的回归。正因为如此,他认为标志着近代哲学之肇端的"笛卡尔哲学的精神是认识,是思想,是思维与存在的统一"①。他的哲学及其哲学史著作——《哲学史讲演录》在相当大的程度上可谓对他的这一哲学观点的论证和践行。他的这种哲学观是一种典型的理论哲学的哲学观。实践哲学的哲学观反是。实践哲学认为,理论从属于实践,理论理性决定于实践理性。那么在实践哲学看来,哲学不过是对人类生活的高度抽象与反思。当然,实践哲学是充分肯定人的能动性活动的作用的,肯定理论对实践的反作用,肯定理论对实践的范导性批判功能与意义。

检视和反思从进化论到唯物史观的理论演进与转变,可以得出一个结论:中国近现代哲学的根本性理论缺陷是实践哲学思维方式的缺失。这一思想历程充分证明了理论哲学的不可取,也同时证明了实践哲学是现代哲学包括中国当代哲学的必然发展趋势和正确理路。既然实践哲学是中国当代哲学发展的必然趋势,而毛泽东哲学又是一个成功的实践哲学之典范,那么从某种意义上来说,中国当代哲学的理论创新,应该提出"从毛泽东出发"的号召——从毛泽东哲学出发,开创出中国新时代的实践哲学。

---

① [德]黑格尔:《哲学史讲演录》(第4卷),贺麟、王太庆译,商务印书馆,1978年,第67页。

参考文献

一、中文著作

1.《马克思恩格斯选集》(一—四卷),人民出版社,1995 年。

2.《马克思恩格斯全集》(中文 2 版),人民出版社。

3.恩格斯:《自然辩证法》,人民出版社,1955 年。

4.《列宁选集》(一—四卷),人民出版社,1995 年。

5.《斯大林选集》(上下卷),人民出版社,1979 年。

6.《毛泽东书信选集》,人民出版社,1983 年。

7.《毛泽东著作选读》(上下册),人民出版社,1986 年。

8.《毛泽东哲学批注集》,中央文献出版社,1988 年。

9.《毛泽东选集》(一—四卷),人民出版社,1991 年。

10.《毛泽东早期文稿》,湖南人民出版社,1990 年。

11.《毛泽东文集》(一—八卷),人民出版社,1993—1999 年。

12.北京大学哲学系外国哲学史教研室编译:《西方哲学原著选读》(上下

卷),商务印书馆,2004年。

　　13.本书编写组:《马克思主义哲学》,高等教育出版社,人民出版社,2009年。

　　14.《蔡元培全集》,中华书局,1984年。

　　15.《陈独秀文章选编》,生活·读书·新知三联书店,1984年。

　　16.《陈独秀著作选》,上海人民出版社,1993年。

　　17.陈汉楚编著:《社会主义在中国的传播和实践》,中国青年出版社,1984年。

　　18.陈晋:《毛泽东读书笔记解析》(上),广东人民出版社,1996年。

　　19.《陈天华集》,湖南人民出版社,1982年。

　　20.丁守和、殷叙彝编著:《从五四启蒙运动到马克思主义的传播》,生活·读书·新知三联书店,1979年。

　　21.丁文江、赵丰田编:《梁启超年谱长编》,上海人民出版社,1983年。

　　22.董小燕:《严复思想研究》,浙江大学出版社,2006年。

　　23.《董仲舒集》,学苑出版社,2003年。

　　24.杜恂诚:《民族资本主义与旧中国政府(1840—1937)》,上海社会科学院出版社,1991年,第99页。

　　25.冯契:《中国近代哲学的革命进程》,上海人民出版社,1989年。

　　26.高瑞泉:《天命的没落——中国近代唯意志论思潮研究》,上海人民出版社,1991年。

　　27.葛兆光:《域外中国学十论》,复旦大学出版社,2002年。

　　28.故宫博物院明清档案部编:《清末筹备立宪档案史料》(上册),中华书局,1979年。

　　29.郭湛波:《近五十年中国思想史》,山东人民出版社,1997年。

　　30.何寅、许光华主编:《国外汉学史》,上海外语教育出版社,2000年。

　　31.侯外庐:《中国近代学说史》(上下册),生活书店,1947年。

32.侯外庐主编、张岂之等编著:《中国近代哲学史》,人民出版社,1978 年。

33.胡汉民:《唯物史观与伦理之研究》,黄昌谷编校,民智书局,1926 年。

34.胡汉民:《中国哲学史之唯物的研究》,中国文化服务社,1940 年。

35.胡绳:《从鸦片战争到五四运动》,人民出版社,1981 年。

36.《胡适文集》,北京大学出版社,1998 年。

37.黄楠森、庄福龄、林利主编:《马克思主义哲学史》(第六卷),北京出版社,1989 年。

38.姜义华编:《社会主义学说在中国的初期传播》,复旦大学出版社,1984 年。

39.蒋庆:《公羊学引论》,辽宁教育出版社,1995 年。

40.金观涛、刘青峰:《中国现代思想的起源:超稳定结构与中国政治文化的演变》,法律出版社,2011 年。

41.晋荣东:《李大钊哲学研究》,华东师范大学出版社,2000 年。

42.康有为:《大同书》,邝柏林选注,辽宁人民出版社,1994 年。

43.《康有为全集》,中国人民大学出版社,2007 年。

44.康有为:《万木草堂口说》,中华书局,1988 年。

45.《康有为政论集》,中华书局,1981 年。

46.《李达文集》(第 1 卷),人民出版社,1980 年。

47.《李大钊全集》,人民出版社,2006 年。

48.《李大钊选集》,人民出版社,1959 年。

49.李其驹、王炯华、张耀先主编:《马克思主义哲学在中国:从清末民初到中国人民共和国成立》,上海人民出版社,1991 年。

50.李泽厚:《马克思主义在中国》,生活·读书·新知三联书店,1988 年。

51.李泽厚:《中国古代思想史论》,人民出版社,1985 年。

52.李泽厚:《中国近代思想史论》,人民出版社,1979 年。

53.李泽厚：《中国现代思想史论》，东方出版社，1987年。

54.梁启超：《清代学术概论》，朱维铮导读，上海古籍出版社，1998年。

55.《梁启超全集》，北京出版社，1999年。

56.《梁启超选集》，李华兴、吴嘉勋编，上海人民出版社，1984年。

57.《梁启超哲学思想论文选》，北京大学出版社，1984年。

58.梁漱溟：《东西文化及其哲学》（修订版），商务印书馆，1999年。

59.林代昭、潘国华编：《马克思主义在中国：从影响的传入到传播》（下册），清华大学出版社，1983年。

60.刘放桐等编著：《新编现代西方哲学》，人民出版社，2000年。

61.刘建军：《李大钊思想评传》，福建人民出版社，2011年。

62.《刘师培文选》，李妙根编选，上海远东出版社，1996年。

63.吕明灼：《李大钊思想研究》，河北人民出版社，1983年。

64.冒从虎等编著：《欧洲哲学通史》，南开大学出版社，1985年。

65.彭明、程啸主编：《近代中国的思想历程（1840—1949）》，中国人民大学出版社，1999年。

66.皮后锋：《严复评传》，南京大学出版社，2006年。

67.皮明庥：《近代中国社会主义思潮觅踪》，吉林文史出版社，1991年。

68.《孙中山全集》，中华书局，1981—1986年。

69.《孙中山选集》，人民出版社，1981年。

70.《孙中山选集》，人民出版社，1957年。

71.《谭嗣同全集》（增订本），中华书局，1981年。

72.田子渝等：《马克思主义在中国初期传播史：（1918—1922）》：学习出版社，2012年。

73.汪晖：《现代中国思想的兴起》（下卷），生活·读书·新知三联书店，2004年。

74.汪澍白、张慎恒:《毛泽东早期哲学思想探原》,中国社会科学出版社、湖南人民出版社,1983年。

75.王南湜:《社会哲学:现代实践哲学视野中的社会生活》,云南人民出版社,2001年。

76.王南湜:《中国哲学精神重建之路:马克思主义哲学中国化探讨》,北京师范大学出版社,2012年。

77.王南湜:《追寻哲学的精神:走向实践哲学之路》,北京师范大学出版社,2006年。

78.王蘧常:《严几道年谱》,商务印书馆,1936年。

79.王守常等:《马克思主义哲学在中国》,首都师范大学出版社,2002年。

80.王玉平:《马克思主义哲学在中国的理论嬗变》,中国社会科学出版社,2005年。

81.王中江:《进化主义在中国》,首都师范大学出版社,2002年。

82.《魏源集》,中华书局,1976年。

83.《翁同龢日记》,中华书局,1997年。

84.《无政府主义思想资料选》,葛懋春等编,北京大学出版社,1991年。

85.吴剑杰编著:《中国近代思潮及其演进》,武汉大学出版社,1989年。

86.吴丕:《进化论与中国激进主义》,北京大学出版社,2005年。

87.吴晓明:《形而上学的没落——马克思与费尔巴哈关系的当代解读》,人民出版社,2006年。

88.吴雁南、冯祖贻、苏中立、郭汉民主编:《中国近代社会思潮》(1—4卷),湖南教育出版社,1998年。

89.《五四时期的社团》(一),张允候等编,生活·读书·新知三联书店,1979年。

90.萧萐父、李锦全主编:《中国哲学史》,人民出版社,1982-1983年。

91.《辛亥革命前十年间时论选集》，张枏、王忍之编，生活·读书·新知三联书店，1977年。

92.《新政真诠——何启 胡礼垣集》，郑大华点校，辽宁人民出版社，1994年。

93.徐素华：《马克思主义哲学在中国：传播、应用、形态、前景》，北京出版社，2002年。

94.许全兴：《李大钊哲学思想研究》，北京大学出版社，1989年。

95.《严复集》，中华书局，1986年。

96.严中平等编：《中国近代经济史统计资料选辑》，科学出版社，1955年。

97.《"一大"前后》(二)，人民出版社，1980年。

98.《〈饮冰室合集〉集外文》，夏晓虹辑，北京大学出版社，2005年。

99.《饮冰室合集》，中华书局，1989年。

100.余英时：《现代危机与思想人物》，生活·读书·新知三联书店，2005年。

101.曾乐山：《马克思主义哲学的中国化及其历程》，华东师范大学出版社，1991年。

102.张汝伦：《现代中国思想史》，上海人民出版社，2001年。

103.张西平主编：《西方汉学十六讲》，外语教学与研究出版社，2011年。

104.张一兵：《回到马克思——经济学语境中的哲学话语》，江苏人民出版社，1999年。

105.张一兵主编：《马克思哲学的历史原像》，人民出版社，2009年。

106.《张之洞全集》(第3册)，赵德馨主编；吴剑杰、周秀鸾等点校，武汉出版社，2008年，第414页。

107.《章太炎选集》，上海人民出版，1981年。

108.郑观应：《盛世危言》，中州古籍出版社，1998年。

109.《郑孝胥日记》(第1册)，中华书局，1993年。

110.中国革命博物馆、湖南省博物馆编：《新民学会资料》，人民出版社，

1980 年。

111.中国李大钊研究会编:《李大钊研究论文集》,人民出版社,1999 年。

112.周聿峨、陈红民:《胡汉民》,广东人民出版社,1994 年。

113.《朱执信集》,中华书局,1979 年。

二、中译文著作

1.[美]埃德加·斯诺:《西行漫记》,董乐山译,生活·读书·新知三联书店,1979 年。

2.[英]安东尼·吉登斯:《社会的构成——结构化理论大纲》,李康、李猛译,生活·读书·新知三联书店,1998 年。

3.[日]柄谷行人:《跨越性批判——康德与马克思》,赵京华译,中央编译出版社,2011 年。

4.[英]达尔文:《人类的由来及性选择》,叶笃正、杨习之译,科学出版社,1982 年。

5.[英]达尔文:《物种起源》,谢蕴贞译,科学出版社,1972 年。

6.[日]广松涉:《唯物史观的原像》,邓习议译,南京大学出版社,2009 年。

7.[德]哈贝马斯:《交往行动理论》,洪佩郁、蔺青译,重庆出版社,1994 年。

8.[美]郝大维、安乐哲:《汉哲学思维的文化探源》,施忠连译,江苏人民出版社,1999 年。

9.[美]郝大维、安乐哲:《孔子哲学思微》,蒋弋为、李志林译,江苏人民出版社,1996 年。

10.[美]郝大维、安乐哲:《期望中国:对中西文化的哲学思考》,施忠连等译,学林出版社,2005 年。

11.[英]赫胥黎:《进化论与伦理学》,《进化论与伦理学》翻译组译,科学出版社,1971 年。

12.[德]黑格尔:《哲学史讲演录》(1—4 卷),贺麟、王太庆译,商务印书馆,2009 年。

13.[日]后藤延子:《李大钊思想研究》,王青译,中国社会出版社,1999 年。

14.[德]卡西尔:《人论》,甘阳译,上海译文出版社,2003 年。

15.[俄]克鲁泡特金:《互助论》,李平沤译,商务印书馆,2009 年。

16.[美]林毓生:《中国意识的危机——"五四" 时期激烈的反传统主义》,穆善培译,贵州人民出版社,1988 年。

17.[匈]卢卡奇:《历史与阶级意识——关于马克思主义辩证法的研究》,杜章智、任立、燕宏远译,商务印书馆,1992 年。

18.[匈]马尔库什:《语言与生产:范式批判》,李大强、李斌玉译,黑龙江大学出版社,2011 年。

19.[美]米歇尔·艾伦·吉莱斯皮:《现代性的神学起源》,张卜天译,湖南科学技术出版社,2012 年。

20.[美]莫里斯·迈斯纳:《李大钊与中国马克思主义的起源》,中共北京市委党史研究室编译组译,中共党史资料出版社,1989 年。

21.[英]皮特·J.鲍勒:《进化思想史》,田洺译,江西教育出版社,1999 年。

22.[美]浦嘉珉:《中国与达尔文》,钟永强译,江苏人民出版社,2008 年。

23.[日]石川祯浩:《中国共产党成立史》,袁广泉译,中国社会科学出版社,2006 年。

24.[美]史华兹:《寻求富强:严复与西方》,叶凤美译,江苏人民出版社,2005 年。

25.[美]梯利:《西方哲学史》,葛力译,商务印书馆,1995 年。

26.[日]望月清司:《马克思历史理论的研究》,韩立新译,北京师范大学出版社,2009 年。

27.［美］萧公权：《近代中国与新世界：康有为变法与大同思想研究》，王荣祖译，江苏人民出版社，1997年。

28.［意］安东尼奥·葛兰西：《狱中札记》，葆煦译，人民出版社，1983年。

29.［德］尤尔根·哈贝马斯：《理论与实践》，郭官义，李黎译，社会科学文献出版社，2004年。

30.［美］张灏：《梁启超与中国思想的过渡（1890—1907）》，崔志海、葛夫平译，江苏人民出版社，1997年。

三、期刊论文

1.陈国庆、刘惠娟：《严复对进化论的选择与创新》，《西北大学学报》（哲学社会科学版），2003年第1期。

2.陈蓉霞：《进化论研究的新动向》，《学术界》，2010年第1期。

3.陈卫平：《论中国近代资产阶级革命派进化论的特征》，《哲学研究》，1991年第7期。

4.陈卫平：《器道升替：中国近代进化论的历程》，《学术界》，1997年第1期。

5.陈卫平：《"五四"新文化运动中的进化论》，《哲学研究》，1996年第4期。

6.陈卫平：《中国近代的进化论与政治思潮》，《华东师范大学学报》（哲学社会科学版），1995年第6期。

7.陈卫平：《中国近代进化论思潮形成的内在逻辑》，《文史哲》，1996年第3期。

8.程倩春：《达尔文进化论对近现代哲学的影响》，《云南大学学报》（社会科学版），2008年第3期。

9.单继刚：《社会进化论：马克思主义哲学在中国的第一个理论形态》，《哲学研究》，2008年第8期。

10.段忠桥:《为什么说〈提纲〉其实就是历史唯物主义的起源》,《学习与探索》,2009 年第 1 期。

11.冯洁:《从"进化论"的式微转变看马克思主义中国化》,《天津行政学院学报》,2011 年第 5 期。

12.高放:《中国近现代史上三次探索社会主义的热潮》,《人文杂志》,1981 年第 5 期。

13.高孔融:《李大钊和鲁迅怎样从进化论唯物论向马克思主义转化》,《福建师范大学学报》(哲学社会科学版),1987 年第 1 期。

14.高力克:《革命进化论与陈独秀的启蒙激进主义》,《华东师范大学学报》(哲学社会科学版),2010 年第 3 期。

15.龚书铎、董贵成:《50 年来的中国近代思想史研究》,《近代史研究》,1999 年第 5 期。

16.郝立新:《历史唯物主义的理论本质和发展形态》,《中国社会科学》,2012 年第 3 期。

17.贺来:《历史唯物主义的辩证本性》,《中国社会科学》,2012 年第 3 期。

18.侯波:《斯宾塞社会进化学说与达尔文进化论之考异》,《求索》,2009年第 12 期。

19.侯永刚:《历史唯物主义视域中的现实的个人——从近代主体困境中走出》,复旦大学 2005 年博士学位论文。

20.胡卫清:《近代来华传教士与进化论》,《世界宗教研究》,2001 年第 3 期。

21.黄熹:《儒学形而上体系的最初建构——〈五行〉所展示的儒学形而上体系》,《中国哲学史》,2001 年第 3 期。

22.蒋大椿:《五四运动前唯物史观理论在中国的传播》,《安徽史学》,1995 年第 2 期。

23.邝柏林:《从古代传统的变易史观到近代历史进化论》,《孔子研究》,

1988 年第 3 期。

24.李波:《进化论对马克思主义哲学在中国早期传播的影响——以李大钊为例》,《西北工业大学学报》(社会科学版),2008 年第 4 期。

25.李其驹、王炯华:《唯物史观在中国的最初传播》,《东岳论丛》,1983 年第 5 期。

26.李彦林:《海外李大钊马克思主义观研究》,《社会科学评论》,2009 年第 1 期。

27.蔺淑英:《"五四"前后中国先进分子选择唯物史观探源》,《中共党史研究》,2009 年第 11 期。

28.刘福堂:《试论达尔文进化论与马克思主义哲学的关系》,《云南社会科学》,1983 年第 2 期。

29.刘天顺:《达尔文的进化论属于马克思主义哲学产生的科学基础吗?》,《北京师范大学学报》(社会科学版),1980 年第 1 期。

30.刘岳兵:《"日本马克思主义":民国时期中国学界回望》,《读书》,2012 年第 1 期。

31.吕明灼:《李大钊思想从进化论到阶级论的发展》,《哲学研究》,1982年第 3 期。

32.彭新武:《进化论在社会科学中的应用及其问题》,《中国人民大学学报》,2004 年第 3 期。

33.钱立火:《〈资本论〉与唯物史观》,复旦大学 2004 年博士学位论文。

34.隋淑芬、余灵灵:《进化论语境中的中西文化比较——近代以来的一种文化比较模式》,《求是学刊》,2005 年第 6 期。

35.孙建华:《论马克思主义在中国的早期传播及其中国化的基础——从进化论"道"之裂变到唯物史观的确立》,《河南社会科学》,2010 年第 1 期。

36.田湘波:《陈独秀何时转变为马克思主义者》,《湖湘论坛》,2002 年第

2 期。

37.王福生:《历史唯物主义与马克思的自然观》,《学术月刊》,2011 年第 12 期。

38.王贵仁:《从"史学革命"到"唯物史观"的传播——试析唯物史观在中国传播的历史学逻辑》,《求索》,2008 年第 8 期。

39.王民:《严复"天演"进化论对近代西学的选择与汇释》,《东南学术》,2004 年第 3 期。

40.王南湜:《范式转换:从本体论、认识论到人类学——近五十年中国主流哲学的演变及其逻辑》,《南开学报》(哲学社会科学版),2000 年第 6 期。

41.王南湜:《改变世界的哲学何以可能(下)——一个基于行动者与旁观者双重视角的构想》,《学术月刊》,2012 年第 2 期。

42.王南湜:《历史唯物主义何以可能——历史唯物主义之"历史"双重意义的统一性》,《学习与探索》,2009 年第 5 期。

43.王南湜:《认真对待马克思的"历史科学"概念——关于历史唯物主义理论特征的再理解》,《哲学研究》,2010 年第 1 期。

44.王南湜、谢永康:《历史唯物主义的再理解——以历史概念作为切入点》,《河北学刊》,2005 年第 5 期。

45.王秋安:《进化论对唯物史观的意义》,《晋中学院学报》,2011 年第 1 期。

46.王晓明:《西方进化论与近代中国社会》,《教学与研究》,2005 年第 10 期。

47.王贻社:《中国近代进化论哲学的发展演变》,《山东大学学报》(哲学社会科学版),2004 年第 3 期。

48.吴忠希:《进化论是马克思主义哲学产生的自然科学基础之一》,《内蒙古师范大学学报》(哲学社会科学版),1985 年第 2 期。

49.萧公权:《书评——Confucianism and Modern China》,《清华大学学报》(自然科学版),1935 年第 4 期。

50.张岱年:《王船山的理势论》,《船山学报》,1985 年第 1 期。

51.张洪波:《进化论与陈独秀早期思想》,《当代世界与社会主义》,2006 年第 4 期。

52.张立波:《唯物史观在中国的早期传播:理论旨趣与现实指向》,《哲学研究》,2010 年第 8 期。

53.张立波:《唯物史观在中国的早期传播:批评与辩护》,《学习与探索》,2010 年第 3 期。

54.张荣明:《近百年中国思想史研究探索与反思》,《西北大学学报》(哲学社会科学版),2009 年第 3 期。

55.张玉宝:《马克思与进化论——对马克思与达尔文学说关系的重新思考》,《社科纵横》,2011 年第 10 期。

56.张增一:《达尔文的方法论与进化论争论》,《自然辩证法研究》,2003 年第 2 期。

57.赵敦华:《哲学的"进化论转向"——再论西方哲学的危机和出路》,《哲学研究》,2003 年第 7 期。

58.邹振环:《20 世纪轰动中国的〈互助论〉》,《民国春秋》,1995 年第 6 期。

四、英文文献

1.Benjamin Kidd, Social Evolution, *Macmillan and Co.*, 1895.

2.Benjamin Schwartz, *In Search of Wealth and Power——Yen Fu and the West*, Harvard University Press, 1964.

3.F.M.Cornford, *Plato's Theory of Knowledge:The Theaetetus and the Sophist of Plato*, Kegan Paul, Trench, Trubner&Co.Ltd, 1935.

4.Herbert Spencer, *First Principle*, D.Appleton and Company, 1914.

5.Jurgen Habermas, *Theory and Practice*, Beacon Press, 1973.

6.Nick Knight, *Li Da and Marxist Philosophy in China*, Westview Press, 1996.

7.Nick Knight, *Marxist Philosophy in China：From Qu Qiubai to Mao Zedong*, 1923—1945, Dordrecht, Springer, 2005.

8.T.H.Huxley, *Evolution and Ethics and Other Essay*, The Macmillan Company, 1906.

后 记

这部著作是基于我的博士论文删改而成的。我博士毕业已过九年，按理应该及时将博士论文出版成书，然而由于种种原因，这一愿望始终没有实现。非常荣幸的是，删改后的博士论文入选了复旦大学的"望道书库"。正是由于这一"荣幸"，我终于有机会出版我的博士论文了。

值此博士论文即将出版之际，我不由得回想起读博岁月。能够成为王南湜先生的弟子，已是很荣幸了，而我当年则是被先生额外招录的，可谓"特招"，无疑更为荣幸。博士论文的选题也是先生"给的"。对于这一选题，初闻时，我虽没有多大把握，但觉得自己有中国哲学的底子，自觉能够完成。先生倡导实践哲学，认为理论从属于实践，理论得为实践服务。他认为，马克思是现代实践哲学的创始人；马克思之后的现代哲学主流当属实践哲学，故而现代哲学有一个实践哲学的转向。由于服膺先生的实践哲学思想，在博士论文中，我将之化为研究的方法论，以之来考察从进化论到唯物史观这一段中国近现代的哲学思想史。记得在博士论文答辩时我就说，如果不是运用王老师的实践哲学，我的博士论文可能就不是现在这个样子。我的言外之意是，如果不运用王老师的实践哲学，我即使能够完成这一博士论文选题，也不会写得跟现在这样好。质言之,博士论文能够完成得比较好,首先得感谢我的博士生导师王南湜先生。这次要出版博士论文书稿,他又在百忙中为书稿作了序,并再次予以了指导。

接下来应该感谢的是复旦大学马克思主义学院的肖巍老师。他评选了我的书稿,并给予了宝贵的修改意见。根据他的修改意见,我对书稿作了比较大的修改。还应该感谢的是复旦大学马克思主义学院的张新宁老师和李爱龙老师,二位老师为我书稿的出版也付出了不少精力。

最后应该感谢的自然是本书的责任编辑佐拉女士。我将书稿发送给她后,大半年以来,她都在为我书稿出版之事忙碌着。在编校过程中,她和其他编校人员发现了不少问题。根据被指出的这些问题,我进行了校改,从而使书稿得以完善。在此也感谢其他编校人员,感谢他们为我书稿的出版付出了心血。

由于本人理论水平有限,对于从进化论到唯物史观这一段中国近现代哲学思想史的研究,难免存在不足的地方。因此,此书出版后,本人衷心希望获得方家指教。

读博期间,对于学术之路,我充满信心和期望;工作之后,却觉得学术之路并不好走,有时甚至感到迷惘。然而既然已经走上了这条道路,不管前路如何,都得坚持走下去。屈原说:"路漫漫其修远兮,吾将上下而求索。"在硕士论文和博士论文的《致谢》中,我皆引用了屈原的这一名句。于此再度引用,聊表心志,以作后记之结语。

是为后记。

余建军

2024 年 1 月 14 日晚

谨识于合肥禹洲华侨城三期枫园